3차원 영상과 인간과학

3D 휴먼팩터를 중심으로

| 감 수 |
하라시마 히로시

| 공편저 |
모토끼 토시오 · 야노 수미오

| 공 역 |
이승현 · 감기택 · 이형철

JINSAEM 진샘미디어

Ohmsha

KOFIC 영화진흥위원회 Korean Film Council

3次元画像と 人間の科学

監修　原島 博
共編　元木紀雄
　　　矢野澄男

Original Japanese edition
3Jigen Gazou to Ningen no Kagaku
Supervised by Hiroshi Harashima
Edited by Toshio Motoki and Sumio Yano

Published by Ohmsha, Ltd.
This Korean Language edition co-published by Ohmsha, Ltd. and JINSEAM MEDIA

머리말

실시간으로 정보를 전달 할 수 있는 TV는 현재 우리의 생활에 없어서는 안 되는 것이 되어 있고, 그 기술도 흑백 TV에서 칼라 TV로 그리고 HDTV(High Definition Television)로 진보해 왔습니다. 특히, HDTV는 임장감이나 박력이라는 인간의 고도한 감각에까지 다가와 널리 보급되고 있습니다.

한편, 우리가 눈에서 얻는 정보가 3차원 영상이기 때문에 일상적으로 보고 있는 자연계의 정경에 보다 가까운 자연스러움과 실재감이 있는 영상 시스템을 찾아가는 것도 당연한 소망일 것입니다. 3DTV는 이러한 소망을 만족시키는 차세대 영상 시스템의 유력한 후보이고, 최근, 많은 성과를 거두고 있습니다. 3차원 영상의 디스플레이 기술은 옛날부터 연구되어 왔고, 우수한 문헌도 많이 있습니다. 그러나 지금까지의 3차원 디스플레이 기술은 입체 영화나 홀로그래피와 같은 사진 기술을 이용한 것이 대부분이었고, TV 기술을 사용한 것은 적었습니다. 그러나 TV 기술의 성숙과 영화 수준의 고화질인 HDTV 도입에 의해 3DTV는 실시간으로 고화질의 3차원 영상을 표현할 수 있게 되었고, 차세대 영상 시스템으로서의 가능성이 크게 전망되고 있습니다.

또한, 컴퓨터 기술과 영상 기술의 융합으로 실현되기 시작한 가상현실(Virtual Reality : VR)에서도 3차원 영상이 널리 쓰이고 있습니다. VR, AR, MR에서 주로 사용되는 Head Mount Display(HMD)도 소형・고성능으로 제작되기 시작했고, 앞으로 3차원 영상이 우리의 생활에 큰 영향을 줄 것이라는 것은 틀림없는 사실입니다.

연구동향

3차원 영상의 연구 역사는 오래되어 20세기 초까지 거슬러 올라갑니다. 더구나 지난 1세기 동안 3차원 영상 연구의 융성한 시기가 있었지만 아깝게 연구가 줄어들고, 실용화에 이르지 못했던 역사가 반복되어 왔습니다. 현재는 TV 기술이나 컴퓨터 기술의 비약적인 발전에 의해, 고화질 3차원 영상을 실시간 생성하는 것이 가능하게 되었고, 다시 몇 번째인가의 3차원 영상 연구의 융성 시기를 맞이하고 있다고 할 수 있습니다.
이러한 추세에서 다수의 기업이나 연구소, 대학 등이 3차원 영상 시스템의 실용화를 목표로, 각각 열정적으로 연구 개발을 하고 있습니다.
일본에서는 3차원 영상 관련 연구 그룹으로서 1992년 10월에 시작한 TAO (전신방송기구)의 연구 프로젝트인 홀로그래피 연구그룹이나 입체 하이비젼 프로 제작기술 연구그룹 등이 있습니다. 전자는 폭주와 조절의 불일치가 생기지 않는 완전한 3차원 영상을 홀로그래피 기술을 이용하여 실시간으로 실현하려고 하는 것입니다. 이 연구와 동일한 동영상 홀로그램의 연구는 MIT 미디어연구소가 진행하고 있습니다. 홀로그램에 의한 3차원 영상의 연구는 이 2건이 대표적인 것입니다. 한편, 후자의 연구 그룹에서는 양안시차 방식의 입체 하이비젼 제작 설비를 이용해 보기 좋고 피로도 적고 그리고 사람에게 부드러운 3DTV 프로그램을 어떻게 제작할 것인 지라는 기본적인 프로 제작 기술이나 전문적 지식의 축적을 목표로 연구를 하고 있습니다.
유럽에서는 EC(European Commission)가 3DTV의 연구를 조직화하고 공동 연구로서 적극적으로 추진해 왔습니다. 즉, 1990년부터 시작한 EC의 RACE 계획은 5년간의 연구 기간을 종료하고 1995년 9월부터 새롭게 개시된 3년 계획의 ACTS 계획으로 이어 받았습니다. RACE 계획에서는 DISTIMA(입체 카메라, 인코딩, 디스플레이 등), MOSAIC(휴먼팩터, 영상 검토)의 두개 연구 그룹이 있었지만, 새로운 ACTS 계획에서는 3개의 작업 그룹(신경광학, 기술, 신호처리)이 설립되고 유럽 10개국의 연구자가 장기적 가능성에 대한 연구를 분담해 왔습니다. 현재는 European Commission의 7th FWP(Seventh Framework Programme)에 의해 다 국간의 다양한 연구프로젝트가 진행되고 있으며, 이 중 8개의 프로젝트가 3D 기술 개발과 관련이 있습니다.
지금까지 말한 연구 동향은 3차원 영상 시스템에 관한 연구가 주체이지만, 최근 3DTV 시스템이나 HMD등 하드웨어의 완성도가 높아지고, 실용화 되고 있는 상태에서는, 다음 단계로서 3차원 영상이 사람에게 주는 영향, 장점, 단점의 연구가 중요한 과제가 됩니다. TV 초기에도 TV의 관찰과 피로에 대한 의논이 TV 학회지등에 게재되고 있었지만 현재에서는 거의 문제가 되지 않습니다. 그러나 3차원 영상이 사람에게 주는 영향에 대해서 불명확한 이상 피해갈 수 없는 과제입니다.

따라서 일본 기계 시스템 진흥 협회에서는 3차원 영상이 인체에 끼치는 영향에 관한 조사 연구를 일본 전자 기계 공업회에 위탁하고, 3차원 영상을 표시하는 디스플레이 회사와 안과 의사, 심리학자등이 참가해 인체에 끼치는 영향을 논의하게 되어 있습니다. 문헌의 조사나 의견의 교환을 하는 것 외에 3차원 영상이나 디스플레이에 관한 무엇인가의 가이드라인도 검토하고 있습니다. 또한, VR에 관해서도「가상현실 시스템에서의 생리적 · 심리적 영향에 관한 조사」위원회가 활동하고 있습니다.

본서의 목적 · 배경

최근 영상 기술의 급속한 진보 결과, 차세대 영상 시스템의 유력한 후보로서, 3차원 영상 시스템이 주목되어 이미 여러 산업분야에서 이용되기 시작하고 있지만, 3차원 영상이 인간에 미치는 영향에 대해서는 알려지지 않은 부분이 많습니다. 미래 방송용, 산업용에 관계없이 3차원 영상 시스템을 구축하고 널리 일반적으로 이용해 나가기 위해서는, 3차원 영상의 표시 시스템과 인간의 정보 수용계 와의 정합, 특히, 시기능에 미치는 영향이나 시각과 청각의 감각 통합에 관한 기초적 연구가 불가피 합니다. 3차원 영상 표시가 시기능에 미치는 영향에 관한 연구는 어렵고 복잡한 연구 과제이지만, 3차원 영상의 이용이 확대되기 시작한 지금 피할 수 없는 과제입니다. 또, 연구해야 할 문제가 여러 곳에 관련되는 것과 마찬가지로 연구 결과의 객관성이나 공개성이 요구됩니다.

따라서 본서에서는 안과학, 생리학, 심리학, 광학, 영상공학 등 넓은 분야의 연구자가 협력해서, 3차원 영상의 표시에 따른 시각 피로나 인체에 미치는 영향 등에 대해 다각적으로 해설하고, 사람에게 부드러운 3차원 영상 표시 시스템의 소요 조건을 명확하게 하는 것을 목적으로 하여 집필했습니다. 본서가 3차원 영상과 인간과의 관련한 입문서로서 도움이 되길 바랍니다.

저자

역자서문

3D 입체 영화를 보면 실제로 그 장소에 있는 것 같은 임장감을 느낄 때가 많습니다. 특히, 대화면, 광시야, 고화질 일수록 그 화면에 몰입하게 되고 마치 영화와 같은 경험을 하고 있는 것처럼 몸이 기울어진 경험을 하신분도 많다고 생각합니다. 3D 입체 영상은 이와 같이 바람직한 감각을 주는 것과 동시에, 영상 콘텐츠에 따라서는 뱃멀미와 같은 상황을 유발하거나 사람에 따라서는 피곤하다 같은 불쾌감이 생기기도 합니다.

3D 입체 영상이 보급되기 위해서는 디스플레이 장치 등 하드웨어의 진보가 불가피하지만, 그와 동시에 어떤 표시 시스템 방법을 수용하면 사람에게 부드럽고 바람직한 것이 되는지가 중요한 연구 과제가 됩니다. 이와 같은 휴먼 팩터의 연구는 넓은 분야에 걸친 전문 영역에서 각각의 연구 방법에 의해 단독적으로 수행되어 상호 교류와 의견 교환으로 인한 연구 개발의 기회가 적었습니다.

몇 년 전 정부의 과제로 생리학, 심리학, 공학 분야의 전문가가 만나 "시청자 친화적인 3D 방송 구현을 위한 휴먼팩터 기술 개발" 과제를 국내에서 처음으로 수행하였습니다. 각각의 전문 분야에서는 상식인 것이 다른 분야 사람에게는 신선한 새로운 사실로 보이거나 전문용어의 의미가 달라, 초기에는 논의에 어려운 점도 있었던 것 같지만 2년간(2007.3～2009.2)의 연구를 진행하면서 또 각각의 전문 분야에서 입체시 연구 현상을 소개하고 논의하는 중에 차차 문제점이 명확해 졌습니다. 다음 단계의 지속적인 연구 필요성을 제시하였지만 2년 동안의 기초 연구가 휴먼팩터 연구를 모두 끝낸 것이라는 그 당시 관계자들의 인식으로 더 이상의 연구가 진전되지 못하고 연구실 차원에서의 실험이 이루어지고 있었습니다.

다행히 3D 휴먼팩터에 대한 영화진흥위원회의 통찰력으로 "디지털 3D 시네마 휴먼팩터 연구" 과제를 수행하게 되면서 좀 더 구체적으로 연구를 진행할 수 있었고, 많은 연구 결과들을 도출할 수 있게 되었습니다. 3D 입체 영화를 시작으로 방송용, 산업용에 관계없이 3D 영상 시스템을 구축하고 널리 일반적으로 이용해 나가기 위해서는 눈의 기능에 미치는 영향이나 시각과 청각의 감각 통합 등에 관한 기초적 연구가 불가피 합니다. 3D 영상의 시각 피로나 인체에 미치는 영향 등에 대해 다각적으로 연구하고 평가 도구를 개발하여, 관람자들에게 부드러운 3D 영상 시스템의 소요 조건을 명확하게 제시해 줄 수 있도록 지속적인 연구가 진행되어야 합니다.

영화진흥위원회의 도움으로 연구된 입체시에 관한 검토 내용을 널리 주지하고, 선행된 연구 결과들을 분석하여 앞으로 3D 영상과 인간에 관련된 연구에 기초가 되었으면 하는 바람으로 본서를 번역하게 되었습니다. 본서의 출판에 도움을 준 영화진흥위원회, 진샘미디어에 감사드립니다.

역자

차 례

Chapter 3 시기능과 3차원 영상

Chapter 4 3차원 영상과 시각부담

Chapter 5 뇌파 · 뇌전도 측면에서의 3차원 영상 입체시 연구의 역사

Chapter 6 3차원 영상이 평형감각, 방향감각, 운동감각에 미치는 영향

Chapter 7 3차원 영상과 감각 통합

Chapter 8 3차원 영상과 감성 정보

Chapter 9 3차원 영상 디스플레이와 인간 요인

Chapter 10 3차원 영상 디스플레이 기술

Chapter 01

입체시 연구의 역사

1.1 심리학적 접근

현재 스테레오그램(stereogram)은 어디에서나 볼 수 있는 일반적인 것이 되었다. 양안시의 주요 역할이 양안에 의한 깊이감 지각 즉, 입체시에 있다는 것도 거의 상식이 되어있다. 그러나 이것은 지금으로부터 약 170여년 전 입체경(stereoscope)이 발명되고 나서부터이며 비교적 최근의 일이다. 시각의 문제도 각 시대의 기술과 관계되어 있다. 인류의 사상적인 역사가 차차 기계적 가치의 역사관으로 이행되고 있는 점은 양안시에 대해서도 마찬가지이다.
여기서는 양안시와 입체시에 대한 사고 방식의 변천과 기본적 사실을 간략하게 언급 한다.

1.1.1 고대부터 근대까지의 양안시에 대한 발상

고대인에게도 빛과 시각은 큰 문제이었다. 유클리드(Euclid)와 같은 기하학자는 서로 다른 두 점에서 보는 것이 시차를 생기게 한다는 것을 인식하고 있었다. 그리스 시대에는 촉각과의 유추에 의해 눈에서 빛이 바깥으로 방사해서 외계의 대상을 보는 것으로 시각이 성립한다는 방사설이 있었다. 그리고, 이에 대한 반대론으로 빛이 눈으로 들어와서 시각이 성립한다는 설도 있었다. 다만, 렌즈가 시각의 중심적 역할을 한다고 하는 생각이 지배적이었다[1].

■ **그림 1-1** 카메라 옵스큐라(Camera obscura)

레오나르도 다 빈치(Leonardo da Vinci) 등의 화가는 당시 가능한 한 정확히 외계의 사물을 캔버스 상에 그림으로 재현하는 기술을 연구하고 있었고, 선원근법(perspective) 등과 같은 훌륭한 회화기법을 완성시켰다. 나중에 레오나르도의 창이라고 불리게 되는 그림 필기 도구는 3차원 선원근법을 정확히 표현하고자 하는 당시 화가의 고심을 생각나게 한다. 그는 눈과 시각의 법칙에도 관심을 갖고 있었다. 구체를 예로 들어, 양안으로 구체가 차폐하는 부분이 다르다는 것을 나타내고, 한 장의 그림으로는 아무리 정밀하게 그려도 양안으로 본 것을 완전히 똑같이 재현할 수 없다고 하였다[2].

당시에는 이미 카메라 옵스큐라(암실)가 있었고, [그림 1-1]에서와 같이 큰 것은 그 속에 사람이 들어가 외계의 투영상을 벽면에 비춰 본다든지, 그림을 그리는데 이용되고 있었다. 레오나르도가 눈의 구조에서 소자체에 상이 만들어진다고 생각한 것은, 역전된 상이 현실의 시각과는 다르다는 것을 의식했기 때문일 것이다[3][4].

망막에 외계의 상이 만들어진다는 것을 가정한 것은 케플러(Kepler)가 최초라고 한다. 케플러도 렌즈가 부착된 암실을 이용해서 풍경화를 그릴 때도 있었다. 눈을 카메라 옵스큐라와 동등한 것으로 유추해서 처음으로 안구가 광학적 결상 장치라는 인식에 도달했다. 이 생각이 맞다는 것은 후에 샤이너(Scheiner)에 의해 실증되고, 데카르트(Descartes)에 의해 정형화된 광학 이론으로 정리되었다. [그림 1-2]는 데카르트에 의한 망막상의 기하학을 보여준다.

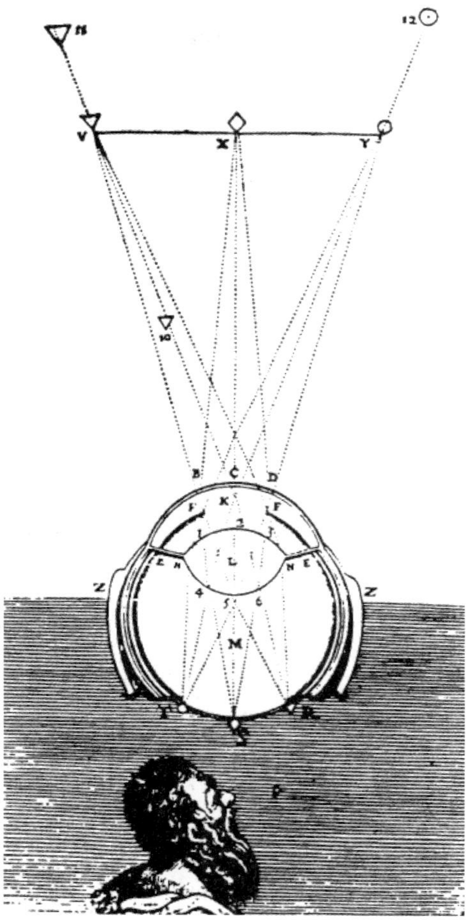

■ **그림 1-2** 데카르트에 의한 망막상의 기하학

양안시에 대해서, 케플러는 또 하나 중요한 이론적 공헌을 했다. 그것은 양안시에 있어서 외계 사물의 바른 위치가 결정되는 방식에 관한 것이다. [그림 1-3]에 투영이론에 대한 설명도를 나타냈다. 망막에 상이 만들어진다고 해도, 우리는 그것을 눈 속에서 보는 것이 아니다. 어떻게 해서 망막 위의 빛을 바깥의 시야로 투영하는 것인가? 망막 위의 한 점이 먼 별에서 오는지 가까운 곳에서 오는지를 어떻게 구별하고 있는 것인가? 이론적으로 단안시에서는 이 구별을 망막상 만으로는 할 수 없다. 따라서 깊이감 지각에서는 일상의 경험적 지식에 의지할 수밖에 없다고 생각하기 쉽다. 그러나, 케플러는 양안의 망막상이 외계로부터 투영되고 두 개의 시선이 하나로 교차하는 곳에 정위하며 동시에 거기가 하나로 보인다고 가정했다. 이것이 케플러의 투영이론이며 현재의 융합이론에 대한 기원이 된다.

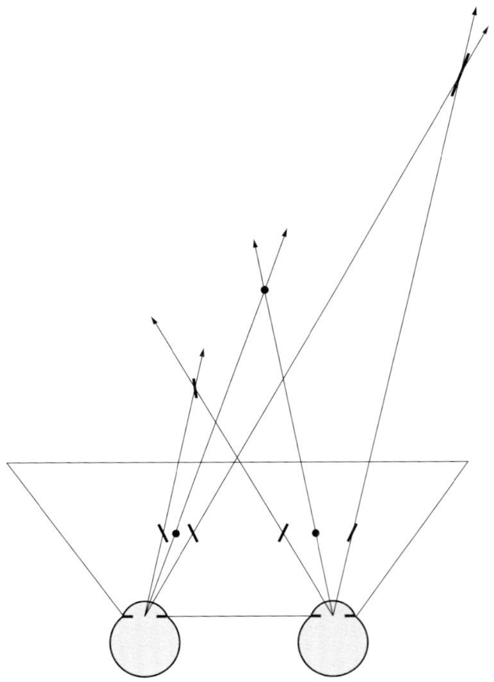

■ **그림 1-3** 케플러의 투영이론

케플러의 공헌은 눈과 시각을 기계론적으로 고찰하고 두 개의 눈이 깊이감 지각으로 이용된다는 것을 가정한 것이다. 그러나 자신의 이론을 실험으로 실증하지는 않았다.

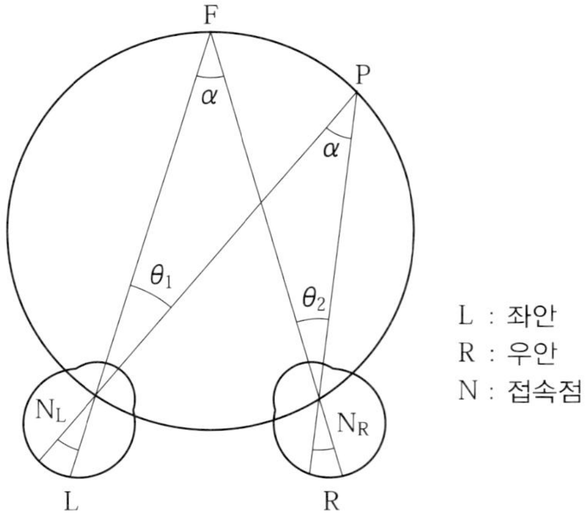

■ **그림 1-4** Vieth · Mueller의 원

카메라 옵스큐라 라는 말을 처음으로 사용한 사람은 케플러라고 한다. 카메라 옵스큐라에 나타난 상을 망막상과 동등한 것으로 봤을 때, 가까운 것도 먼 것도 같은 한 장의 하얀 종이 혹은 벽 위의 광점이 되어 버리는 사실을 어떻게 설명해야 할까 하고 케플러는 생각했을지도 모른다. 카메라 옵스큐라의 상이라는 구체적인 사실을 보면서 이러한 생각이 떠올랐을 것이라고 추측한다.

마침, 이 시대에 Aguilonius는 [그림 1-4]에서와 같이 양안으로 한 점을 응시했을 때 양안 대응점의 궤적인 호롭터(horopter)를 발견했다. 대응점과 비대응점에 대한 기하학이 보다 명확하게 되었다. 그러나, 여기서 입체시의 연구가 더 이상 진전하지는 않고, 200여년이 경과하게 되는데 왜 그렇게 되었을까? 그것은 양안 단일시는 양안시 만큼 고유의 문제이었고 많은 연구자의 관심사였기 때문이다. 양안시가 단안시 보다도 깊이감이 명확히 보인다고 하는 소박한 사실은 알려져 있었지만 깊이감 지각을 위해서는 그 밖에도 회화적인 방법 등 많은 실마리들이 있기 때문에 양안시와 입체시의 관계에 대해서는 중요시 되어 있지 않았다.

깊이감 지각의 문제에는 역시 훌륭한 화가의 공적이 있어서, 이것이 양안 입체시로 가는길을 멀게 했다고 할 수 있다. 버클리(Berkley)는 망막 상 그 자체에는 깊이감 지각의 실마리가 포함되지 않고, 촉각 및 근육 운동과 망막상의 크기가 일상 행동을 통해 깊이감을 느끼는 경험을 쌓게 되면 대상을 보기만 해도 대상까지의 거리를 지각할 수 있게 된다고 하는 경험론에 따른 공간 지각 이론을 제시했다[5]. 이것은 양안시차와는 별도로 지금까지도 연구해야 할 중요한 제안이다.

1800년대 초기까지는 여전히 양안 단일시를 위한 호롭터의 연구가 지속되고 Aguilonius와 동등한 대응점의 궤적이 Vieth 와 Mueller 두 사람에 의해 정식화된다. 이것이 Vieth · Mueller의 원이다[6].

1 양안시의 기하학

사람의 두 눈은 좌우로 60 mm ~ 65 mm 떨어져 있다. 무한원을 응시했을 경우, 양안은 같은 방향을 향하고 있기 때문에 시차(parallax)가 없지만, 어느 정도 전방의 대상을 볼 때에 양안의 시선은 약간 다른 방향을 향한다. 이 양안시선의 방향에 대한 차이를 절대시차 또는 수렴각이라고 부른다. 수렴각 α는 다음과 같은 식으로 나타낼 수 있다.

$$\alpha = a/D \qquad (1 \cdot 1)$$

여기서, a는 양안 사이의 거리(60 mm ~ 65 mm), D는 눈(안구의 결절점)에서 응시 대상까지의 거리이다. 즉, 수렴각 α는 관찰거리 D에 반비례한다.

다음, 3차원 공간 내에 응시점과 그 이외에 시대상이 존재하는 경우 생기는 상대시차를 생각한다. 여기서, 상대라고 하는 것은 각 눈의 시선을 기준으로해서 거기에서의 방향이 문제가 되기 때문이다. [그림 1-4]에 나타난 예에서는 응시점 F와 좌우안의 결절점을 포함한 원주상에 또 한 점 P를 놓으면, 좌우 각각의 시선에서 점 P까지의 각도 θ_1과 θ_2는 같게 된다. 이러한 경우 점 P에 관해서는 상대적인 양안시차가 없다.

점 P 뿐만 아니라, 이러한 원주상의 점은 모두 이론적으로는 양안시차를 생기게 하지 않다. 이 원을 Vieth · Mueller의 원이라고 부른다. 반대로 Vieth · Mueller의 원 이외에 있는 점은 양안시차를 생기게 한다. 이 원의 내측의 대상에 대해서는 교차 시차가, 외측의 대상에 대해서는 비교차 시차가 생긴다.

다음, 3차원 공간에서 거리의 차가 망막 상에서 얼마만큼의 양안시차(disparity, 비대응)가 생기는지를 생각한다. [그림 1-5]에서는 F와 Q가 ΔD만큼 다른 거리에 있기 때문에 θ_1과 θ_2는 같아지지 않는다. 이 $\theta_1 - \theta_2$라는 차이가 양안시차 δ이다. 이 차이는 F또는 Q를 응시했을 때 각각의 수렴각의 차이와도 동등해진다. 즉, 다음과 같은 식으로 나타낼 수 있다.

$$\delta = \theta_1 - \theta_2 = \alpha_2 - \alpha_1 \tag{1 · 2}$$

식(1 · 2)에 수렴각을 나타내는 식(1 · 1)을 대입하면,

$$\delta = \alpha_2 - \alpha_1 \fallingdotseq \frac{a}{D - \Delta D} - \frac{a}{D} \fallingdotseq \frac{a \Delta D}{D^2} \tag{1 · 3}$$

가 된다. 여기서는 상대 시차를 수렴각의 차로 간주했지만, 응시점이 F나 Q 이외의 어디에 있어도 문제가 되지 않는다. 식(1 · 3)은 양안간거리 a가 일정하면 양안시차 δ는 거리차 ΔD에 정비례하고, ΔD가 일정하면 ΔD에 따른 δ는 절대거리 D의 2승에 반비례하는 것을 의미한다. 기하학적으로는 일정한 깊이차이가 있는 시대상이 2배로 멀어지면 상대 시차량은 1/4로 감소하지만, 실제로 지각되는 깊이는 비교적 일정하게 유지된다(깊이의 항상성). 스테레오그램이나 입체 영화를 볼 때 관찰거리가 길어질 경우 입체감이 커지는 것은 일상의 공간에서 깊이를 항상 일정하게 유지하기 위한 기능이 작용하기 때문이다[7].

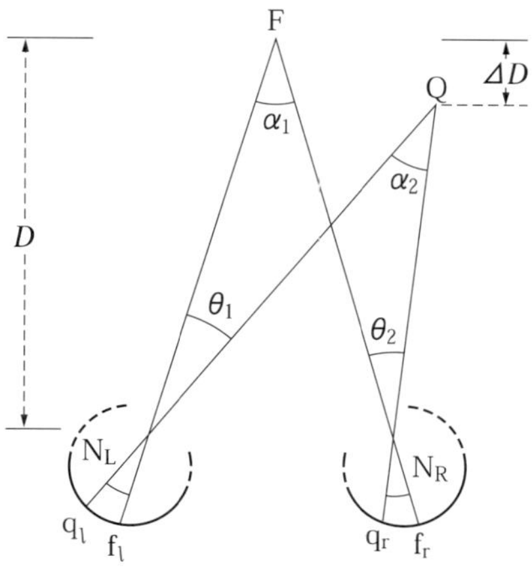

■ **그림 1-5** 거리차와 양안시차

2 생리학

생리학 이론으로서, 데카르트는 뇌 속에 하나밖에 없는 송과체(松果體)가 양안 단일시를 위한 부분이라고 가정했다. 이것은 완전히 틀린 것이지만, 어디에선가 하나로 양안의 신경이 집속 될 필요가 있다는 생각은 논리에 맞는다.

이후 뉴톤(Newton)은 [그림 1-6]에서와 같이 시신경의 부분교차에 따른 뇌(腦)로의 투사를 가정했다. 그리고 19세기에 뮤러와 펀・긋덴에 의해 해부학적으로 맞다는 것이 입증되었다. 그리고 20세기 후반이 되어서 고양이의 대뇌시각피질(17야)에서 양안으로부터의 자극에 반응하는 세포가 Hubel과 Wiesel(1959년)에 의해 발견되고 [8], 이것들이 양안 입체시의 생리학적 기초인 것으로 생각되고 있다.

시각 피질의 초기 처리에 따라 입체시를 위한 정보처리가 이루어진다고 생각하기 위해서는 이러한 생리학적 발견만으로는 충분하지 않고, 그것에 대응할 만한 심리물리적인 사실이 필요하였다. 그것이 나중에 언급되는 벨라 율레즈(Bela Julesz)의 랜덤 도트 스테레오그램(Random Dot Stereogram)에 따른 입체시의 성립이다.

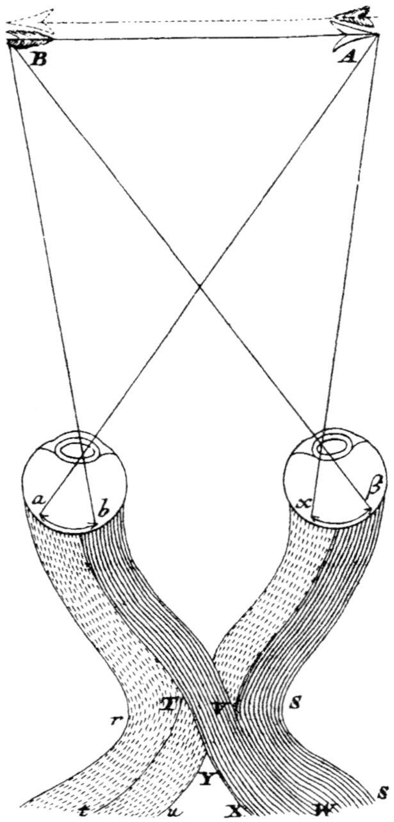

■ **그림 1-6** 뉴톤의 시신경 부분 교차 가설

1.1.2 찰스 휘트스톤(Chales Wheatstone)

금일 3D 영상의 기초를 만든 사람은 휘트스톤 브리지(Wheatston Bridge)와 전기통신 기술로 유명한 휘트스톤이다. 찰스 휘트스톤은 영국의 Gloucester 근교에 있는 악기상인의 아들로 태어나 사립학교에서 교육을 받은 후, 1823년 21세 때 런던에서 악기의 제조와 판매를 시작했다. 그가 발명한 악기 중에는 건반 없이 반음계적으로 배열한 버튼이 있는 육각형 아코디온 같은 콘서티나(Concertina, 1829년 특허 취득)라고 하는 것이 가장 유명하다. 32세 때는 설립한지 얼마 되지 않은 런던대학 킹스칼리지의 실험물리학 교수로 취임했다.

■ **그림 1-7** 휘트스톤

1838년 양안시에 관한 연구가 『런던 왕립협회지』에 발표됐다. 「시각생리학으로의 공헌 - 제 1 부 - 이제까지 관찰된 적이 없는 주목해야 할 양안시의 현상」이라는 제목을 붙인 16절로 되어 있는 이 논문은 양안 입체시에서의 선구적 연구가 되었다[2]. 그리고 동일 제목의 제 2 부는 14년 후인 1852년에 발표되었다[9]. 이것은 제 1 부에서 이어지는 것으로 제 17 절부터 시작하고 제 24 절로 끝나고 있다. 휘트스톤의 공헌은 스테레오그램이라는 자극 그림판과 그것을 관찰하기 위한 스테레오스코프의 발명에 따라 공간 지각에 있어서 양안시의 역할을 명확하게 보여준 것이다. [그림 1-8]은 휘트스톤이 개발한 스테레오스코프이다. 다만, 스테레오스코프 발명의 우선권에 관해서는 브루스터(Brewster)가 이의를 제기했다[10][11].

1 양안 입체시의 자극과 장치

휘트스톤은 발명 연구의 재능이 풍부했기 때문에 스테레오스코프를 발명할 때 잠시 떠오른 생각으로 편리한 도구를 발명한 것 같이 생각할지도 모른다. 그러나 단순히 손재주가 좋다고 해서 이러한 장치를 개발할 수 있는 것은 아니다. 양안시에 관한 문제점을 통찰할 수 있는 발상이 필요하게 된다. 실제, 휘트스톤에게는 뛰어난 외국어 능력의 기초가 있었고, 동서고금의 문헌에 해박 했었다.

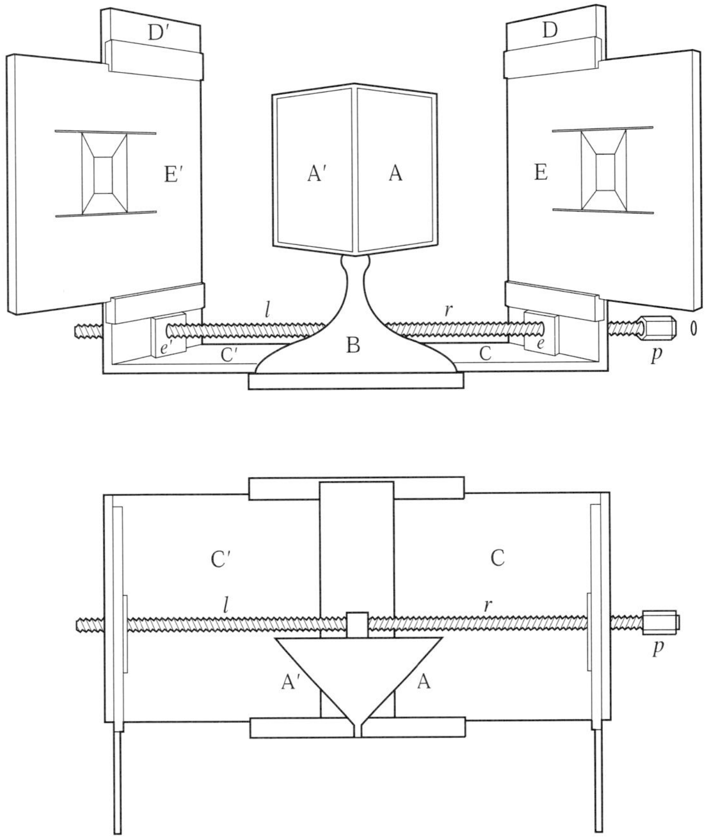

■ **그림 1-8** 스테레오스코프(실체경)

양안 시차의 존재에 대해서는 당시에도 충분히 알려진 사실이었지만 이상하게도 양안 시차를 깊이 지각과 연관시키지 않는다는 것을 그는 인식했었다. 따라서 깊이 지각에 관한 다른 요인을 우선 배제하고, 양안 시차 이외의 것으로는 설명 할 수 없는 것을 실험으로 검증하려고 생각했다. 이것이 휘트스톤의 공적이라고 평가해야 한다.

2 스테레오스코프와 스테레오그램

스테레오그램이라는 것은 기본적으로, 3차원 공간을 두 개의 시점에서 보았을 때 얻을 수 있는 2장으로 구성된 한 쌍의 평면 투영상이다. [그림 1-9(a)]에 한 쌍의 평면 투영상을 보여준다.

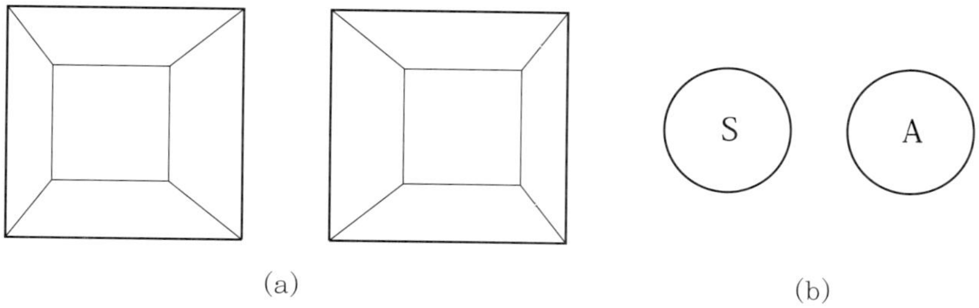

■ **그림 1-9** 스테레오그램

이 2장의 그림을 좌우 각각의 눈앞에 놓고 보면 된다. 조금만 연습하면 이러한 것이 가능하게 되지만 보통은 양안이 어느 한쪽의 그림만을 응시해서 좌우를 별도로 본다는 것은 상당히 어렵다. 휘트스톤 이전의 양안시 연구에서는 양안을 평행으로 하거나, 강하게 수렴하거나 해서 영상을 보고 이중상 등을 연구하였다. 휘트스톤 자신도 처음에는 이 방법을 쓰고 있었지만, 누구나 간단하게 관찰 할 수 있는 광학적인 해결 방법으로서 스테레오스코프를 발명했다. 이것은 거울을 쓰는 것이기 때문에 반사식 스테레오스코프라고 부른다. 거울이 굴절에 따른 광학적 수차가 없기 때문에 실험적 연구에 적당하지만, 휘트스톤의 실체경은 좌우의 눈앞에 거울을 1장씩 사용하기 때문에 그림의 좌우가 반전하는 점에 주의할 필요가 있다.

이후, 브루스터는 프리즘을 사용한 굴절식 스테레오스코프를 발명했다. 여기에서는 굴절에 따른 광학적 수차가 생기는 것이 많지만 반사에 의한 좌우의 반전이 없기 때문에, 작은 그림을 좌우로 평행하게 놓고 1장의 종이에 붙일 수 있다는 점에서 간편하다. 학문적 공적은 휘트스톤에게 있지만 히트 상품으로서 요건을 채운 것은 브루스터 형식이라고 할 수 있다.

실제로, 휘트스톤이 만든 스테레오그램은 사진 발명 이전의 것이기 때문에 2장 1조의 선으로 그린 그림들이었다. 그것도 회화적인 깊이의 단서를 제거한 단순한 도형에 좌우상이 약간의 시차를 가지고 있다. 이것을 스테레오스코프로 관찰하면, 시차의 방향과 양에 따라서 깊이가 지각되었다. 휘트스톤의 양안시 연구에서 가장 중요한 공적은, 그 때까지처럼 현실세계에서 응시점등을 여러 가지 생각해 양안시를 연구한 것이 아니라 인공적인 2장의 독립된 그림을 만들었던 것이다. 이에 따라, 자극에서 연구 대상으로 하는 정보 이외의 것을 제거 할 수 있고, 문제가 되는 자극을 정밀하게 통제 할 수 있다. 자연계에는 존재하지 않을 것 같은 극단적인 예로서는 [그림 1-9(b)]에서와 같이 좌우안의 대응부에 S와 A라는 불일치 자극을 응시할 때 생기는 양안 경쟁이 있다. 이것도 휘트스톤의 공적이다. 이 스테레오그램과 실체경에 따른 양안 경쟁의 경험은 사시인 사람에 대한 시야 억제의 어떤 일면을 시사하는 것으로 생각이 된다.
입체시와 양안 경쟁의 관계를 문제로 삼는 것은 지금까지 이어지고 있는 양안시 연구의 한 영역이다. 양안 경쟁이라고 하는 현상은 양안 단일시를 생각할 때 억제 이론의 근거도 되고 있다.

3 사진의 발명

실체경의 발명과 거의 같은 시기에 사진이 발명되었다. 렌즈가 부착된 카메라 옵스큐라는 아주 오래전에 발명되었고, 화가나 연구자에 의해 이용되고 있었지만 비추어진 영상을 보고 그것을 종이 등에 그리는 것이 필요했다. 어떻게 해서 이것을 순간적으로 기록하는 방법은 없을까?하는 것에 대한 기술 개발은 많은 사람들의 목표였다. 감광재의 발명으로 드디어 카메라옵스큐러는 지금의 카메라로 발전한다.
뉴턴은 복수의 렌즈이고, 색수차를 제거할 수 있는 인간의 눈과 같은 렌즈를 굴절 렌즈를 이용해 만들기가 불가능하다고 말했지만, 굴절률이 다른 렌즈의 조합으로 색수차를 없애는 렌즈를 만들 수 있다고 생각하는 사람도 있었다. 실제로 이러한 렌즈는 1700년대 중반부터 제작 · 판매되었다. 인간 눈의 렌즈계는 색수차를 제거하는 것뿐만 아니라 만곡수차도 제거하고 있으므로 시각계에서는 색수차도 만곡수차도 확인되지 않는다. 즉, 안구 광학계의 수차를 대뇌에서 시각 정보처리하여 보정한다고 생각된다. 이와 같은 정보처리에 의한 수차 보정을 예증하기 위해서는 새로운 렌즈계를 눈앞에 놓고 색이나 왜곡 수차를 생기게 하고, 이것이 경험에 의해 소실되는 것을 보여주면 된다. Kohler는 다른 종류의 프리즘 안경을 사용한 변환 시각 연구를 통해 시각계의 학습 능력을 명확하게 밝혔다[12][13].

4 슈도스코프(pseudoscope)

1852년 제 2부의 논문 중에는 슈도스코프의 제작 사례와 지각에 대한 설명이 주목된다[9]. 휘트스톤의 슈도스코프는 [그림 1-10]에서와 같이 좌우안 앞에 놓인 직각 프리즘에 의해, 좌우안 영상의 좌우를 반전시키는 광학장치이다. 2장 1조의 그림을 관찰하는 스테레오스코프와는 달리 슈도스코프는 쌍안경과 같이 눈 앞에 놓고 실제 풍경을 보기 위한 장치이다. 여기서 광학적 변환의 결과로서, 통상과는 반대로 전방에 있는 것에는 비 교차시차가, 후방에 있는 것에는 교차시차가 생긴다. 또, 눈의 움직임에 관해서도 통상과는 반대로 가까운 곳을 볼 때는 양안의 시선은 평행에 가까워지고(수렴각이 작다), 먼 곳을 볼 때는 시선이 교차하는 각도(수렴각)는 커진다. 여기서는 선원근법이나 크기 등의 단안적 실마리는 거울 영상에서도 보존되지만 양안시차와 수렴이 반전하고 있기 때문에 단안시와 양안시의 깊이단서가 모순한다.

슈도스코프로 실제 풍경을 보는 경우, 과연 벽에 걸려있는 그림이 벽보다도 뒤쪽으로 깊어져 보일 것인가? 휘트스톤이 관찰한 바로는 실제로 그림이 벽보다 깊어져 보였다고 한다. 그러나, 모두가 이렇게 단순하지는 않는다. 일상의 익숙한 풍경에서는 단안적인 깊이의 단서가 우세하고, 반전된 시차에 의해 깊이 관계가 지각되기 까지는 어느 정도의 시간이 필요할 때도 있었다. 지구본이 우묵한 면에서 회전 한다는 실제로는 있을 수 없는 사실이 일어난다는 것은, 시차처리와 경험 효과의 상호 작용을 생각하기 위해서는 흥미가 많아진다. 또, 거리와 크기의 지각에 대해서는, 먼 것은 가깝고 작게 보이고, 가까운 것은 멀고 크게 보인다고 한다. 이 슈도스코프는 최초의 시야 변환 안경이라고 할 수 있고, 이 점에서는 Stratton의 상하좌우 역전 안경(upside-down glasses)의 선구가 되는 것이라고 할 수 있다.

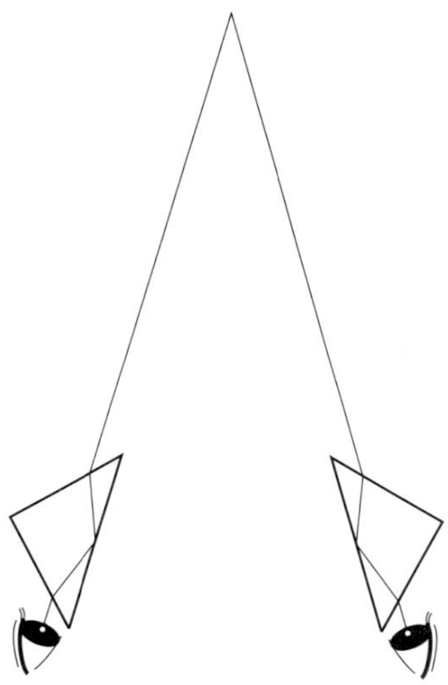

■ **그림 1-10** 슈도스코프

여기에서는 양안시차와 그 외의 깊이 지각 단서와의 모순이 문제가 되지만, 지금의 3차원 영상에서도 안정하고 피곤하지 않는 지각을 위해서는 각 단서 간의 조화가 중요시 된다.

양안시의 연구는 Helmholtz나 Hering 등의 관심을 끄는 테마의 하나가 됐다. 그 후, 심리학, 공학, 생리학, 의학 등 넓은 범위에서 발전해 왔으며 정밀한 연구의 단순한 연장에 멈추지 않는 획기적인 연구가 휘트스톤으로부터 약 120년후 인 1960년에 벨라 율레즈에 의해 보고되었다.

1.1.3 벨라 율레즈(Bela Julesz)

■ 그림 1-11 율레즈

1956년 헝가리 혁명은 성공하지 못한 채 끝나고 많은 사람들이 헝가리를 떠났다. 28세의 벨라 율레즈도 그 중의 한사람 이었다. 그는 마침, 「상관법에 의한 텔레비전 · 시그널의 연구」라고 하는 논문으로 박사학위를 취득한지 얼마 되지 않아서 였다.

1956년 12월 31일 벨 연구소에 도착 했을 때, 화질을 유지하면서 주파수 대역을 압축하는 문제를 연구하는 부서가 있었다. 율레즈는 대역압축에 관한 아이디어를 두 가지 가지고 있었기 때문에 바로 이 계획에 참가했다. 그러나, 실물의 전기적 모델을 기술자에게 만들어 달라고 하기는 어려울 것 같아서 벨 연구소에 도입된 지 얼마 되지 않은 IBM 최초의 대형 컴퓨터를 사용해서 시뮬레이션을 하기로 했다. 결국, 최초의 아이디어가 잘 구현되지 않는다는 것을 알게 될 때까지 3개월이 걸렸고, 2번째 아이디어가 실패임을 인식할 때까지 3주가 걸렸다. 이것으로 이 문제에 대한 그의 연구는 끝났고, 그 후 이 연구팀도 해체됐다[14].

이 경험으로부터 인간의 눈이 어떻게 해서 물건과 물건을 분리하고 있는지를 잘 이해하지 못했다는 것을 깨달았다. 그는 캄프라치(Camouflage)에 흥미를 가진 경험이 많은 레이다 기술자이었기 때문에, 이 문제에는 양안시가 관계하고 있는 것을 알고 있었다. 그러나, 이야기는 그렇게 단순하지도 않았다. 왜냐하면, 한쪽 눈을 감고 주변을 둘러 봤을 때도 어떤 의미에서 깊이는 지각될 수 있기 때문이다. 1950대 후반 당시, 양안시로 생긴 입체시에 대해서도 단안적인 단서가 필요하다고 생각했었다. 만약, 그렇다면 양안시차는 포함하지만 각 단안의 영상이 경험적 요인으로 알 수 없는 엉터리 이미지로 되어 있는 자극은, 스테레오스코프를 사용해서 봐도 어떠한 통합된 이미지를 지각 할 수가 없다는 것이다.

그러나, 그는 이 생각이 틀리다는 것을 확신했다. 왜냐하면, 캄프라치된 것이라도 2개의 카메라로 촬영한 사진을 스테레오스코프로 보면 앞으로 나와 보여서 캄프라치는 깨지고 만다. 이것은 양안시에 의한 특별한 작용으로 인정해도 될 것 같았다. 그러나, 약간이라도 단안적인 단서가 존재하기 때문에 그것이 입체시에 유효 할지도 모른다라고 하는 반론의 여지는 남아 있는 상태였다.

1 랜덤 도트 스테레오그램(Random Dot Stereogram)

단안적인 단서를 완전히 제거한 영상으로 [그림 1-12(a)]에서와 같은 「Random Dot Stereogram(RDS)」을 들 수 있다. 율레즈의 RDS는 시각적 환경의 제작에 컴퓨터가 사용된 최초의 예라고 한다[15][16]. 다만, Aschenbrenner는 손으로 만든 RDS를 『사진계측공학』에 발표했었다[17].

RDS에서 시차를 만드는 방법 등은 휘트스톤의 선그림 자극과 기본적으로는 같지만, 스테레오그램 전체가 작은 점, 선분이나 사각형 등의 자극요소를 랜덤하게 배열했기 때문에 시차를 발생하는 부분의 형상 및 그 위치를 단안시에서는 인지할 수 없다. [그림 1-12(b)]에 A, B로 시차영역을 도식적으로 나타냈다.

(a)

(b)

1	0	1	0	1	0	0	1	0
1	0	X	A	A	B	B	0	0
0	0	Y	B	A	B	A	1	1
0	1	0	0	1	1	1	0	1
1	1	A	B	A	B	A	0	0
0	0	B	A	B	A	B	1	0
1	1	0	1	0	1	1	0	0
1	0	A	A	B	A	X	0	1
1	1	B	B	A	B	X	1	0
0	1	0	0	0	1	1	1	1

1	0	1	0	1	0	0	1	0
1	0	A	A	B	B	Y	0	0
0	0	B	A	B	A	X	1	1
0	1	0	0	1	1	1	0	1
1	1	B	A	B	A	B	0	0
0	0	A	B	A	B	A	1	0
1	1	0	1	0	1	1	0	0
1	0	Y	A	A	B	A	0	1
1	1	Y	B	B	A	B	1	0
0	1	0	0	0	1	1	1	1

■ **그림 1-12** 랜덤 도트 스테레오그램(RDS)

시차영역의 갯수 및 시차의 공간적 변화에 관해서는, 시차영역이 하나뿐인 단순 RDS, 시차가 공간적으로 연속적 또는 불연속적으로 변화해 복잡한 깊이 지각이 만들어지는 복잡 RDS, 화소가 수평 방향에 관해서 일정 단위로 반복하고 한 순간에는 두개의 가능한 깊이 중 한쪽으로 지각되고 지속적 관찰에서는 그것들이 반전하여 지각되는 다의적 RDS, 동일시야 영역으로 복수의 시차량이 다른 화소 군과 겹쳐서 동시에 복수의 깊이를 지각할 수 있는 다중 깊이 RDS 등이 있다. 또한, 좌우안 자극이 시간적으로 변화하지 않는 정적 RDS, 2종류 이상의 RDS를 계속적으로 연속 제시되는 시간적 변화를 가진 동적 RDS가 있다.
이러한 랜덤 도트 스테레오그램에서도 입체시가 성립한다는 사실은 양안 입체시가 성립하기 이전에 단안 패턴 인지가 필요한 것인지 아닌지를 이해하기 위해 충분하다고 생각한다[18][19].

2 운동시

좌우안에 제시해야 할 랜덤 도트 스테레오그램을 각 눈에 연속적으로 제시하면, 시차가 발생한 부분이 이동하는 것이 보인다. RDS 이전부터 이렇게 실제로는 움직인 것이 없는데도 외관상의 움직임 현상이 생기는 현상을 가현운동(apparent movement)이라 부르고 연구되어 왔다. RDS에서의 가현운동은 유감스럽게도 논문 등에 인쇄 할 수가 없었다. 그 이유로 율레즈는 우선 인쇄가 가능한 랜덤 도트 스테레오그램 연구를 우선하기로 했다고 한다. 랜덤 도트 스테레오그램에 의한 양안 입체시가 널리 인정된 지금은 운동시 연구에서도 랜덤 도트 스테레오그램이 사용되고 있다.
RDS는 휘도구배(bright gradient)가 있는 자극에서는 볼 수 없는 특유의 가현운동이 있다. 즉, 일례로서 계속적으로 12도 방향의 차이가 있는 가로로 된 줄무늬 모양이 지각되는 RDS1과 RDS2를 계속적으로 교대해서 연속 제시 했을 때(동적 RDS), 각 RDS는 서로 상호 독립된 화소이기 때문에 단안적으로는 가현운동이 생기지 않지만, 양안시에서는 입체시 된 방향이 다른 선이 흔들려 보인다. 휘도구배가 있는 고전적 도형의 경우, 최적 시상(詩想)과 동시 시상의 중간 시상에서 즉, 다른 두 가지 기울임의 중간적인 기울임에서 정지해 지각되는 것이 발견되었다. 이것을 양안적 정지라고 부른다. 양안적 운동 검출기구는 휘도구배를 가진 윤곽의 운동을 검출하는 기구와는 다른 시정수를 가지고 있다고 생각된다.

이와 같이, 동적 RDS는 시각계의 양안대응 및 그 시간특성의 연구에도 유용한 수단을 제공하고 있다. 만약 시차량을 계속적으로 변화시키면 3차원 영상의 움직임도 표현할 수 있다. 상당히 큰 시차에서도 변화가 있으면 입체시는 가능하다. 따라서 정적 스테레오그램에서는 입체를 느낄 수 없는 사람도, 동적 RDS에서는 입체시를 느낄 수 있는 경우가 있다고 한다. RDS는 이전보다도 객관적인 입체시의 검사임과 동시에 이후 사시의 교정이라는 응용에도 이용되지 않을까 생각한다.

3 전체적 입체시

랜덤 도트 스테레오그램에서는 각 단안 영상에 하나로 통합된 형태가 존재하지 않는다. 율레즈는, 각 단안 영상의 전체적 패턴 인지에 따른 시차의 계산방법 대신, 양안대응을 자극요소의 밝기에 관한 점대점의 비교 대상으로 가정했다. 이에 따라, 시각계의 초기 처리에서 입체시가 가능하게 된다. 그러나, 좌우안에 같은 특징을 가진 자극요소가 하나 밖에 없을 때 양안대응의 가능성은 하나만으로 대응하는 일의적으로 결정되지만, 두 개 씩 존재할 때는 2의 2승으로 4개의 가능성이 생긴다. 실제로 지각되는 자극요소의 수는 두 개 이지만 양안시각계는 지각되지 않은 두 가지의 대응 가능성을 어떻게 처리하고 있는 것일까? 이것이 양안 입체시에서의 대응문제이다.

율레즈는 양안 시각계를 점대점 대응시키는 것을 기초로 하였지만, 그것만으로 입체시가 생기는 것이 아니라 어느 정도 넓은 범위에서 같은 시차로 합쳐진 영역만이 입체시로서 지각된다고 생각하고 이것을 전체적 입체시라고 불렀다. 그리고, 이전의 단순한 선그림 자극 입체시를 국소적 입체시라 부르고 구별했다. 대응문제는 입체시의 중요한 문제 중 하나이다.

4 양안 입체시 모델

입체시의 모델로서 고차의 인지과정에 의지하지 않고 잠재 대응을 제거할 필요가 있다. 율레즈가 RDS에 의한 연구를 최초로 발표했을 때 고안한 모델이 차이 장 모델(difference field model)이다[15]. 여기서, 양안대응은 자극요소의 점대점 비교대조를 기초로 좌우안의 화소에 대응하는 부분의 밝기 차를 구해 어느 정도의 면적으로 통합하고, 양안자극 요소의 차가 제로로 된 시차 영역을 입체시 한다고 하는 모델이다. 중요한 것은 소수의 선이나 점으로 된 선그림 스테레오그램에서는 각각의 요소가 작아도 입체시 되는 것에 대해, RDS에서는 융합이론의 문제인 잠재 대응을 제거하기 위해 기본적으로는 면을 단위로 해서 잠재 대응을 결정한다는 것이다.

RDS에서의 좌우안 자극의 크기 차 또는 하나로 합친 면에 시차가 증가한 경우에도 융합이 보존 될 수 있는 이력효과(hysteresis)에 적합하게 다시금 개량한 것이 [그림 1-13]의 스프링결합자석모델(spring-coupled magnetic dipole model)이다[16]. 이 자석 모델에서는 양안 시각계 각 망막상의 화소를 백화소 N, 흑화소 S와 같이 각각의 자석으로 대응시키고 있다. 여기서 자석은 시차에 대응해 회전할 수 있게 되어 있다. 이 자석의 배열이 좌우안에서 서로 가까워 졌을 때 같은 밝기면 N과 S가 서로 마주 보게 되어 서로 끌어 당겨 대응하고, 만약 밝기가 다르면 S와 S 또는 N과 N이 서로 반발한다는 자석의 논리를 기본으로 하고 있다. 다만, 그것만으로는 랜덤하게 대응해 버릴 가능성이 있기 때문에 자석에 스프링을 붙이는 것으로, 어느 정도 통합된 범위에서 인접한 화소가 동일한 시차에서 대응했을 때만 전체로서 입체시가 만들어지고, 한쪽 눈 각각의 화소가 다른 쪽 눈의 많은 화소와 다중으로 대응하는 것을 방지할 수 있다.

자석모델은 시차의 방향에 관해서 직렬처리를 가정하고 있지만 앞과 뒤 두개의 다른 시차의 깊이가 가능하게 되는 다의적 RDS에서는, 두 개의 깊이가 병렬 처리된 후, 한쪽의 깊이가 선택될 것이 시사되었기 때문에 병렬처리를 하는 자석모델도 제안되고 있다.

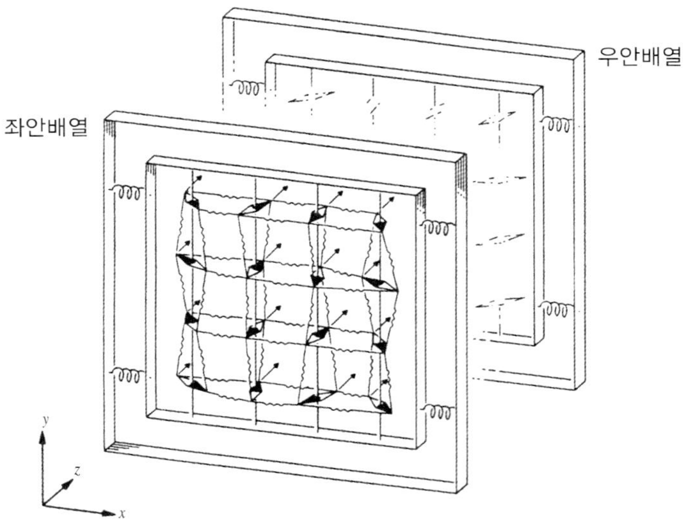

■ **그림 1-13** 스프링 결합 자석 모델

생리학적 모델에서는, 대뇌시각령에서 발견된 양안에 수용장을 갖는 양안성 세포가 신경흥분의 촉진과 억제라는 두 가지 작용으로 잠재대응을 처리하고 있다고 설명한다. 즉, 같은 시차의 시차세포 사이에서 상호촉진 효과와 또 다른 시차세포 사이에서 상호억제 효과가 서로 영향을 끼친다고 가정하고 있다. 정신물리학적으로도 다른 시차의 접근이 입체시를 방해하는 것은 알려져 있고, 컴퓨터에 의한 시뮬레이션에서도 억제는 기본적 조건이다.

이와같이 입체시의 대응 문제를 저 차원의 시각처리로 해결한다는 발상은 Marr에 의해 대표되는 2차원 망막상에서 3차원 외계의 추정을 목표로 하는 이론적 접근의 출현에 영향을 주었다[20]. 입체시에 대해서는 협동적 모델(cooperative model)이 있고, 다음 제 2의 비협동적 모델로 변화해 간다.

전자는 실제 외계의 물리적 성질에서 ① 한 점은 일시에 유일한 위치 공간을 차지하고, ② 물질은 개체로서 각각의 물질에 나누어져서 일반적으로 거의 평탄하다라는 예비지식을 이용해서 양안계는 2차원 상에서 3차원 세계의 추정이라는 불량설정 문제를 푼다고 생각한다. 대응할 수 있는 것은 특징이 일치하는 것(compatibility), 한쪽 눈의 한 점은 다른 쪽 눈의 한 점하고 만 대응하는 것(uniquenss), 대응하는 후보의 시차가 이미지 거의 전체에서 원만하게 변화하는 것(continuity)라는 3가지의 규칙을 기준으로 대응시키는 모델이다.

한편, 각각의 화소는 양안에서 반드시 완전하게 한 점마다 일치하지 않고 대응하지 않는데도 불구하고, 자극 전체에서 간단한 명도 분포를 대응시킴으로서 입체시가 가능하다. 또, 2옥타브 이상 공간 주파수가 다른 부대응 자극에 의한 양안 경쟁이 생겨도 그것이 양안 입체시에는 방해가 되지 않은 것 등이 알려져 있다.

이들의 예는 양안 시각계가 양안대응 이전에 공간 주파수 분석을 하는 것을 시사한다. 따라서 RDS의 자극전체를 각각 흑백 화소의 집단이라고 보지 않아도 될 정도로 간단한 형태의 레벨까지 확장하고, 국소적 입체시의 차원까지 자극 요소의 유사성을 저하시킨 다음 양안대응을 보면 실질적으로는 잠재대응이 존재하지 않게 된다. RDS라 해도 국소적 입체시로서 처리하고 있을 가능성이 있다.

이와 같은 방법으로 협동 모델과는 별도의 모델이 제안되었다. 여기에서는 보다 큰 시차를 처리 할 수 있는 낮은 공간 주파수 필터를 통과한 이미지에서 윤곽선에 해당하는 제로교차(zero crossing)를 구할 수 있다. 두 가지 이미지 사이를 대응 시킨 다음 작은 시차를 처리하는 높은 주파수로 단계적으로 대응시키며 연속적으로 처리해 나간다. 대응시킨 정보가 수렴운동을 통제하고, 그 결과 관찰자를 둘러 싸 보이는 표면의 방향이나 깊이를 표함하는 2½D 스케치에 기억되어, 그 위에 좁은 마스크의 이미지가 대응할 수 있게 된다. 이 이론에서는 대응시키는 과정과는 별도로 기억이 조직화되어 삽입되어 있고, 한 가지 입체시가 성립한 후에는 융합 영역을 넘어도 융합이 유지된다고 하는 이력효과에 대응하게 된다.

5 심리해부학

율레즈는 RDS에 의한 입체시 성립 과정의 검토에 새로운 길을 개척한 것 뿐 만 아니라, 그 외의 지각현상이 성립하는 레벨의 특징을 정하는 것에도 RDS를 사용하였다. 휘도구배가 있는 이전의 선그림 자극은 망막 위의 처리를 반영할 가능성이 있고, 다른 방향으로 단안시 형태 인지에 의해 고차의 인지적 처리를 발생시킬 가능성이 있어 지각현상의 처리단계를 한정하는 것이 어렵다.
따라서, 율레즈는 말초적인 감각 과정과 고차 인지적 과정과의 중간적인 지각과정에서 언어, 논리, 수학의 본질적인 심벌 조작 및 추상화에 그치지 않았다. 구체적이고 명확한 이미지를 가지는 과정을 RDS 등으로 자극(cyclopean stimulation)하는 방법으로 망막에서 외측슬상체까지의 초기 처리를 바이패스 할 수 있게 했다. 이에 따라, 시각현상을 성립시키는 과정이 양안시 처리보다 이전인지 이후인지를 구별할 수 있는 기법을 개발하였고, 이것을 심리해부학(psychoanatomy)이라고 이름 지었다.

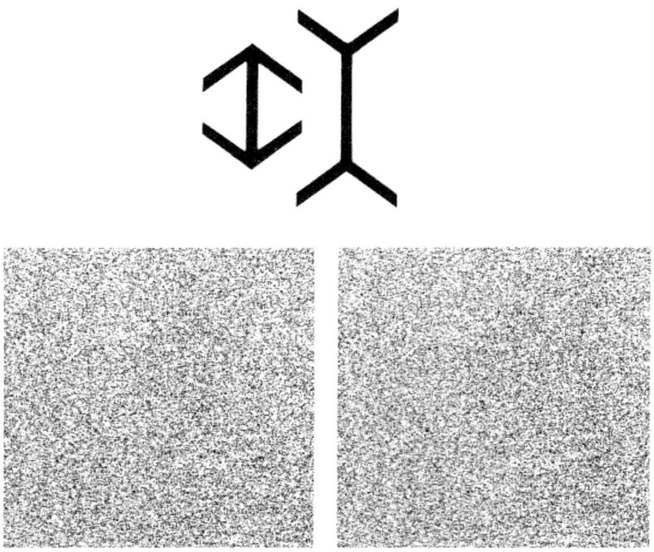

■ 그림 1-14 선그림과 RDS에 의한 뮐러-라이어 착시도형

[그림 1-14]는 뮐러-라이어(Muller-Lyer) 착시에 대한 한 가지 예를 보여준다. 기본적으로 선그림 도형과 RDS로 제시된 경우의 착시량을 비교하여, 만약 RDS로 착시 도형을 제시한 경우 착시량이 선그림의 경우와 같으면 이 착시는 양안 입체시보다도 후의 과정에서 생겼다고 결론지을 수 있다. 실제로 뮐러-라이어 착시의 경우 양자의 차이가 없었으므로 율레즈는 이것이 입체시보다도 고차의 과정에서 생긴다고 결론지었다[16].

양안 입체시의 연구에 대해서 이상의 역사적인 발전을 보면, 인간의 지각에 대한 사고방식이 그 당시의 기술, 도구나 기계에서의 유추에 따른 것이 많은 것을 알 수 있다. 현대에서는 컴퓨터가 인간 이해의 중심적인 기계이다. 기술의 진보와 과학적 이해의 진보가 상호 작용을 하고 있어서 가상현실의 진보가 이후 어떻게 인간에 대한 이해로 인도해 줄 것인지 기대된다.

1.2 생리학적 접근

1.2.1 양안시 기능으로서의 입체시

양안시 기능이란 물체를 응시했을 때 양안에서 들어온 각각의 시각정보를 통합하여 양안 단일시(융합)하고, 단안만으로는 얻을 수 없는 입체시 등의 시각 능력을 발휘하는 기능이라고 할 수 있다. 이것은 융합, 입체시라고 하는 감각적인 측면뿐만 아니라 융합운동(수렴개산운동)이라고 하는 운동면의 기능도 포함하고 있다. 좌우안에서 얻은 개개의 정보는 2차원이지만, 좌우안에서의 정보에 약간의 차이가 있는 것을 이용해서 3차원 정보를 조립하고 있는 것이다. 이러한 것이 가능한 신경학적인 기반으로서, 영장류에서는 양안 시야의 상당한 부분이 서로 중첩된다. 동일 시야에 관한 좌우 안의 시각정보에 반응하는 단일신경세포가 대뇌시각피질에서 상위 수준의 중추에 존재하는 것이다.

기하학적 호롭터 VM 은 양안 광학계의 결점과 응시점 F를 연결한 원을 말한다. 이 원주 위의 점 A가 망막 위에 투영되는 상 a_1, a_2는 결점과 A를 연결하는 선 위에 있다. 이와 같은 선과 시선(응시점 F와 중심와 f_1, f_2를 연결하는 선)이 각각에 대해 만든 각도는 원주각이 일정하기 때문에 같다. 즉, 이 원주 위에 있는 점은 좌우안의 망막상에서 중심와에 대해 동일한 거리에 있다고 일반적으로 가정되고 있는 대응점에 상을 결성하게 된다. 또, 각 α_2는 각 α_1과 같다. 즉, 이론상 A는 F의 응시하에서 F와 같은 거리(깊이)에 존재하는 것으로 감각하게 된다. 눈 앞의 면과 평행이고 응시점을 포함하는 평면, 즉, 응시점과 같은 깊이라고 느껴지는 평면(frontparallel plane : FP)으로서 피검자에게 의식되는 평면은, 곡면에 있는 경험적 호롭터와 일치하고 공간 지각이 비뚤어지는 한 예가 되고 있다.

[그림 1-15]는 좌우반시야와 좌우시신경·대뇌시각피질의 관계를 나타낸다. 시각자극의 흐름을 구체적으로 보면, 눈 안으로 들어가는 빛은 광원의 거리에 대응하여 망막시세포 위에 상을 결성하도록 눈 안의 수정체(렌즈)([그림 1-15]에서는 생략)로 적절하게 굴절된다(조절). 양안에서 F를 응시했을 때, 응시점보다 우측의 시야(점선의 부분)는 양안 좌반부의 망막으로 투영된다. 망막시세포는 빛 에너지를 전기에너지로 바꿔서(광전변환) 신경신호로 망막신경절세포에 전달하게 된다. 신경절세포에서 축색은 시신경이 되어 두 개 골로 들어간 직후의 시교차(OC : optic chiasm)라고 부르는 부분에서 좌우시신경이 하나로 합쳐지고, 양안의 귀쪽 시야를 담당하고 있는 코쪽 시신경이 서로 반대측으로 옮겨져, 좌우 2세트의 시신경 다발을 형성한다. 즉, 양안 좌반부의 망막에서 출발한 시신경축색은 시교차(OC)에서 좌우가 합류해 좌측 신경 다발이 되고, 좌반구의 외측슬상체(LGB : lateral genicalate body)에 이른다. 외측슬상체에서는 같은 시야를 담당하는 좌우안에서의 시신경 축색이 교대로 층을 만들어 배열되어

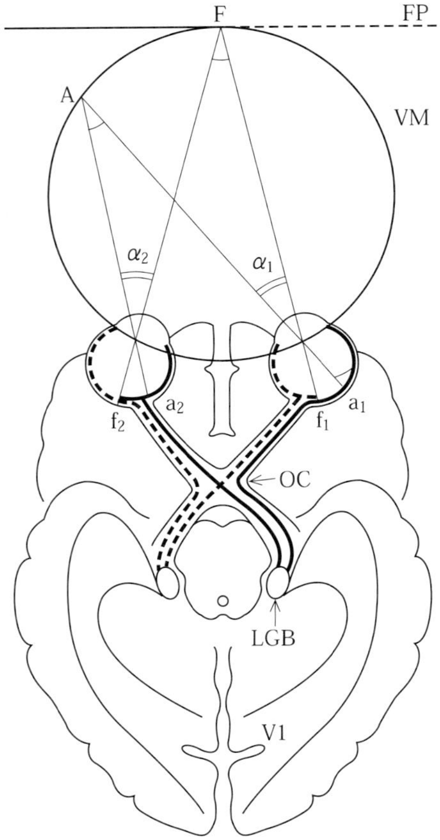

■ **그림 1-15** 시각계의 구조와 Vieth · Mueller의 기하학적 호롭터

있다. 여기서, 뉴런을 변환하여 신경신호는 후두엽 제 1차 시각 영역(V1 : Brodmann의 17영역에 해당)에 이른다. 즉, 좌측 후두엽은 양안의 우측 시야를 담당하게 된다. 우안이나 좌안의 자극에도 반응할 수 있는 신경세포는 대뇌의 후두엽 제 1차 시각 영역에 이르고 나서 처음으로 발견되고, 이 단계에서 처음으로 양안시를 느끼게 되는 것으로 생각 된다[21].

1.2.2 양안시 기능의 기초 이론

1 감각으로서의 입체시

(1) 망막 대응과 융합

망막에 있는 각 빛의 수용기에 빛이 닿으면 그것이 어느 방향에서 입사했더라도 그 물체의 방향을 정확히 감지할 수 있다.

영장류에서 망막의 중앙부는 시세포의 밀도가 높고 「시력」이 특히 발달한 부분으로서 중심와라고 부른다. 시선(시축)이란 중심와의 중심부가 가지고 있는 시선방향이라 할 수 있다. 시야에서 중심와 영역이 차지하는 비율은 작지만, 후두엽 시각 영역에서는 상당히 넓은 면적을 차지하고 있다.

좌우안에서 시방향이 일치하는 눈의 망막 위에 있는 각각의 점을 대응점(corresponding point)이라고 한다. 대응점에 동시에 같은 종류의 빛 자극을 주면 중추신경은 동일 대상에서의 자극으로 인식한다(융합한다). 전술한 바와 같이 양안 어느 쪽에서의 자극에도 반응할 수 있는 신경세포는 대뇌의 후두엽 제 1차 시각 영역에 도달해서 처음으로 발견되고, 이 단계에서 처음으로 양안시를 느낀다[21]. 따라서, 망막 대응이라고 해도 실제의 대응은 후두엽 시각 영역의 단계에서 생기는 것이다.

(2) 호롭터

양안에서 특정 물체를 응시했을 때, 양안에 대응된 망막 대응점을 가지며 시방향이 교차하는 점을 연결한 것이 호롭터이다. [그림 1-15]의 호롭터에서 대응점이 양안 망막 위의 중심와를 중심으로 하여 균일하게 분포 한다고 가정하면, 호롭터는 응시점 F와 양안의 결점(안구의 광학계의 중심이고, 수정체의 후면 중심부근에 있다)의 3점을 연결하는 원을 형성한다. [그림 1-15]는 기하학적 호롭터 즉, ViethMueller(VM)의 호롭터를 나타낸다.

호롭터 위의 물체는 양안 망막의 대응점 위에 상을 결성하기 때문에 모두 동일시 방향의 물체로 감각하게 된다. 즉, 융합되는 것이다. 또, 뒤에서 언급할 양안시차가 없기 때문에 응시점과 비교해서 원근차(입체감)는 없다. 즉, 원근감으로 말하면 앞면과 평행으로 응시점을 포함하는 평면(FP : frontparallel plane) 위에 존재한다고 의식하게 되는 것이다. 좌우안으로 동일시 방향이 되는 것을 이용해서 호롭터를 실측할 수 있지만, 그것으로부터 얻어지는 경험적 호롭터는 기하학적 호롭터 보다도 편향되어 균일하고(상하방향에서는 위의 방향으로 안으로 기울어져 있다) FP에 가깝다. 경험적 호롭터가 FP상에 있다고 의식한다는 것은 공간 지각이 비뚤어지는 한 예가 되고 있다.

(3) 패넘(Panum)의 융합 영역과 정밀한 입체시

실제 양안간의 망막 대응은 1대 1의 대응이라고 하기 보다는 조금 더 느슨한 대응이 되어 있다. 망막 대응점 사이에 이러한 느슨한 대응이 있기 때문에 좌우 안에 약간 차이가 있는 상을 주어도 융합할 수 있고, 더구나 그 대응점에서의 차이량(양안시차 : binocular disparity)을 인식함에 따라서 세밀하고 깊은 신경의 느낌, 즉, 정밀한 입체시가 가능하게 된다.

그리고, 중심와에서도 망막 대응이 느슨하기 때문에 양안의 중심와에서 응시하고 있는 점이 약간 벗어날 때가 있다. 이 차이를 응시시차(fixation disparity)라고 한다. 이를 [그림 1-16]에서 설명한다. 예를 들면, 응시점 F에서 떨어진 호롭터 위의 점 A가 좌안에서 바로 a_2 위에 상을 결성한다. 우안에서는 a_2의 대응점 a_1 위에서 A의 상을 결성하는 것이다. 그림에서 A를 통과하는 굵은 선위에 있는 물체는 A에서 약간 떨어져 있지만 같은 a_2 위에 상을 결성하는 물체로서 우안에서는 a_1 으로부터 약간 벗어난 부분에 상이 맺히게 된다. 그러나, 이 상이 a_1에서 일정한 범위내로 벗어난 것 뿐이라면 융합 가능이다. 이러한 것이 가능한 영역의 넓이는 중심와에서 멀어질수록 넓어진다. 역으로 a_1에 대한 a_2의 대응 영역도 동일하게 일정한 퍼짐새를 하고 있다. 이와 같이 어떤 점 F를 응시했을 때, 호롭터 전후에 형성되는 융합 가능한 영역을 패넘의 융합 영역이라고 한다.

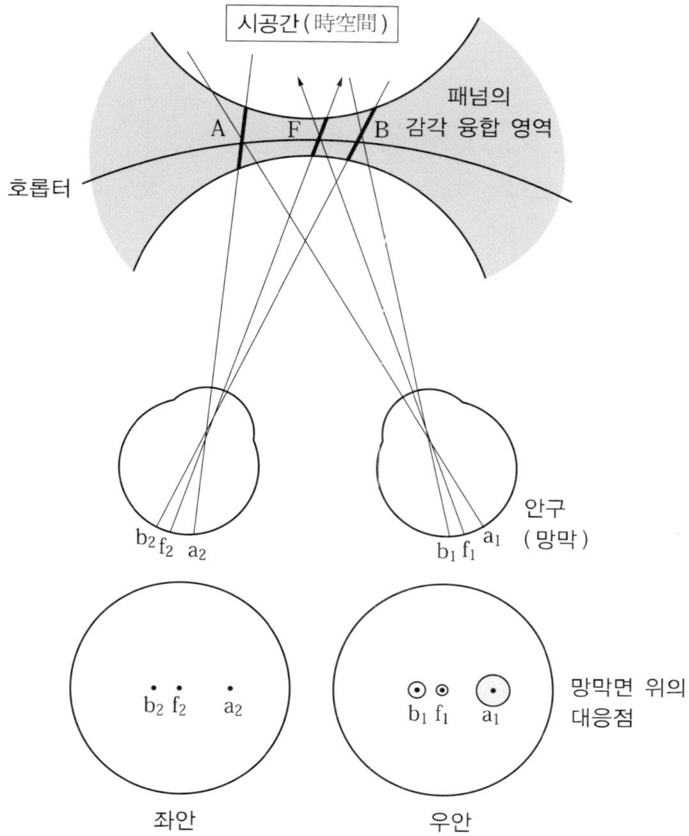

■ **그림 1-16** 패넘의 융합 영역과 망막 대응점

(4) 생리적 복시(physiological diplopia)

입체감(깊이를 감지하는 느낌) 그 자체는 패넘의 융합 영역 외에 존재하는 물체에 관해서도 생길 수 있다. 그러한 위치에 있는 물체는 융합되지 않고 우안과 좌안에서 다른 대응점, 즉, 다른 시선 방향으로 인식되게 된다. 결국, 동일 물체가 두 가지 방향으로 보이게 되는데, 이것을 생리적 복시라고 한다. 생리적 복시는 일반적인 복시로 의식되지 않지만, 의식화하는 것도 가능하다. 또, 두개로 보이는 데도 일정 한도 이내 이긴 하지만 「앞쪽(또는 안쪽)에 있어서 두 개로 보인다」는 것을 판단할 수 있고, 입체시는 존재한다. 융합과 입체시는 별도의 현상인 것이다.

(5) 동시시(同時視)

각 분야에 따라 「동시시」는 의미가 다소 달라진다. 예를 들면, 일반적으로 안과의 시능력 교정학에서 사용되고 있는 동시시라는 개념은 대형 약시경하에서 양안에 이질 도형을 제시했을 때(즉, 패넘의 융합 영역 내에 제시했을 때) 동시에 양방향의 이질 도형을 지각하는 능력을 뜻하는 한정적인 의미로 쓰이고 있다[22].
Park는 이 의미에 추가하여 패넘의 융합 영역 외에서 동질 도형을 제시했을 때도 그것을 동시에 각각의 눈에서 감각하는 능력, 즉, 생리적 이중상 지각을 감각할 수 있는 능력을 동시시에 있어서 또한 하나의 중요한 측면이라고 말하고 있다[23].
Tychsen은 탄생 직후에서 3개월까지의 기간은 양안이 외사위에 있는 경우가 많고, 그 기간 동안에는 양안 각각에 투영된 상이 서로 억제하는 일(양안 경쟁) 없이 동시에 겹쳐진 형태로 지각, 즉, 동시시(동시에 보여 지는 것) 되고 있는 것이 아닐까 하고 말하고 있다[24].

(6) 절대적인 거리감(깊이감)과 상대적인 거리감, 수렴각과 양안시차

일상 공간에서의 깊이 지각의 단서로서는 양안성의 단서나 단안성의 단서 등 여러 종류의 것이 존재한다는 것을 알고 있다. 그 중에서도 관찰자 본인과 물체간의 절대거리를 지각하기 위해서는 양안이 응시하고 있을 때의 수렴각과 수정체(렌즈)의 조절량이 중요하다고 생각되고 있다.

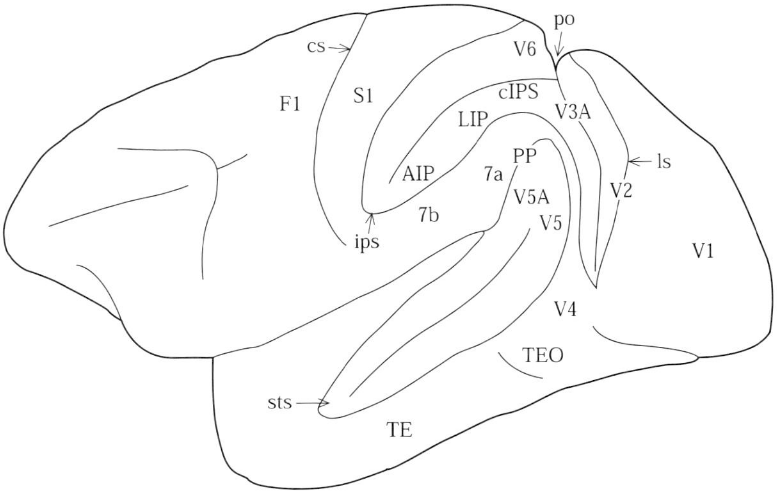

■ **그림 1-17** 원숭이의 좌 대뇌피질 측면도

수렴각과 조절량에서는 수렴각이 우선적인 단서로서 처리된다[25]. 응시 물체 이외 물체의 상대적인 거리감은 이전에 언급한 바 와 같이 수평 양안시차가 중요하다. 상하의 양안시차도 그러한 공간 지각의 구성 요인이지만 그 영향에 대한 메카니즘은 복잡하고 아직 잘 알려져 있지 않다.

(7) 정적 입체시(static stereopsis)와 동적 입체시(motion stereopsis)

입체시에는 응시점에 대해서 떨어져 존재하는 물체가 응시점에 대해서 앞에 있는지 뒤에 있는지, 또는, 어떻게 기울어져 있는지 하는 판단의 근거가 되는 정적인 입체시 이외에 그 물체가 전후 방향의 어느 쪽으로 움직이는지를 감각하는 동적인 입체시가 있다. 동적인 입체시는 크기나 양안시차의 시각적 변화를 파악함으로서 발생한다고 생각되고 있다.

일반적으로 대뇌에서는 시각정보가 형태 감각과 움직임의 감각으로 대표되는 2계통으로 나뉘어 병렬처리 된다는 것이 알려져 있다[24][26]. 즉, 소세포계(parvocellular (P) pathway)와 대세포계(magnocellular (M) pathway)이다.

P 경로는 망막의 중심와 및 그 주변에 많이 분포하는 β세포에서 외측 슬상체 중의 소세포 층에서 뉴런을 바꾸어 후두엽 피질 제 1차 시각 영역(V_1) 및 V_2, V_3, V_4 영역([그림 1-17], 구분류 Brodmann의 18, 19 영역에 포함)과 정보가 처리되고, 하부측두엽(TEO, TE야)에 연결되는 배쪽경로를 통해 정밀한 형태 감각이나 색각 정보 처리를 하게 된다. 정적인 정밀한 입체시는 이 경로에서 발생한다고 생각되고 있다.

M 경로는 망막 α세포에서 외측 슬상체 대세포층을 경유하고, 후두엽 피질 V_1 영역에서 V_2, V_3, V_5(MT영역), 다음 하부두정엽으로 연결이 되어 움직임이나 속도감각, 방향감각, 동작이 큰 움직임의 입체시, 플리커 등의 감각정보처리가 행해지는 등쪽 경로이다.

[그림 1-17]에서는 시각 전영역, 시각 연합영역에 관한 뇌구조를 확장하여 내측을 볼 수 있는 형태로 구성하였다. ips는 두정간구, ls는 월상구, sts는 상측두구, cs는 중심구, po는 두정-후두구, AIP, LIP, cIPS는 두정간구전부, 측부, 미부, V1～6는 제 1～6차 시각 영역, F_1은 제1차 운동영역, S_1은 제1차 감각 영역이다.

이 중에서 입체시의 중추로서는 하부 두정엽이 주목되고 있다[27]. 두정엽 시각연합영역은 등쪽 경로의 일부로서 공간 위치 감각이나 운동의 지각에 관여하고 있다. 깊이운동(크기와 양안시차의 변화)에 반응하는 뉴런은 MT에 인접한 시각 연합영역인 상측두구의 V5A(MST영역)에서 발견되고 있다.

이 영역에서는 그 외에 회전운동이나 광학적 흐름, 전정자극에 반응하는 뉴런도 발견되고 있다.

양안시차 감수성 뉴런 자체는 V_1, V_2, V_3, MT에서도 널리 기록되어 있다. 예를 들면, V_1의 양안에서 시자극에 반응하는 양안 시세포 중에서, 양안시차에 대해서 다음과 같이 선택적으로 반응하는 세포들이 발견되고 있다. 호롭터 위의 시자극에 선택적으로 흥분하는 세포, 역으로 활동이 억제되는 세포, 호롭터보다 가까운 위치의 시자극에서 특이적으로 흥분하는 세포, 먼 위치의 시자극에서 특이적으로 흥분하는 세포 등이다[28]. 그러나, 이것들은 일정한 양안시차를 가진 슬릿이나 랜덤 도트의 작은 형태 패턴에 반응 하는 세포이다. 경사가 있는 평면에서는 면의 경사에 따라서 양안시차가 서서히 변화한다. 이 변화율을 단서로 하여 평면의 경사를 인지할 수 있다고 생각이 된다. 이러한 평면의 경사 인식은 입체의 형태 인지에 필요한 것이며 이 평면의 경사에 반응하는 뉴런(평면방위선택성 뉴런)은 두정간구 미부(cIPS)에서 발견된다.

두정간구에서는 이 외에 응시점까지의 거리(깊이)에 대응해서 활동하는 뉴런이나 축방위 선형성 뉴런이 발견되고 있다. 여기에서는 3차원에서의 형태와 방위, 거리감(자신으로부터의 거리)의 중추일 가능성이 있다고 생각된다. 뒤쪽 경로인 이 부분이 등쪽 경로의 기능이라고 생각되는 3차원 형태시의 기능도 가진다는 것이다. 또한, 두정간구의 앞부분(AIP)에는 시각에서 유도된 손가락 운동과제(스위치나 레바를 밀고 당기고 한다) 수행과 관련한 뉴런이 발견되어 있고, 형태와 운동을 관련시키는 영역으로서도 중요하다고 생각된다.

2 안구운동으로서의 양안시 기능

(1) 양안시 기능의 운동적 측면 - 융합성 안구운동

한 물체에서 다른 물체로 시선을 이동할 때, 감각성 융합을 유지하기 위해 새로운 물체의 양안시차에 대응해서 양안 시선의 상대적인 위치를 서로 역방향으로 이동시켜 양안시차가 제로가 되게 하는 안구운동을 융합성 안구운동이라고 부른다. 양안시기능의 운동적 측면을 담당하며, 개산운동과 수렴운동이 주체이다. 우안이 좌향으로 좌안이 우향으로 동시에 같은 량 움직이는 것이 수렴운동이고, 개산운동은 그 역방향 운동이다. 전자는 가까워지는 물체를 보기 위해, 후자는 멀어지는 물체를 보기 위해 쓰인다. [그림 1-18]에서와 같이 평상시에는 양안을 평행으로 같은 량 같은 방향으로 움직이게 하는 운동(동향안구운동)과 수렴개산운동(반향안구운동)을 동시 병행적으로 하며 공간 중에 시선을 이동시키게 된다[29].

[그림 1-18]의 위 그림은 눈 앞 200 cm 거리의 평면 위에서 오른쪽 방향 10°에 있는 시자극(R10)과 정면의 눈 앞 30 cm의 시자극(N)을 시자극의 점멸을 신호로 번갈아가며 응시했을 때의 응시점(양안 시선의 교점)에 대한 궤적을 위의 방향에서 본 그림이다.

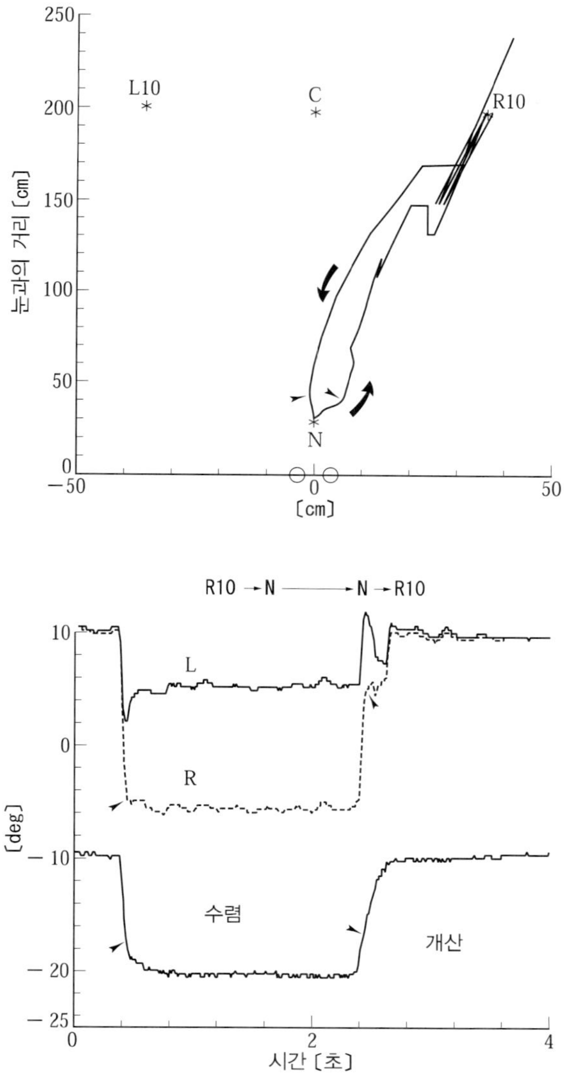

■ **그림 1-18** 깊이와 방향이 다른 두개의 시자극(R10과 N)에서 점멸 신호를 교대로 응시했을 때의 응시점 궤적(위)과 안구운동(아래)

횡축상의 동그라미는 눈의 위치이고, 양의 숫자는 오른쪽 방향의 거리를 나타낸다. 두 개의 화살표는 각각의 궤적위에서 방향 운동의 종료시(아래그림화살표 꼭지부분) 응시점의 위치를 나타낸다. 아래 그림은, 전술한 왕복 운동시 각 안구의 안구(시선) 위치(R, L)와 수렴개산 운동 성분을 나타낸다. 시자극의 교차점멸 타이밍은 그림 위쪽에 표시하였다. 안구위치는 정면 눈 앞 200 cm의 시자극(위 그림의 C)을 응시했을 때의 위치를 0도로 하고, 양의 수는 오른쪽 방향시를 나타낸다. 수렴개산운동은 편의상 시자극 C를 응시했을 때의 수렴각을 -10도로 하고, 수렴 방향의 움직임이 음의 방향이 되게 표시했다. 우안 방향 운동과 동시에 수렴개산 운동이 크고 빠른 속도로 진행하고 있는 것을 알 수 있다. 방향 운동의 종료 시점을 화살표로 나타냈다. 또한, 수렴개산 운동 자체는 시차자극 이외의 자극에서도 발생할 수 있다. 하나는 망막상의 흐림에 의한 조절자극이고, 흐림을 수정하기 위해 생긴 조절량에 대응해서 일정한 비율로 수렴운동이 생긴다. 또, 하나는 근접자극(물체가 가까이에 있다고 의식하는 것)에 의하는 것이고, 경우에 따라서는 큰 영향을 준다.

(2) 수렴운동 중추

수렴개산 운동은 안구를 수평방향으로 움직이게 하는 내・외 근육을 지배하는 말초 신경의 세포체가 있는 내직근핵(동안신경핵의 일부)과 외전 신경핵의 활동에 의해 생긴다. 이들 핵의 중추 및 그 위쪽에 위치한 중추에 관해서 이전에는 다른 안구운동에 비해서 연구가 미진했다. 동안 신경핵의 배외측에 수렴개산 운동의 신호를 내고 있는 세포군이 발견되었고 이것이 직접적인 중추라고 생각된다[30].

더 나아가서 위쪽에 위치한 중추에 관해서는 후두-두정-측두엽 경계부의 시각연합야 특히, MT・MST야 부근에 있다고 추측되어 있다. 고양이는 MT야에 해당하는 외측 실비우스 위 영역의 자극・파괴실험으로부터 수렴・조절운동과 같은 영역이 밀접한 관련이 있는 것으로 알려져 있다[31][32].

1.2.3 「정상」 사람에게 잠재하는 양안시 기능 오류

근견입체시 검사표인 티트무스 검사(Titmus test) 등으로 정적 입체시를 조사해보면 정상이지만, 큰 시차가 있는 동질 도형을 단시간 양안에 제시하면 입체감을 감지할 수 없는 사람이 있다. 사람에 따라 감지할 수 없는 깊이 느낌 감각이 가까운 쪽(수렴

방향)인지 먼쪽(개산방향)인지 결정되어 있고, 시각 연합영역에서의 특정한 양안시차 반응 세포의 손상 때문이 아닌가 하는 추측을 하고 있다[33]. 동적 입체시에 관해서는 더 많은 비율의 「이상」이 발견되고 있다. 양안시야 중에서 전후 방향으로 왕복 운동하는 시자극을 사용하여 움직임의 입체시를 알아보면, 입체시가 없는 시야부분이 조금이라도 존재하는 사람이 80 %에 이른다고 한다[34].

사시 등의 눈질병도 없이 성장해 왔지만 2종의 자동차 면허(깊이신경 감각을 검사한다)를 취득할 때, 또는 입체적으로 보이는 기구를 사용하여 입체 그림 등을 보았을 때, 처음으로 자기의 입체시에 이상이 있다는 것을 알고 안과 검진하는 사람도 있다. 운동면에서는 수렴개산 운동계에 후천적으로 이상이 생기면 이중상의 지각이 발생한다. 이 이상의 원인이 본래 선천적으로 갖추어져 있던 경미한 이상일 경우도 있다. 예를 들면, 수렴 능력이 원래 약하고 사춘기 이후에 일반적으로 그 능력은 더욱 저하하기 때문에, 근견시의 안정피로나 이중상 지각을 그 때부터 처음으로 스스로 깨닫게 되는 사람이 있다. 반대로 60세경부터, 중추 신경의 노화에 따라 원래 있던 내사위가 대응할 수 없게 되어, 개산 불능이 출현하기 시작하는 경우도 있다.

1.2.4 양안시 기능의 생후 발달

양안시 기능은 생후 3～6개월 사이에 상당한 발달을 한다. 예를 들면 감각면에서의 시각 개발 중에서 응시반사는 생후 5～6주부터 확인된다. 그리고, 양안 중심와가 형성되지 않는 병을 가지게 되는 것은 응시반사가 형성하지 되지 않기 때문이며, 생후 3～4개월부터 진자 같은(깊이를 찾아 헤매는 것 같은) 눈의 움직임이 생긴다. 입체시는 입체 시표(視標) 등을 이용한 강제 선택 선호 응시(forced choice preferential looking) 법에서 측정한 보고에 의하면 생후 3개월부터 5개월 사이에 나타난다고 한다[35].

운동측면에서 보면 생후 3개월까지는 눈의 위치가 불안정하고, 가벼운 외사시의 경우가 많지만 그 이후는 바른 위치의 유아가 많아지고, 6개월에는 거의 정위치가 된다[36]. 수렴운동도 생후 3개월부터 6개월 사이에 상당히 발달한다.

1.2.5 양안시 기능의 이상(異常)과 그 이론

1 양안시 기능이 유효하게 작용하는 조건

이미 정상의 양안시 기능이 있는 자가 유효하게 양안시 기능을 작용시키기 위해서는 다음의 2가지 조건이 필요하다.

① 양안에 정도가 동일한 품질의 상이 결성될 것,
② 대응점에 그 상이 결성되게 하게 될 것,

동일한 품질의 상이기 위해서는 우선 양안에 큰 굴절차가 없는 것(있으면 부동시를 위해 한쪽 눈 상의 초점이 흐려진다)이나 중간 투광체에 강한 흐림 등이 없는 것이 필요하다. 또한, 한쪽 눈의 상이 적색이고 다른 쪽 눈의 상이 녹색인 경우에서와 같이 색이 상당히 다르면 양안 경쟁이 생기기도 한다. 결성되는 상의 크기가 다르면 중심에서의 거리에 대응해서 결성된 상이 벗어나게 되기 때문에 양안 사이에서 대응하지 않게 되어 융합 불가능이 된다. 또, 안구운동 장애나 사시에 의해 눈의 위치가 무너지고, 양안의 중심와에 응시하려고 하는 상을 가져오지 못할 때(시선이 벗어나 버릴 때), 모두 다른 대응점에 상을 결상하기 때문에 당연하지만 양안시는 불가능하게 된다.

이렇게 해서 정상의 양안시 기능을 보유하고 있는 자가 눈의 위치가 무너지는 등의 이유로 양안시를 못 하는 상태가 됐을 때에는 우선 양안 경쟁・혼란시가 생긴다. 좌우안에서 상의 어느 쪽 인가가 교대로 인식되기도 하고, 시야의 각 부위에서 좌우안의 상이 모자이크 상태로 출현하고 이어서 복시를 지각한다. 이것은 비우위안의 중심와 상이 우위안의 중심와로 투영된 상과는 다르기 때문에 억제를 받고, 우위안의 중심와에 투영된 것과 동일한 상이 비우위안의 비대응 망막부위에 투영되기 때문에 다른 시방향의 망막 부위가 자극을 받게 되고, 정면과 다른 장소에도 동일 물체의 상을 의식하게 되기 때문이다. 그리고, 후자의 부분까지 억제되는 영역이 광대하거나 비대응 영역이었던 것이 대응을 형성하게끔 적응 변화해 오면(이상대응) 복시도 느끼지 않게 되는 것이다. 이 억제 현상이나 이상 대응은 뇌의 가역성이 높은 소아일수록 깊게 성립하기 쉽다. 또한, 색이 다르기만 해도 양안 경쟁이 생길 경우가 있고 그 경우는 번쩍번쩍한 색조로 느낀다.

(2) 양안시 기능의 발달과 장애

양안시 기능이 생후에 발달하기 위해서는 위의 두 가지 조건이 양안시 기능의 형성기(감수성이 있는 시기, critical period)에 채워지는 것이 필요하다. 이 시기는 생후 얼마 안 되는 기간인 것이 통례이다. 고양이를 이용하여 이 감수성 시기에 교대로 한 눈을 막은 상태로 양안으로 보는 기회를 주지 않고 기르면, 단안 시력은 좋지만 입체시 기능이 없어져 있는 것이 행동학적으로 확인되고 있다[37]. 유아의 입체시가 확인되기 시작하는 시기나 수렴운동이 확인되는 시기에서 생각하면, 인간의 감수성이 있는 시기는 생후 얼마 되지 않는 늦어도 3개월 이내에서 시작되고 있다. 끝이 언제까지 인지는 아직은 불분명하지만 상당히 짧고 생후 6～10개월로 추정하는 의견도 있다[24]. 거의 모든 유아는 생후 3～5개월에서 눈의 위치가 정상으로 된다. 이 시기에 사시가 되어 눈의 위치(양안의 시선)가 일치되지 않은 유아는 마침 양안시 기능 형성의 중요시기와 겹쳐지기 때문에 치료가 늦어지면 양안시 기능 회복 면에서 결과는 좋지 않다.

선천적으로 양안시 기능이 나쁜 유아가 조기에 사시가 되는 것이 아니냐는 의견도 있다. 그러나 생후 조기에 내사시가 된 유아라도 생후 3～5개월까지는 정상유아와 같은 빈도로 양안시차가 있는 시각 자극에 반응하지만, 그 이후는 반응하지 않는다라는 보고가 나와 있다[38]. 생후 6개월 이내에 발생하는 유아 내사시는 조기 수술 쪽이 후기 수술 쪽보다 효과가 클 것인지가 의논된 시기가 있었지만 최근, 조기 수술의 필요성이 강조되고 있다. 실제, 생후 6개월 이내에 내사시의 수술을 행한 경우에 대한 우수한 양안시 기능에 관한 보고서가 발표된 바 있다[39]. 역으로, 1세 이하에서 발병하는 내사시(후천 내사시)는 치료 결과가 유아 내사시보다도 양호하다. 외사시는 거의 다 간헐적으로 나타나는 것이고, 감수성이 있는 시기에도 바른 위치를 유지하게 되는 일정한 시간이 확보되고 있기 때문에, 양안시 기능이 비교적 양호한 예가 많다. 그러나, 많은 예에서 보여주듯이 외사시 상태의 시간이 점점 길어지면 정상의 망막 대응이 무너지고 이상 대응을 형성하게 되기 때문에 적극적인 치료가 필요하다.

Chapter 02

입체 시각의 기초 특성

2.1 양안 융합 영역

양안 입체시를 위해서는, 우선 양안의 망막상이 이중으로 보이지 않고 하나로 융합할 필요가 있다. 물론, 양안의 망막상이 동일하면 융합된 상태와 겹쳐져 보이는 상태는 동일하다. 그러나, 입체를 느낄 때 양안 망막 사이에는 차이가 있는 것이고, 단순하게 이들을 겹쳐보면 이중상이 된다. 이와같이 시차가 있는 두개의 망막 상을 하나로 지각하는 것이 양안 융합이다.

양안 융합이 모든 경우에 성립하는 것은 아니다. 일반적으로 깊이 방향의 차이가 큰 물체를 관찰하는 경우, 시차가 커서 융합이 곤란하게 된다. 예를 들어, 눈앞에 손가락을 세워서 그 손가락을 응시할 때, 수십 cm 이상 후방의 대상을 관찰하면 이중상을 확인할 수 있다. 시각계가 융합할 수 있는 범위는 한정되어 있고, 큰 양안 시차를 융합할 수 없다는 것을 알 수 있다.

어느 정도의 양안시차까지 단일의 물체로서 지각할 수 있는지를 나타내는 것이 융합 영역이다. 이 영역은 패넘이 처음으로 체계적인 실험에 의해서 측정하였으며 패넘의 융합 영역이라고도 부른다. 패넘의 융합 영역에 대한 실험 데이터로서 Ogle의 것이 인용되는 경우가 많지만[1], 그 외에도 많은 측정 결과가 발표되고 있다. 그들에 의하면 융합 영역은 실험 조건에 의존하고(시공간 주파수, 망막 위치, 주변자극의 유무, 측정방법, 판단기준 등), 수 분에서 수 도로 크게 변한다[2]. 이러한 변동을 가져오는 요인의 하나로서, 수렴 위치를 생각할 수 있다. 반드시 수렴 위치가 응시점에 대응하지 않기 때문에(fixation disparity), 수렴의 제어가 충분하지 않은 실험 조건에서는 융합범위 전후에서의 큰 비대칭이나 개인차를 가져올 가능성이 있다. 예를 들면, 응시점보다 앞쪽에 수렴이 있는 경우, 실제의 융합범위에 전후의 차이가 없으면 측정된 융합 범위는 앞쪽 방향으로 나오게 된다. Nonius 자극을 사용하고 짧은 제시 시간에서 측정하게 되면, 수렴 효과를 줄일 수 있다.

[그림 2-1]에 Nonius 자극의 예를 나타낸다. [그림 (a)]는 우안용 화상, [그림 (b)]는 좌안용 화상, [그림 (c)]는 양자를 융합한 경우의 화상이다. 좌우안이 중앙의 ○ 표시를 응시하고 있으면 상하/좌우의 선은 각각 수직/수평선상에 늘어서게 된다. 응시위치가 좌우로 벗어나면 상하의 선이 벗어나고, 상하로 벗어나면 좌우의 선이 벗어나 보인다. 차이가 없는 상태를 확인하고 나서 실험하는 것으로, 수렴위치 차이의 문제는 회피할 수 있다. 개인차나 비대칭선이 문제가 되는 경우에 Nonius 자극의 사용은 특히 중요하게 된다(다만, Nonius 자극에 의한 주관적인 수렴고정 방법이 완전하다고는 할 수 없다[3]). 또, 융합범위의 측정뿐만 아니라 양안 입체시에서도 안구운동의 유무가 문제시 될 가능성도 있으므로 Nonius 자극에 의한 수렴위치 제어는 중요하다.

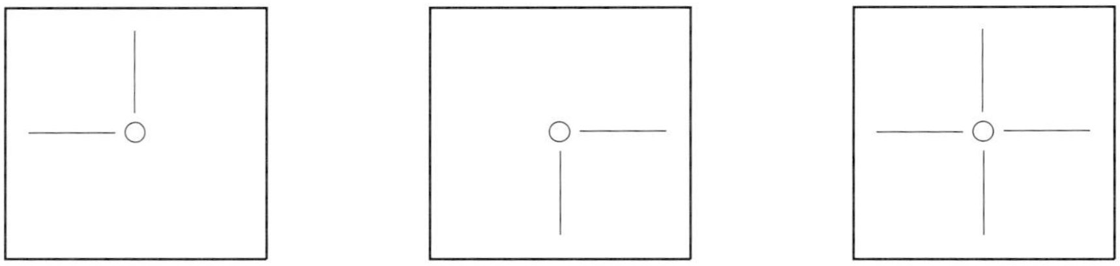

(a) 우안화상 (b) 좌안화상 (c) 융합상의 지각

■ 그림 2-1 Nonius 자극

2.1.1 공간 주파수 의존성

공간 주파수에 대해서는 Schor등이 실험을 통해 자극의 주파수가 낮아질수록 융합범위가 커지는 것을 보여주었다[4]. 그들은 자극으로서 DOG(difference of Gaussian) 함수를 사용하여 자극의 중심 주파수를 0.05에서 10 c/deg의 범위까지 변화시켰다. [그림 2-2] 에서는 그 실험 결과를 선분자극의 결과와 함께 나타내었다. [그림 2-2]에서 자극은 DOG함수(○, ●)와 선분자극(△, ▲)이며, 횡축은 선분의 폭(그림의 B)과 DOG 경우의 중심 주파수, 흰점(○)은 수평 방향의 융합 한계, 검은점(●)은 수직 방향의 융합 한계를 나타낸다. 수평/수직 방향 모두 2.4 c/deg보다 낮은 주파수에서는 융합 한계가 넓어지고, 중심 주파수 성분의 파장이 항상 1/4주기 정도가 된다는 결과를 얻었다.

여기서, 수평 방향의 시차는 수직 자극, 수직 방향의 시차는 수평 자극을 사용한 것이다. 이에 대해 2.4 c/deg 이상에서는 시차 값이 5에서 10분 정도의 일정한 값을 나타내고, 선분을 사용한 결과와도 일치한다.

수직 방향에 관해서는 고주파일수록 융합 범위의 감소가 보이지만, 가장 좁은 곳에서는 선분 자극에 대한 융합 범위와 같은 정도가 된다는 점에서는 수평 방향의 결과와 일치하고 있다. 이 자극에 의한 차이는 선분 자극을 사용했을 때 자극에 포함된 가장 높은 고주파의 성분이 융합 한계를 결정하고 있다는 것으로 설명될 수 있다.

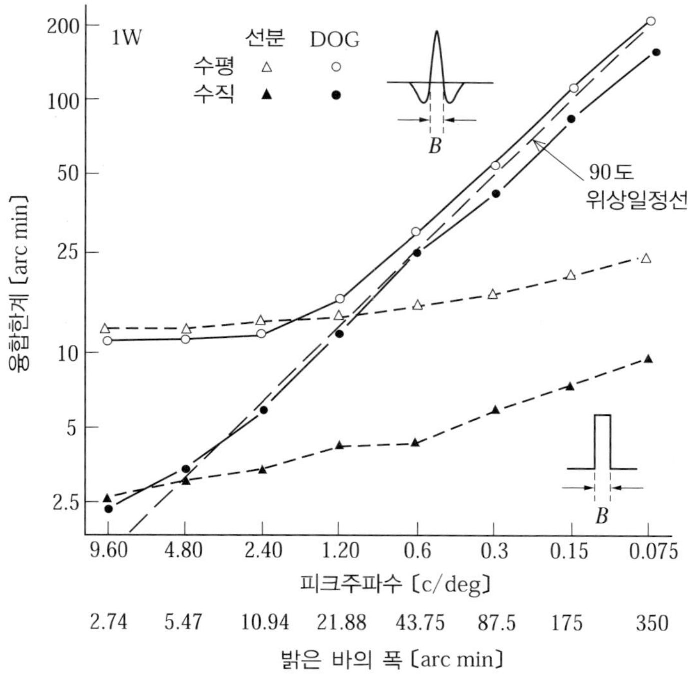

■ **그림 2-2** 공간 주파수(자극의 폭)에 따른 양안 융합 범위의 변화

2.1.2 시간 주파수 의존성

시간 주파수에 대해서는 Schor와 Tyler가 수평 또는 수직 시차에 시간 변화를 주고 융합 영역을 측정한 실험이 있다[5]. [그림 2-3]은 양안시차가 0.1과 5 Hz 사이에서 정현파

형태로 변화한 경우에 따른 융합 한계를 나타낸다. 수평 시차에서 수직선분, 수직 시차에서 수평선분(길이는 모두 0.25°이며 응시점에서 수평 방향 또는 수직 방향으로 0.5° 위치에 제시)을 이용한 것이다. 수평 시차(○)에 대한 융합 영역은 주파수가 높을수록 좁아지고, 0.1 Hz에서 10분 이상의 융합 한계는 5.0 Hz에서는 5분 정도가 된다. 한편, 수직 시차(●)에 대한 융합 한계는 5분 정도의 일정한 값을 나타내고, 시간 주파수의 영향이 작은 것을 알 수 있다.

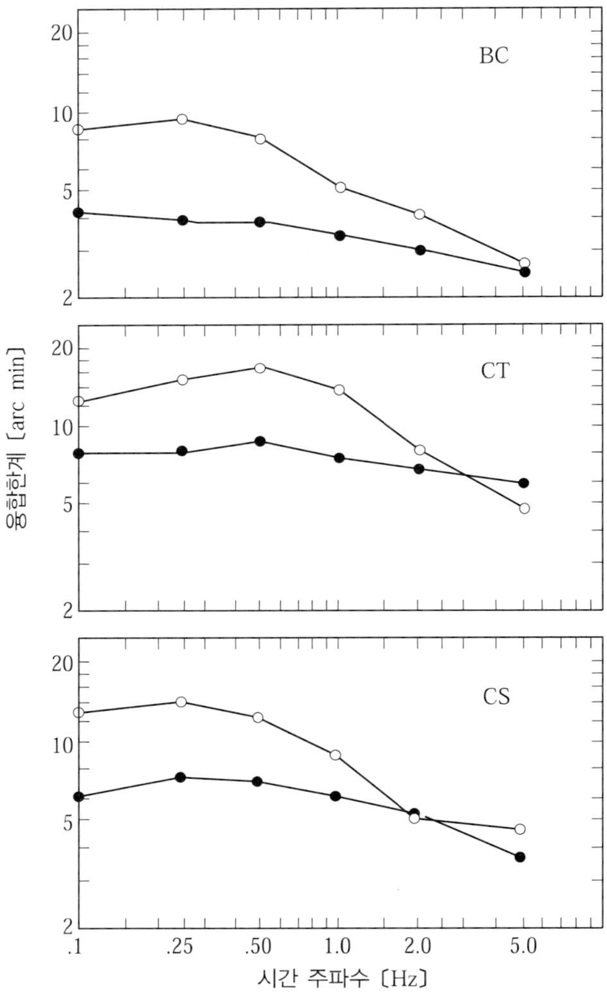

■ **그림 2-3** 시간 주파수에 따른 양안 융합의 범위 변화

[그림 2-3]으로부터 5 Hz 이하의 수평 시차에 대해서는 시간 주파수가 영향을 주는 것을 알 수 있지만, 시간 특성의 다른 측면, 즉, 제시 시간의 영향에 대해서는 일치한 견해를 얻지 못 했다. 제시 시간의 영향에 대한 융합 한계는 감소한다, 증가한다, 거의 변화없다(모두 200 msec 이하의 범위) 등의 모순하는 실험 결과가 보고되고 있다[2].

2.1.3 그 외의 요인

융합 영역은 주변시 일수록 넓어진다[6], 휘도와 대비는 융합 영역에 큰 영향을 주지 않는다는 발표가 있다[7][8]. 또, 양안 융합은 주변 자극의 영향을 받는 것으로 알려져 있다. 같은 시차이어도 공간적으로 가까운 위치에 다른 시차를 가진 자극이 있으면 융합 범위가 좁아진다[9]. 이것은 깊이변화(시차의 변화)의 공간 위치에 의한 변화율에 상한이 존재하기 때문이라고 설명된다[9].

[그림 2-4]는 같은 상대 시차를 가진 두 점에서도 거리가 가까워지면 융합이 무너지는 양상을 나타냈다. 위쪽의 두 점은 동시에 융합이 가능하지만, 아래로 갈수록 융합이 무너져가는 것을 알 수 있다. 주변에 아무것도 없는 상태에서 융합 영역에 있는 자극도 주변에 그것과는 다른 시차를 가진 자극이 제시되면, 시차의 변화율에 따라 융합하지 못하게 될 때도 있는 것이다.

[그림 2-4]에서 a, b, c, d, e, f는 각각 같은 상대 시차를 가진 두 점의 스테레오그램이지만, 두 점 사이의 거리가 변화한다. 즉, a에서 f로 갈수록 거리가 가까워진다. 각각의 영상을 좌우안이 관찰하게 되면(교차 융합에서는 좌와 중앙의 두개 영상, 비교차 융합에서는 중앙과 우의 두 개 영상), f로 갈수록 융합이 무너져 이중상이 보이는 것을 확인할 수 있다.

이상은 휘도, 대비, 색등이 좌우 영상에서 동일한 조건인 경우이지만, 이것들이 다른 경우는 융합 영역이 좁아진다는 보고도 있다[7]. 물론, 양안 영상이 크게 다를 경우 융합은 불가능하고, 양안 경쟁이라고 부르는 지각이 생긴다(2.5절 참조).

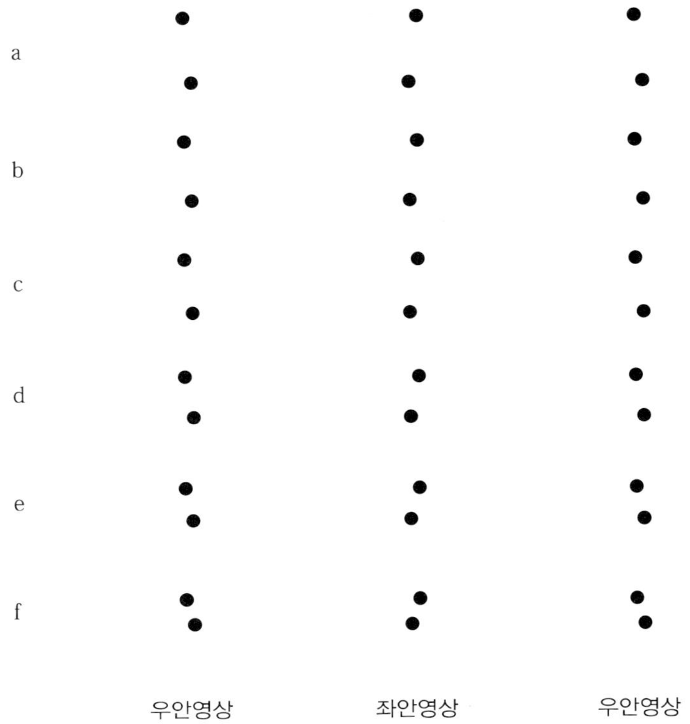

■ **그림 2-4** 주변 자극에 의한 융합 한계의 변환

2.2 입체 시력

양안 입체시의 기능은 대 부분의 경우 깊이의 민감도로 평가된다. 시차를 변화시켜 그것에 따른 깊이의 검출에 필요한 최소 시차량을 구한다. 이 시차의 역치(최소한의 자극강도)를 입체 시력이라고 한다[10]. 역치가 작을수록 입체 시력이 좋다고 할 수 있다. 입체 시력은 최적 조건에서 2초에서 6초 정도로 부척 시력(정밀한 시력)과 같은 정도인 것이 알려져 있지만[11], 이 값은 인접하는 가느다란 물체의 간격(0.5 정도)보다 작은 것으로 초시력(hyper acuity)의 일종으로 알려져 있다.

2.2.1 공간 주파수 특성

입체 시력도 융합 영역과 같이 많은 자극 변수에 의해 영향을 받는다. 깊이 민감도의 공간 주파수 특징은 Tyler에 의해 정현파 형태의 곡선 자극을 이용해서 측정되었고[11][12], 그 후, 랜덤 도트 면을 사용하여 깊이 방향으로 정현파 형태의 파도치는 면의 자극으로 측정되었다[13]~[18]. 모두 정현파의 진폭, 즉 시차를 변화시켜서 깊이를 검출 할 수 있는 역치 값을 측정하는 것이다.
이러한, 자극으로 측정된 깊이에 대한 공간 주파수 특성의 대표적인 것을 [그림 2-5]에 2가지 예로 나타냈다. 민감도의 절대치는 실험에 의존해서 다르지만 모두 최대 민감도를 0.3에서 1c/deg 부근에서 갖는 대역 통과형의 특성을 나타냈다. 다만, 이 대역 통과 특성이 역치 부근의 특성이라는 점에는 주의가 필요하다. 충분한 시차가 주어진 조건하에서 공간 주파수에 의해 지각되는 깊이는 차이가 없다는 것도 보고되고 있다[19]. 이것은, 휘도 대비의 지각과 같고[20], 역치에서 얻은 특성이 모든 구역 상에서 동일하게 나타나는 것은 아니다.

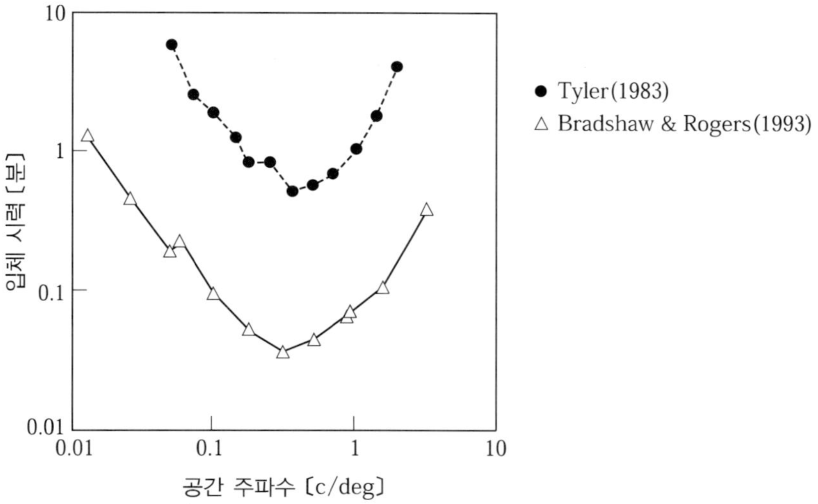

■ **그림 2-5** 깊이 차원에서의 입체 시력(깊이민감도)에 대한 공간 주파수 의존성

2.2.2 시간 주파수 특성

시간 주파수 특성에 대해서도 공간 주파수와 같이 정현파 형태의 곡선 등을 이용해 측정되었다[21][22]. [그림 2-6]은 두 가지 실험 결과를 함께 나타내었다. 공간 주파수의 경우에 비해서 주파수 의존성은 작으며, 어느 정도 주파수에 의존해서 변화하지만 0.5-2 Hz부근에서 가장 민감도가 높았다. 또 임계 값 보다 큰 양안시차 자극에 대한 측정 결과에 의하면 1°의 시차 변화에 대해서 지각되는 깊이는 1 Hz부근에서 최대를 가진 대역 통과형의 특성을 나타내는 것이 보고되었다[23].
이것은 공간 주파수 특성이 임계 값 이상에서는 주파수에 따라 변하지 않는다는 결과와는 일치하지 않는다. 이 실험이 선분 자극이고 공간 주파수의 예는 랜덤 도트 패턴을 이용한다는 차이가 있지만, 그것을 포함한 실험 조건의 차이가 원인인지, 시간 주파수와 공간 주파수의 특성의 차이인지는 분명하지 않다.

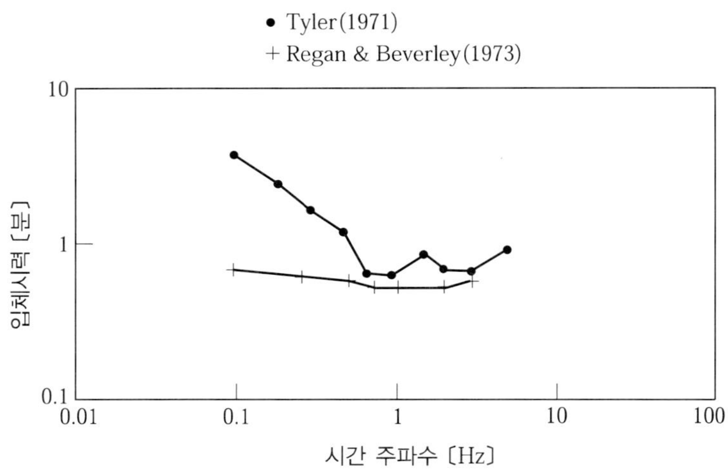

■ **그림 2-6** 입체 시력의 깊이 차원에서의 시간 주파수 의존성

2.2.3 그 외의 요인

자극제시 시야의 위치가 깊이 민감도에 큰 영향을 주는 것도 알려져 있다. 예를 들면, 자극의 위치를 응시점에서 좌우 방향으로 8° 범위에서 변화시키고 입체 시력을 측정하면 주변으로 갈수록 역치가 높아진다[24]. 즉, 중심와에서 10초 정도인 입체 시력이 위쪽 또는 아래쪽 방향으로 0.5° 떨어진 위치에서는 15초 이상이 된다는 보고가 있다[25].

입체 시력은 일반적으로 시차 제로의 면(응시하고 있는 면)을 기준으로 측정하지만, 시차가 제로 이외인 면에서의 차이에 대한 입체 시력을 평가 할 수도 있다. 이 경우, 어느 일정한 시차를 가진 면(pedestal, 비교 시차)을 주고, 그 면과 다른 깊이로 보이기 위해 필요한 시차를 측정한다. 입체 시력은 응시면 보다 전면이나 후면의 경우 모두 비교 시차가 커짐에 따라서 작아지는 것이 나타나고 있다[17][26][27]. 또, 랜덤 도트 스테레오그램을 사용하여 깊이의 공간 주파수 특징으로서 비교 시차의 영향을 알아본 실험에 의하면, 비교 시차의 증가는 민감도의 저하뿐만 아니라 최대 민감도를 주는 주파수가 저주파로 이동하는 결과를 가져온다[17]. 비교 시차 제로에서 최대 민감도는 0.5 c/deg 부근이며 50분의 비교 시차에서 최대 민감도는 0.2c/deg 근처이다.

융합 영역이 콘트라스트의 영향을 그다지 받지 않는다고 설명하였지만(2.1.3절), 입체 시력은 콘트라스트에 의해 크게 변화한다. [그림 2-7]은 콘트라스트에 의존한 입체 시력의 변화를 보여준다. 두 가지 다른 실험의 결과이지만 콘트라스트의 증대에 따라서 입체 시력은 향상되고(시차의 구역 값은 감소), 그 상승은 콘트라스트가 낮은 곳에서 특히 현저하다[28]~[30]. 데이터가 보여주는 기울기는 콘트라스트가 낮은 곳(~2정도)이며, 이 부근에서는 입체 시력이 콘트라스트의 제곱에 비례한다. 한편, 자극 휘도의 입체 시력에 대한 영향은 콘트라스트에 비해서 작다. 밝은 곳에서 임계 값 부근 및 그 이하에서는 휘도의 저하에 따라서 입체 시력도 크게 저하하지만, 임계 값 이상의 조건에서는 휘도에 의한 영향을 거의 볼 수 없다[31]~[34]. [그림 2-8]은 자극의 휘도에 따른 입체 시력의 변화[31]를 란돌트씨 고리(Landolt's Ring) 시력과 함께 나타내었다[35].

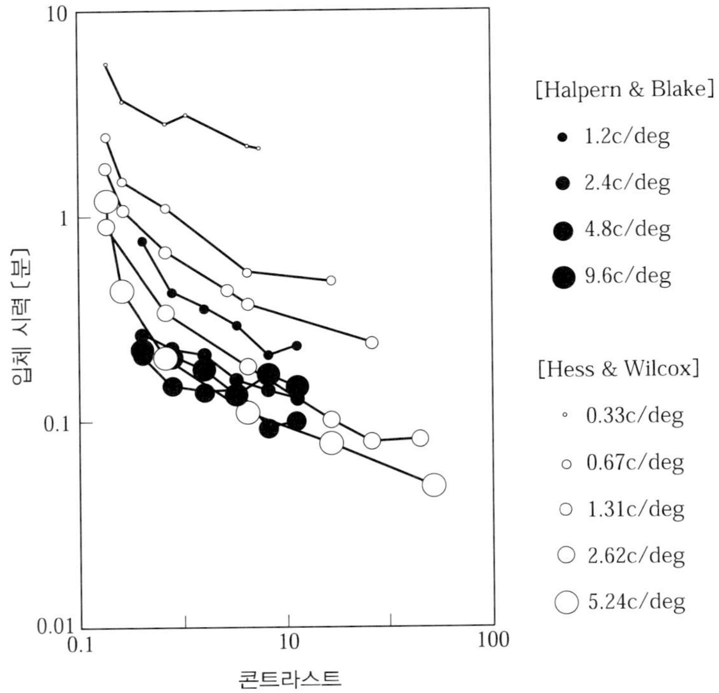

■ **그림 2-7** 입체 시력의 콘트라스트 의존성

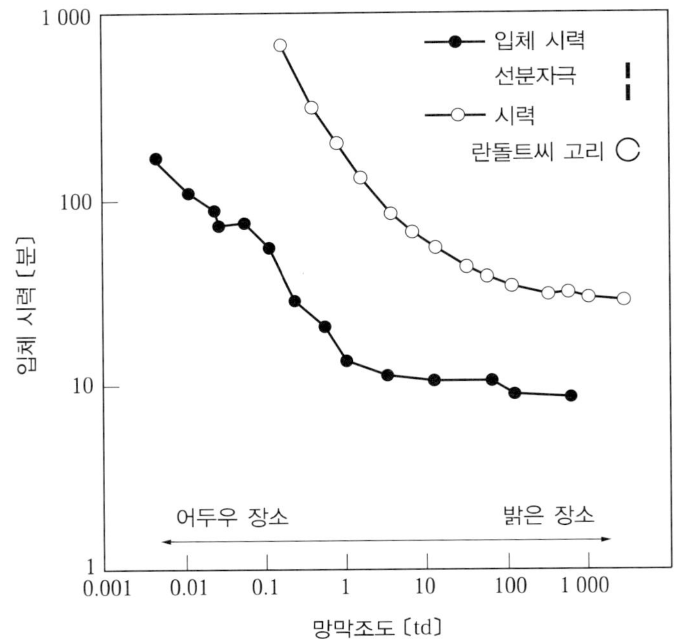

■ **그림 2-8** 자극과 망막 조도에 따른 입체 시력의 영향

입체 시력에 대한 휘도의 영향은 망막 조도가 1 td 이상에서는 거의 볼 수 없지만, 그것보다 낮은 곳에서는 입체 시력이 크게 저하한다. 망막 조도는 동공의 영향을 고려한 망막 위에서의 빛의 강도이고 동공 지름을 일정하게 한 휘도에 비례한다. 란돌트씨 고리 시력에 대한 실험 결과도 밝은 곳에서는 휘도의 영향이 비교적 작지만, 어두운 곳에서는 휘도가 높을수록 시력이 향상됨을 알 수 있다. 밝은 곳에서 휘도의 영향은 란돌트씨 고리 시력 쪽이 크지만, 전체의 경향은 유사하다. 양안 입체시의 휘도 의존성은 단안 처리의 휘도 의존성에 영향을 받고 있다고 생각이 된다. 양안 처리에 앞서 단안 망막상의 처리가 이루어지고 있는 것은 분명하기 때문에 이러한 유사성은 당연하다고 할 수 있다.

휘도에 의존한 입체 시력은 시차에 따라서 다르다는 발표도 있다[34]. 그것에 따르면, 0.5°의 시차에서는 [그림 2-8]에 나타낸 결과와 같이 저휘도 영역에서만 민감도가 단조 함수로 저하되지만, 4° 시차의 경우 밝은 장소의 임계 값 부근 보다 밝은 조건에서는 민감도가 더 높아진다는 결과를 얻고 있다. 이 결과는 자극에 대한 반응 범위가 저휘도에서 넓어진다고 생각하면 설명이 가능하다[35].

2.3 휘도 차원의 시공간 특성

2.3.1 공간 주파수 특성

깊이 민감도가 깊이 차원의 시공간 특성에 어떻게 의존하는가에 대해서는 2.2절에서 설명하였다. 여기에서는 휘도 차원에서의 시공간 주파수 특성에 대해서 설명한다.

공간 주파수의 변화에 따른 깊이 지각에 대한 대비 민감도의 측정은 Frisby와 Mayhew에 의해 최초로 보고되었다[36]. 그들은 랜덤 도트 스테레오그램을 공간 필터링 함에 따라 특정 주파수 성분만을 가진 자극을 사용하여 깊이지각에 필요한 최소의 휘도 대비를 측정하고 있다. 그 결과, 측정된 공간 주파수 특성은 휘도(명암) 변화 탐지에 대한 특성과 유사하다는 것을 발견했다.

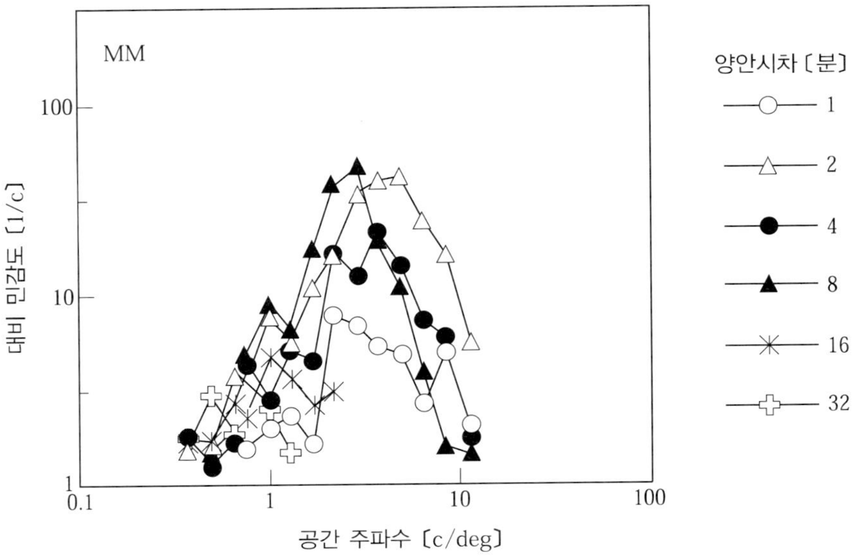

■ **그림 2-9** 양안시차 검출에 대한 대비 민감도의 공간 주파수 특성

그러나, 그 이후의 보고에서는 시차에 의존한 공간 주파수 특성의 변화(size-disparity correlation)에 대한 존재를 보여주는 결과를 얻었다[37][38].

[그림 2-9]에 미네마쯔 등의 실험 결과를 나타낸다[38]. 대비 민감도 함수의 최대값은 시차가 커짐에 따라 낮은 공간 주파수로 이동하는 것을 알 수 있다. 그림에 보여준 실험자는 큰 시차에 관해서 대단히 민감도가 낮지만, 이 점에 대해서는 실험자에 의존하고 그다지 큰 민감도 저하를 보여주지 않는 실험자도 있다. Frisby와 Mayhew의 실험과 그 후의 실험들 간의 차이는 수렴 안구 운동의 영향[37], 실험자 간의 개인차 등으로 생각이 되지만 명확하지는 않다.

2.3.2 시간 주파수 특성

시간 주파수 특성은 공간 주파수 특성만큼 연구되고 있지 않다. [그림 2-10]은 랜덤 도트 스테레오그램의 시간 주파수 특성에 대한 결과이고 몇 개의 시간 주파수를 변화시켜서, [그림 2-9]와 같이 대비 민감도를 측정하고 있다[39]. 시간 주파수는 1, 8, 16 Hz의 3종류, 시차는 1분의 실험 결과에 대한 대비 민감도이다. 우선, 16 Hz에서는 1, 8 Hz에 비해서 민감도가 상당히 저하되는 것을 알 수 있다. 그러나, 그 공간 주파수 특성을 보면 최대 민감도의 주파수도 포함해서 시간 주파수에 의존 한 변화는 볼 수 없다.

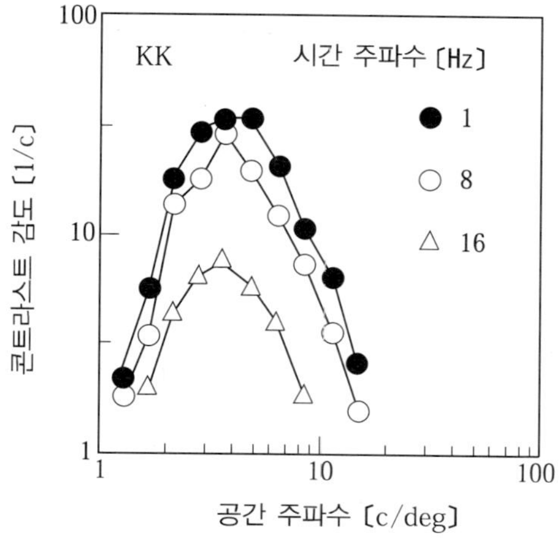

■ **그림 2-10** 양안시차 검출에 대한 대비 민감도에서의 시간 주파수 영향

이 경향은 다른 시차에서도 같기 때문에 시간 주파수에 의존한 공간 주파수 특성의 큰 변화는 볼 수 없게 된다.

한편, 정현파를 사용해 몇 개의 시간 주파수에서 입체 시력을 측정한 결과[40]에 따르면, 공간 주파수가 낮은 자극에서 시간 주파수의 영향은 작지만, 높은 공간 주파수의 자극에 대해서는 시간 주파수가 높을수록 민감도가 낮은 경향이 보인다. [그림 2-10]에 의하면, 공간적으로 저주파 영역에 비해서 고주파 영역에서는 시간 주파수의 영향이 큰 경향이 있고, 이것은 정현파의 입체 시력의 결과와 모순 하지 않는다.

좌우안 자극이 각각 수평 역방향에 있는 주기에서 운동하는 자극을 사용한 실험에서도 시간 주파수가 입체시에 끼치는 영향을 볼 수 있다. Tyler와 Cavanagh는 정현파 자극을 이용해 변위 검출의 구역 값(입체 시력에 대응)를 측정하고 있다[41]. 그들은 2 c/deg의 자극에 대해 3 Hz 부근에서 최대의 민감도를 가진 대역통과 형태를 보여준 결과를 발표하였다. [그림 2-10]의 결과는 1, 8, 16 Hz의 3종류 주파수뿐이기 때문에 3 Hz 부근의 최대 민감도는 검출 할 수 없다. 한편, Tyler는 2 c/deg의 자극만을 이용하였기 때문에 시간 주파수 특성이 공간 주파수에 어떻게 의존하는지는 명확히 밝히지 않았다.

2.3.3 공간 주파수 채널

입체 시력이나 입체시에 대한 대비 민감도의 실험 결과는 다른 시공간 주파수 특성을 가진 복수의 메카니즘이 관여하고 있는 것을 시사한다. 휘도 변화의 검출에 대해서 다른 주파수 민감도를 가진 복수의 메카니즘, 공간 주파수 채널이 존재하는 것이 알려져 있다[42][43]. 양안 입체시를 이용하여 같은 채널의 존재를 확인하는 실험이 몇 가지 수행되었다[44][45]. 그들에 의하면, 양안 입체시의 공간 주파수 채널수는 2개 정도로, 6가지 이상이라는 휘도 패턴 검출의 경우[46]와 다르다. [그림 2-11]은 차폐 실험에 의한 공간 주파수 채널 추정의 예이다.

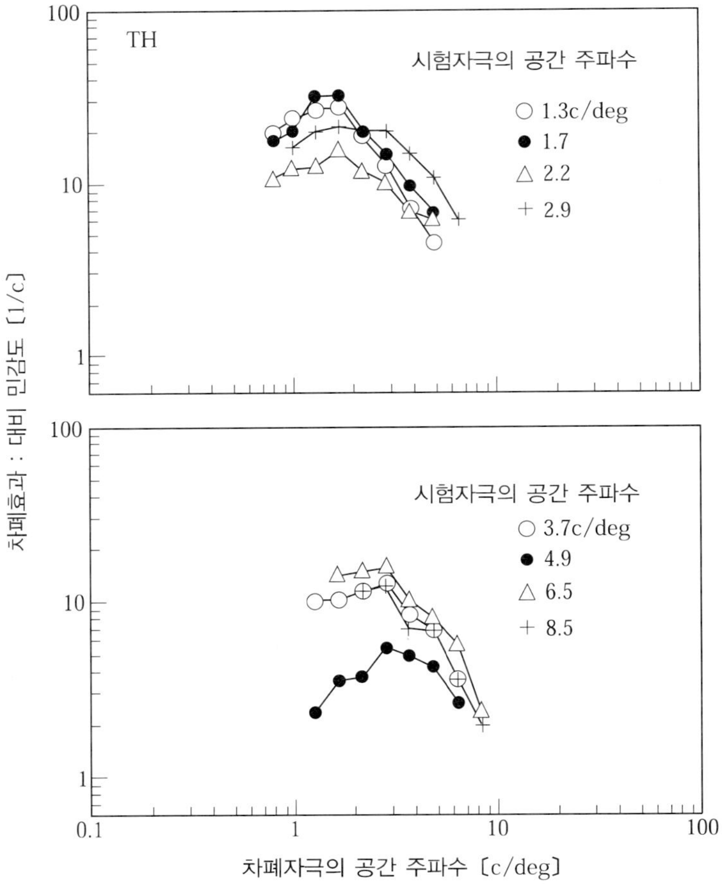

■ **그림 2-11** 차폐 실험에 의한 양안 입체시 검출의 공간 주파수 채널 추정

차폐(마스크) 실험에서는 테스트 자극이 가진 시차(여기에서는, 2분의 시차를 가진 랜덤 도트 스테레오그램이고 필터 처리에 의해 특정 공간 주파수 만을 추출한 것)의 검출로 노이즈에 의한 차폐 효과(민감도 저하의 정도)를 노이즈의 공간 주파수를 변화시켜서 측정하는 방법이다. 차폐 자극의 주파수에 의존해서 노이즈 자극의 주파수 의존성이 변화하는 경우, 각각의 테스트가 다른 주파수 특성을 가진 채널에 의해 검출된다고 생각한다. 이 예로는, 테스트 자극의 주파수에 의해 차폐 효과가 변화하는 결과를 나타내고, 복수의 채널이 존재한다고 생각할 수 있다. 그러나, 그 주파수 특성은 2개의 그룹으로 크게 구별할 수 있기 때문에 공간 주파수의 채널수는 2개라고 추정된다.

이와같이 양안 입체시에 대한 공간 주파수 채널의 수가 작다고 생각이 되지만, 그것들이 휘도 변화 검출 채널과 독립하다고는 할 수 없다. 양자가 공통의 서브 메카니즘으로써 복수의 채널을 가지고, 양안 입체시에서는 그 중 일부의 채널 출력을 이용하고 있을 가능성이 있다[38][39]. 다만, 이들의 공간 주파수 채널 추정 방법에 대해서는 해석 방법에 의해 결론이 달라질 가능성이 있는 것도 지적되어 있어서 주의가 필요하다[47][48].

공간 주파수의 선택성과 같이 기울기의 선택성에 대해서도 생각할 수 있지만, 양안 입체시에 대한 기울기의 선택성에 대해서는 부정적인 실험 결과가 보고되고 있다[49]. Frisby와 Mayhew는 상관있는 랜덤 도트 스테레오그램을 필터 처리에 의해 특정 방위의 성분만을 추출한 것을 자극으로 해서, 그것과 같은 방위 성분을 가진 랜덤 노이즈와 겹친 경우와 90° 다른 방위 성분을 가진 랜덤 노이즈를 겹친 경우의 차폐 효과를 비교하고 있다. 양안 입체시 기능에 방위에 대한 선택성이 있으면 노이즈와 신호가 같은 방위 성분을 가질 때에 노이즈로서의 효과가 최대로 될 것이다. 그들의 결과는 자극과 노이즈 사이의 방위가 동일한 조건에서도 90° 다른 조건에서도 노이즈의 효과는 같고, 따라서 양안 입체시의 검출 메카니즘은 방위에 대해 선택성을 갖지 않는다는 결론을 내리고 있다.

2.4 양안 대응의 특징점

좌우의 망막상이 대응하는 점(또는 부분, 특징)을 발견하는 것은 양안 입체시의 불가결한 처리의 하나이다. 양안 입체시의 정보는 어떤 형태에서 좌우 망막상의 차이로서 나타나기 때문에 그 차이에서 깊이를 계산하게 된다. 그 비교를 위해서는 좌우 망막상에 대응하는 부분을 알 필요가 있다. 시각계가 무엇을 단서로 이 대응점을 찾아내는지는 양안 입체시의 큰 문제이다. 랜덤 도트 스테레오그램에서 단안의 특징이 없다고 표현될 때가 있지만 이것은 입체시 했을 때 지각되는 도형(정방형이 떠오르는 등)에 대응하는 정보가 없다고 하는 의미이고, 양안 망막상 사이에 대응점이 없다는 의미는 아니다.

도형인식 같이 차원 높은 처리를 필요로 하지 않는다고 하면, 다른 어떤 정보에 의존하는 것일까? 가장 단순한 것으로는 양안 망막상의 각 위치에서의 휘도가 있다. 좌우의 망막 위치에서 동일한 휘도를 가진 점을 각 시세포의 출력에서 예상해서 대응점을 찾아내는 것으로 양안 망막상의 대응이 가능할지도 모른다. 그러나, 이 경우 양안 망막상의 절대적인 휘도는 좌우의 안광학계에서 영향을 받는다는 등의 신뢰성에 문제가 많다. 시각계가 휘도 정보를 직접적으로 사용하지 않다는 것은 좌우 자극 영상에 휘도차를 준 조건에서 입체 시력에 큰 저하가 없다는 것을 보아 분명하다[50][51]. 대비에 대해서는 절대적인 휘도보다도 안정되어 있다고 생각된다. 실제로 대비의 차가 있는 양안 망막상에 대해서는 그 불일치가 커짐에 따라 입체 시력이 저하하는 것이 증명되어 있다[29][50]. 대비의 정보는 입체시로서는 중요한 것이라고 생각된다.

한편, 휘도 변화가 밝아지는 윤곽선인지 어두워지는 윤곽선인지(휘도변화의 극성)에 대해서는 양안에서 서로 다르게 인식할 가능성이 거의 없어 신뢰할 수 있는 특징이라고 할 수 있다. 좌우 영상에서 대비를 반전한 경우에 입체시가 가능할 경우도 있는 것이 알려져 있지만, 이러한 경우도 같은 극성의 윤곽선이 대응하는 특징으로서 입체시를 위해 사용하게 된다고 생각되고 있다[52].

양안 입체시의 모델을 만들기 위해 대응점의 검출은 어떤 형태로든 필요하기 때문에, 이 문제는 입체시의 컴퓨터 모델의 연구에서 빈번히 취급하게 된다. 대표적인 것으로서, 휘도 변화의 영점교차(화상의 휘도변화가 평균적인 휘도로 교차하는 점)[53], 국소적인 최대점, 휘도변화의 중심 등이 검토되고 있다[54].

그 외에도 2.6.2절에서와 같이 명시적인 특징점을 생각하지 않고 적당한 공간 필터의 조작으로 시차 검출을 하는 것도 있다. 특징점으로써 휘도 변화에 따른 것 이외에, 텍스처나 색등의 정보(비휘도 정보)를 생각할 수 있다. 실제로 휘도에 따른 대응점이 존재하지 않는 자극을 사용해도 인간은 양안 입체시가 가능하다. 그 한 예로, 텍스처의 차이에 따른 윤곽에 의한 양안 입체시이다.

[그림 2-12]는 텍스처에 의한 윤곽의 예이고, 중앙의 도형 부분과 배경 부분에서는 텍스처가 다르다. 이 도형과 배경의 평균적인 휘도는 동일하기 때문에 이 도형의 윤곽은 텍스처의 차로 만들어진 텍스처 윤곽이라고 할 수 있다.

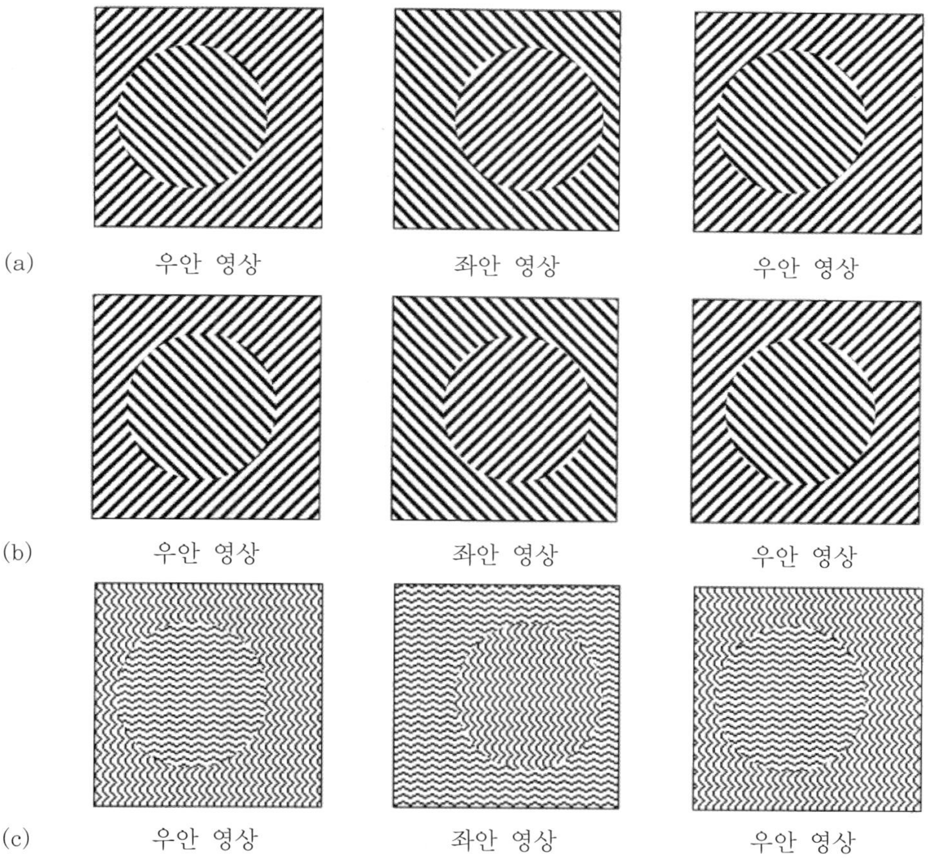

■ **그림 2-12** 텍스처 윤곽에 의한 스테레오그램

[그림 2-12]에서, (a)는 중앙의 원과 배경과는 경사 차이에 의해 형성되고, 우안 영상과 좌안 영상은 원과 배경의 경사 관계가 거꾸로 되어 있다. (b)는 (a)와 같은

텍스처의 스테레오그램이지만 시차가 작다. (c)는 다른 텍스처에 의한 예로 시차는 (a)와 같다. (a)의 예보다 입체감이 약하고 텍스처 윤곽 자체도 약하다.

Kaufman에 의하면 텍스처 윤곽에 시차를 갖게 한 스테레오그램에서는 양안 경쟁(2.5절)이 우세하여 깊이는 지각되지 않고 도형과 배경에 휘도차를 더했을 때만 입체시가 가능하다고 한다[55]. 그러나, 최근의 연구에서는 텍스처 윤곽만으로도 입체시가 가능한 것이 발표되고 있다[56]~[58].

Ramachandran등은 Kaufman의 자극에서 입체시를 할 수 없는 이유로서, 시차가 작아서가 아닌가 하고 추측하고 있다. 한편, Frisby와 Mayhew는 여러 가지 Kaufman 윤곽으로 된 스테레오그램을 사용하여 양안 입체시가 가능한 것과 불가능한 것이 있다는 것을 찾아냈다. 텍스처 윤곽의 스테레오그램에서도 양안 입체시는 가능하다고는 할 수 있을 것 같지만 상세한 특성은 아직 명확하지 않다.

텍스처 윤곽의 검출은 양안 융합의 처리 후에 이루어진다는 보고가 있다[59]. 이것은, 대비 공간 주파수 또는 방위 차이의 텍스처 윤곽을 사용하여 좌우 각각의 영상으로 윤곽 양측의 텍스처가 상보적으로 되게 한 스테레오그램을 융합했을 때의 지각에 대해서 조사한 것이다. [그림 2-13]은 그러한 자극의 예이다. 이 스테레오그램에서는 좌우 영상 각각에 대비의 차로 형성된 도형(좌상의 정방형)이 있고, 이것들이 단순히 겹치게 되면 각각의 영상에 존재하는 텍스처 윤곽이 소실된다. 이 자극을 관찰하면 확실히 양안시에 의해 텍스처 윤곽이 사라지거나 상당히 약해지는 것을 알 수 있다. 이 결과는, 텍스처 윤곽이 휘도 변화에 따른 양안시차 검출의 메카니즘에 의해 검출된다고는 생각하기 어려운 것을 의미한다. 양안 융합과 휘도 변화에 따른 양안시차 검출이 같은 레벨의 처리라고 생각하면, 그 후의 처리인 텍스처 윤곽의 시차를 검출할 수는 없게 된다. 이것은 텍스처 윤곽에 의한 양안 입체시가 가능한 것과 모순하는 것처럼 생각되기도 한다. 그러나, 양안 융합과 양안 입체시의 메카니즘이 병렬적으로 존재하고 텍스처 윤곽은 양안 융합의 메카니즘에서는 단순히 겹치게 되지만 입체시의 메카니즘에서는 시차를 검출하게 된다고 생각할 수도 있다.

같은 휘도의 색을 사용하면, 휘도차가 없고 색차만으로 형성되는 도형을 자극으로 사용할 수 있다. Gregory는 백과 흑 대신 적과 녹 2색으로 랜덤 도트 스테레오그램을 자극하면 양자가 같은 휘도가 되는 점에서 깊이감이 소실된다고 발표하였다[59].

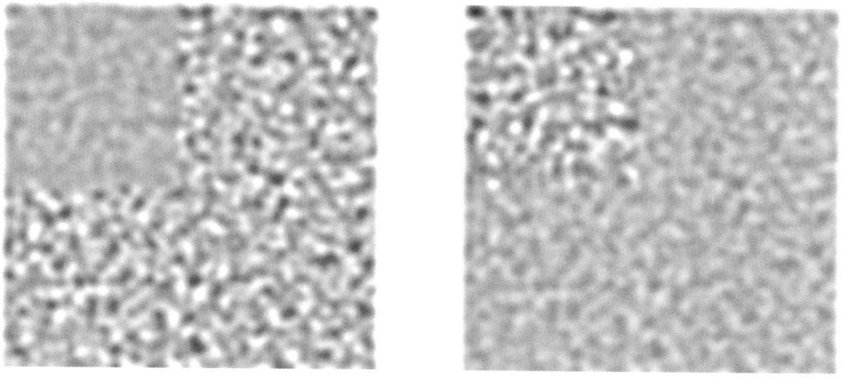

■ **그림 2-13** 상보적인 텍스처의 양안 융합

한편, 좌우 영상의 대응부분이 명시적인 선분자극 등을 사용하면 같은 휘도점에서도 양안 입체시가 성립하는 것이 확인되었고[60][61], 색 정보도 양안 입체시에 관련하고 있는 것이 확인되었다. 이러한 자극에 의한 차이는 각각 다른 메카니즘으로 검출되고 있기 때문이라고도 생각되지만, 색 자극과 휘도 자극 사이의 민감도 차이에 기인한다고 생각할 수 도 있다[61].

휘도차, 텍스처차, 색차 외의 차, 움직임의 차, 플리커의 차 등에서도 윤곽선을 형성할 수 있으며, 이 정보들도 양안 입체시에 유효하다는 것이 발표되었다[62][63]. 양안 입체시에는 여러 가지 비휘도 윤곽의 특징도 이용되고 있다는 것이다.

2.5 양안 경쟁과 입체시

양안 융합에 대해서는 이미 설명했지만, 융합되지 못하는 좌우 망막상이 제시된 경우는 어느 하나의 상이 보이게 된다. 예를 들면, 수평 무늬를 우안에 수직 무늬를 좌안에 제시하면 일반적으로 양자를 겹친 것은 지각되지 않고 어느 한 가지 밖에 볼 수 없다([그림 2-14]).

이 보임은 안정하지 않고 시간적으로 바뀌고, 또 시야의 위치에 따라서 달라지는 눈의 망막상이 우선하게 된다. 이것이 양안 경쟁이다. 양안 경쟁은 이 경우와 같이 방위의 차이에서도 생기고, 색의 차이, 운동 방향의 차이 등으로도 발생한다.

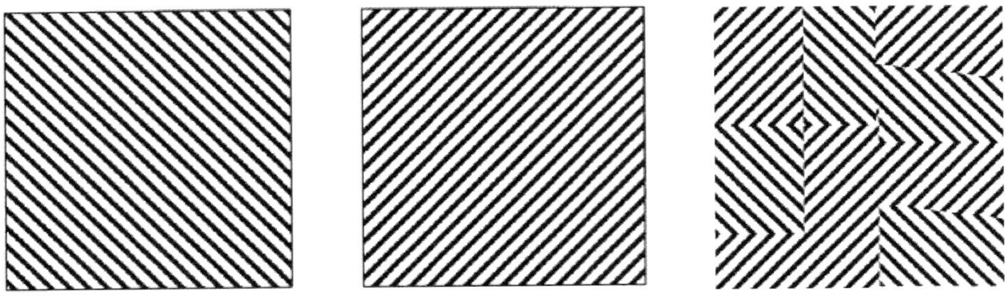

우안 영상 좌안 영상 양안 경쟁

■ 그림 2-14 양안 경쟁의 예

양안 입체시와 양안 경쟁과의 관계는 독립한 메카니즘에 의한 것이라는 생각과 공통 메카니즘에 의한 것이라는 생각이 있다. 예를 들면, 양안 입체시가 양안 경쟁을 생기게 하는 배경과 함께 성립함으로써[64], 양자는 다른 메카니즘에 의해 처리되어 있다고도 생각할 수 있다. 그러나, 이러한 혼재는 시야의 동일 위치에서는 일어나지 않는다는 보고도 있고[65], 양안 입체시와 양안 경쟁이 병렬로 처리 되어 있는지에 대해서는 분명하지 않다. 동일의 메카니즘이라고 생각하는 입장에서는 융합이 무너질 때에 한하여 양안 경쟁이 생긴다고 생각한다[2].

양안 경쟁은 한쪽의 자극에 의한 다른 한쪽의 자극에 대한 억제로 설명된다. 이것은, 일반적으로 양안 경쟁이 생길 것 같은 자극에서는 양자가 겹쳐서 지각되는 일은 없다는 것과 일치한다. 방위가 다른 자극에서도 대비가 낮을 때에는 양안 경쟁이 생기지 않고 양쪽의 망막 상이 겹쳐서 지각된다는 보고가 있지만[65], 이것은 낮은 대비에서는 어떤 자극도 억제할 수 있는 충분한 효과를 갖지 않는다고 하면 설명이 가능하다. 색에서도 색차가 큰 경우에는 양안 경쟁이 생기지만, 작은 경우에는 융합하는 것으로 알려져 있다.

2.6 양안 입체시의 생리학적 기구

2.6.1 시각 처리의 두 가지 경로와 양안 입체시

양안 입체시의 특성을 기초로, 그 메카니즘이 2종류(또는 3종류) 존재한다는 가설이 있다[69][70]. 이것은 시각의 초기 과정에서의 두 가지 경로 특성을 고려한 것이고, 각각의 경로에 속하는 양안 입체시 메카니즘을 고려한 것이다. 이 두 가지 경로는 외측슬상체 세포의 특성을 기초로 놓고 대세포 경로(magnocellular pathway), 소세포 경로(parvocellular pathway) 또는 M경로, P경로라고 부른다. P경로는 낮은 시간 주파수, 높은 공간 주파수, 색으로의 응답, M경로는 높은 시간 주파수, 낮은 공간 주파수, 움직임으로의 응답에 대해서 각각 특징이 있고, 그것들이 독립한 처리를 한다고 생각되고 있다. 다만, 두 가지 경로의 독립성 정도나 색지각, 운동 지각과의 선택적인 처리에 대해서는 의문도 많다[71].

깊이 민감도는 전술한 바와 같이 시공간 주파수에 의존하는 것이 알려져 있지만, 정지자극과 운동자극에 대해서는 다른 특징이 알려져 있고, 그것들은 두 가지 처리 경로의 특성과 대응한다.

우선, 낮은 공간 주파수에서의 입체 시력의 저하는 정지자극과 같이 운동자극에서도 얻게 되지만, 그 저하의 정도는 정지자극에 비해서 작다. 또, 높은 공간 주파수에서 정지자극의 민감도는 운동자극에 비해서 높은 경향이 있다. 따라서, 운동자극에서는 공간적으로 저주파의 자극에 대해서도 높은 민감도를 가지고, 정지자극에서는 공간적으로 고주파수 민감도를 갖는 경향이 있다[4]. 이 결과 운동자극의 결과는 M 경로의 특성을 반영하고, 정지자극의 결과는 P 경로의 특성을 반영한다고도 할 수 있다. 색에 관한 특성으로서 랜덤 도트 등 세밀한 패턴을 사용하면 같은 휘도자극에 대해서 입체시의 민감도가 대단히 낮아지지만, 선분자극 등의 민감도 저하는 그 정도는 아니라는 것이 알려져 있다(2.4절).

색의 특성만을 생각하면, 전자가 M경로의 특성, 후자가 P경로의 특성을 반영하게 되지만, 세밀한 패턴은 오히려 P경로의 특성이고, P경로의 휘도처리 메카니즘에 의한 입체시라고 생각할 수도 있다[69]. 이와같이 복수의 경로가 양안 입체시에 관계된다는 생각은 합리적이다. 또, 같은 휘도의 운동자극을 사용한 경우, 그 시간 주파수 의존성은 휘도자극과 다르다[41]. 휘도자극에서는 대역 통과형의 특성을 나타내는 것에 대해, 같은 휘도 색자극에서는 저역 통과형의 특성이 된다. 이것도 각각 M경로와 P경로의 특성과 일치하고 2가지의 다른 경로가 양안 입체시에 관계된다는 생각을 뒷받침 한다고 할 수 있다.

한편, 원숭이를 이용한 외측슬상체의 대세포층, 소세포층 각각의 파괴실험에서 대세포층과 소세포층, 즉, M경로, P경로의 양방향이 양안 입체시에 관계되어 있다는 것을 보여주고 있다[72]. 소세포층의 파괴에 의하면, 세밀한 공간 패턴(고주파성분이 많은)의 자극에 대해서 입체시 기능의 저하가 보이지만, 넓은 공간 패턴(저주파성분이 않은)의 자극에 대해서는 저하를 볼 수 없었다고 한다. 또, 대세포층의 파괴에서는 어떤 공간특성의 자극에 대해서도 양안 입체시 기능의 저하는 생기지 않는다고 한다. 이것은, 공간적으로 고주파의 자극에 대한 양안 입체시는 소세포층을 통해서, 공간적으로 저주파의 자극에 대한 양안 입체시는 대세포층과 소세포층의 양쪽을 통해서 전달되고 있다는 것을 의미한다.

2.6.2 대뇌 시각 영역과 양안 입체시

1차 시각 영역(V1), 2차 시각 영역(V2)에는 양안시차의 민감도를 가진 세포가 있는 것이 전기생리학적인 단일 세포기록에 분명하게 나타나 있다[73]. 이들의 세포는 그 응답 특성에서 4종류 또는 6종류로 분류 할 수 있다. 그것은 시차제로에 예민하게 선택적인 민감도를 가진 것(tuned excitatory zero), 시차 제로에 예민하게 선택적인 억제를 가진 것(tuned inhibitory zero), 전면의 시차 전반에 넓은 민감도를 가진 것(near), 후면의 시차 전반으로 넓은 민감도를 가진 것(far)의 4종류, 또는 그것의 전면에 있는 어떤 크기의 시차에서 선택적인 민감도를 가진 것(tuned excitatory near), 후면의 어떤 크기의 시차에 선택적인 민감도를 가진 것(tuned excitatory far)의 두 개를 더한 6종류이다[73].

한편, 오오사와등[74]은 고양이의 양안성 복잡 세포의 좌우망막 수용장을 측정해서, 그 차이로부터 양안시차의 검출 모델을 제안하였다. [그림 2-15]에 시각 영역 세포 각각의 망막에 대한 수용장과 그 모델을 나타냈다. 이들의 세포는 제로[그림 (a)] 또는 전면[그림 (b)]의 시차를 가진 예이지만, 후면 시차의 민감도를 가진 것이나 다른 시차의 민감도를 가진 것이 알려져 있다[75].이 결과는 양안시차의 검출이 전에 언급한 6종류의 세포에 의하기보다 오히려 연속적으로 다른 시차를 가진 세포가 수 많이 존재한다고 생각할 수 있다는 것을 알려준다[75].

[그림 2-15(a)]에서 가장 위의 행은 좌우안에 대한 자극을 나타낸다. 각각의 행은 단순형 세포와 두 가지의 복잡형 세포 및 모델의 반응을 좌우안의 자극의 위치에 마추어 표시하였다(어두운 부분이 큰 반응을 의미한다). 좌의 두 가지 자극은 좌우안 영상의 극성이 일치하고 있는(밝은 선자극끼리, 어두운 선자극끼리) 것이고 그것들에 대한 응답은 한 곳에 집중하고 있다. 응답의 그림 중에서 좌측 아래 각도에서 우측 위 각도로의 직선은 시차가 제로(좌우 자극의 망막대응 위치가 같다)이기 때문에, 여기서 나타내는 복잡형 세포는 제로의 시차를 검출하는 것이 된다. 한편, 극성이 다른 자극(우측의 두개)에 대해서는 같은 위치에서는 반응하지 않고 거기서 조금 벗어난 장소에서 반응하는 것을 알 수 있다. 이것은, 한쪽의 자극에 대한 그 주위의 억제적인 반응과 다른 쪽의 반응이 일치하기 때문이라 생각되고, 이 차이 량으로부터 수용장의 범위를 추정할 수 있다. 축 부근의 가는 곡선은 단안 자극에 대한 수용장을 나타낸다.

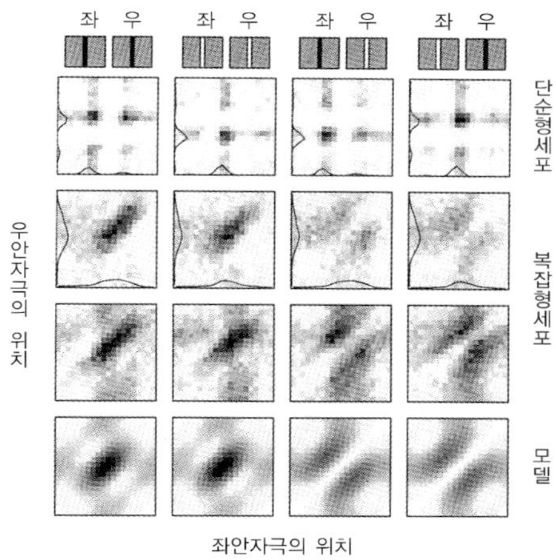

(a) 정사투영(지도)

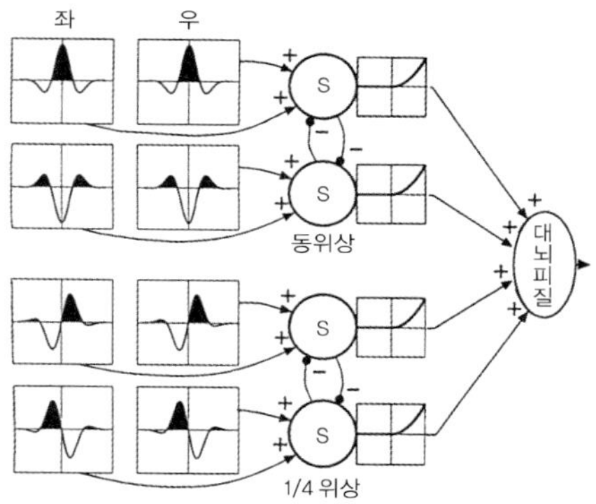

(b) 양안성의 복잡형세포의 수용장 모델 예

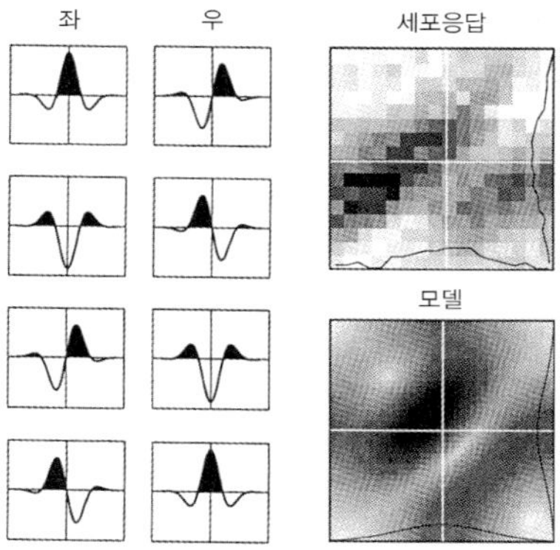

(c) 제로가 아닌 시차에 민감도를 가진 수용장 모델의 예

■ **그림 2-15** 피질세포의 양안수용장 특성과 그 모델

복잡형 세포의 위치 변화에 대한 민감도는 단순형 세포에 비해서 낮은 것을 알 수 있다. [그림 2-15(b)]는 양안성의 복잡형 세포의 수용장의 모델을 나타낸다. 이 수용장은 서브 유닛으로서 4개의 수용장을 가진 메카니즘(그림 중의 S)을 가지고 각각 좌우안에서 좌의 2열로 나타낸 수용장을 가진다. 상보적인 수용장(흥분부와 억제부가 역전한 것)를 가진 서브 유닛끼리(위의 2개와 아래의 2개)는 억제성의 결합을 한다. 각각의 서브 유닛 출력으로서 $y=x^2(x>0)$으로 나타나는 비선형 출력을 가정하고 모든 서브 유닛의 출력은 가산된다. 이 모델의 출력을 [그림 2-15(a)]에 나타냈다. [그림 2-15(c)]는 제로가 아닌 시차에 민감도를 가진 수용장 모델의 예이다. 서브 유닛의 좌우안 수용장의 특성은 [그림 2-15(b)]의 것과 달리 위상차(양안시차)를 검출할 수 있다(좌 2열). 어두운 선자극의 각 좌우안 위치에 대한 복잡형 세포의 반응(우측 위)과 모델 반응(우측 아래)은 유사한 특성을 나타낸다. 축 부근의 가는 선은 단안자극에 대한 수용장을 나타낸다.

오오사와등의 모델에서는 다른 위상([그림 2-15]에서는 0°, 90°, 180°, −90°의 4종류)을 가진 단순 세포를 가정한 다음 더해서 합침, 억제 및 2승 합에 따라서 만들어지는 복잡형 세포를 생각하고, 그것이 시차에 민감도를 가지는 것을 나타내었다. 이 모델은 생리학적인 지각을 직접 반영한다는 점에서, 또 단안 자극에 대해서는 정확한 위치의 정보를 갖지 않는다고 하는 복잡형 세포([그림 (a), (c)]의 가는 선)가 양안시차는 비교적 높은 정밀도로 검출할 수 있다는 점에서도 흥미가 있다.

2.7 기타 깊이 단서와의 관계

양안 입체시 이외에도 많은 깊이/입체에 관계되는 실마리가 있다. 렌즈의 조절기구에 따른 깊이 정보의 유무나 수렴에 의한 깊이 정보의 중요성에 대해서는 확실하지 않지만[76][77] 원근법이나 음영 등으로 대표되는 정지 영상에서의 깊이 정보는 잘 알려져 있다. 또한 운동시차(자신의 운동에 따른 망막상의 움직임에 의한 깊이의 지각)나 운동입체시(대상의 움직임에 의한 깊이의 지각)와 같은 동적인 단서의 중요성도 의심의 여지가 없다. 양안 입체시가 이러한 요인들과 독립해서 작용하고 있는 것이 아니라 양자 사이에는 상호 작용이 있는 것이 알려져 있다[78]~[81]. 양안 입체시와 그 외의 깊이 단서가 경합하는 조건에서 지각되는 깊이에 대해서는 인지성 단서(얼굴은 볼록한 면이다 등), 음영, 윤곽선, 차폐, 운동시차, 운동정보에서의 깊이, 크기 등과의 관계에 대한 연구보고가 있다.
그들의 결과로부터 단순한 법칙을 찾는 것은 어렵지만,

① 어느 것인가의 단서가 우위이고 그것만이 지각되는 것
② 독립한 깊이 지각을 하는 것
③ 협조적인 상호 작용을 하는 것

으로 크게 구별된다. ①의 전형적인 예로서, 얼굴의 면을 뒤쪽에서 봤을 때의 입체 지각이 있다. 얼굴 면을 뒤에서 봤을 때에는 통상의 얼굴과 같이 볼록한 면이 지각되지만 이 경우는 양안시차의 깊이정보가 완전히 무시된 지각이라고 할 수 있다. 이렇게, 다른 깊이 단서에 의해 양안시차가 무시되는 현상은 표면 윤곽과 경합하는 자극의 조건에서도 현저하다[82].
RDS를 사용한 실험에서는 양안시차가 우세가 되는 경우가 많지만 상호 작용도 있다. [그림 2-16]에 윤곽선이 주는 입체 형상과 양안시차가 주는 입체 형상의 정합성이 입체 지각에 주는 영향을 나타냈다[83][84]. [그림 2-16(a)]에서는 윤곽선과 양면시차가 모두 정현파 형태의 깊이를 나타내고 그 위상도 일치하고 있다. 따라서, 양안 융합하는 것으로 안정한 깊이를 관찰할 수 있다. 그러나, 수평방향의 깊이 변화에 대해서 생각하면 윤곽선의 형태와 양안시차에서는 모순한 정보를 가지고 있다. 윤곽선의 변화가 깊이에 의한 변화라고 하면 좌우의 윤곽 중 어느 것인가가 선행될 필요가 있는(면을 비스듬한 곳에서 보고 있게 되기 때문에) 것에 대해 이 자극에서 양안시차는 수평 방향으로는 변화하지 않는다. 양안 융합시에 지각되는 면은 좌측을 향하고 있는 것 같이 느끼게 되기 때문에 윤곽선의 깊이 정보가 채택되고 있는 것을 알 수 있다.

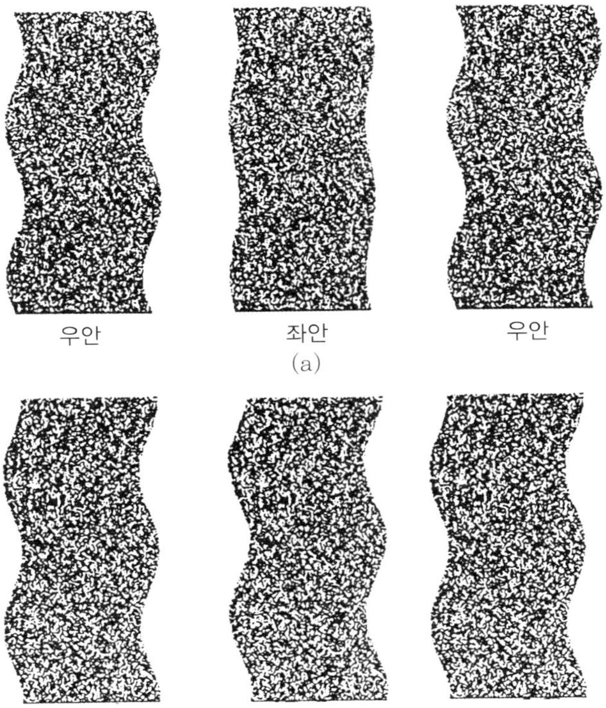

■ **그림 2-16** 윤곽선 형태와 양안시차 깊이 정합성의 양안 입체시에 대한 영향

수평 방향으로는 시차 변화가 없다는 정보가 무시되고 있는 것이 된다. 수직 방향으로는 양안시차의 정보가 우위이고 수평 방향의 깊이 변화에는 윤곽선의 영향이 우위가 된다고 할 수 있다.

[그림 2-16(b)]는 윤곽선과 양안시차가 모순하는 깊이를 나타내는 예이다. 모두 정현파 형태의 깊이 변화를 나타내지만 위상이 90° 벗어나고 있다.

이 스테레오그램을 관찰하면 처음에 윤곽선에 의한 깊이가 느껴지지만 수초에서 수 십초의 관찰에 의해 융합이 안정하게 되고, 양안시차의 깊이가 보이게 된다. 이때, 윤곽선의 형태가 깊이 변화에 의한다고는 해석되지 않고 이 도형 고유의 형태라고 해석된다.

[그림 2-16(a)]에서는 장방형의 띠가 정현파 형태로 파도치는 결과, 윤곽이 정현파 형태로 보이는 것에 대해 띠의 형상 자체가 정현파 형태의 윤곽선으로서 지각된다는 것이다. 영상 성격의 단서는 깊이로 평가되지 않고 다른 특징으로 처리된다는 것이다.

다음으로 ②는 독립적으로 깊이가 지각되는 예이지만, 동일의 장소에 다른 두 가지 오행이 보이는 것이 나타난 결과는 아직 발표되지 않고 있다. 가장 그것에 가까운 현상으로서는 RDS로 만들어진 네카큐브(Necker Cube)의 예가 있다.

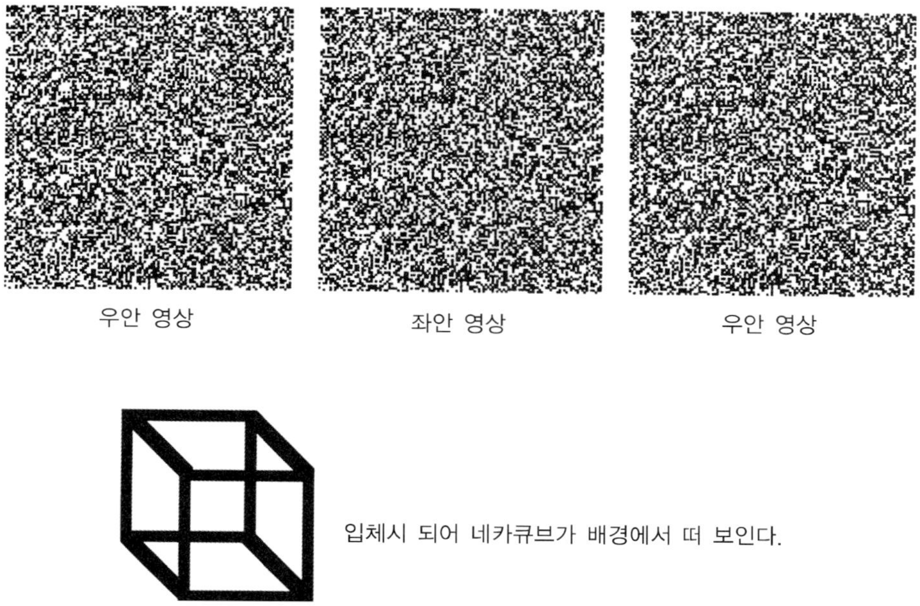

■ **그림 2-17** RDS로 형성한 네카큐브

이 경우, 많은 피경험자는 배경에 대해서 입방체가 떠서 보인다고 보고한다([그림 2-17][85]). 네카큐브 자체는 양안시차에 의해 형성되기 때문에 양안 입체시와 영상 성격의 깊이 지각이 양쪽 모두 작용하게 된다.

마지막 ③의 협조적인 상호 작용에 대해서는 몇 가지 경우를 생각할 수 있다. 하나는 다른 단서에서의 깊이를 중첩함으로써 평균에 의해 통합된다는 것이다. 이것에 대해서는 최근 정량적인 실험 결과에 따라 모델화가 진행되고 있다[86]~[89].

예를 들면, Johnston 등은 원통 형태의 자극을 운동시키고 양안 입체시와 운동 입체시 사이의 깊이 통합에 대해서 알아보고 있다[89]. 그들에 따르면 지각되는 깊이는 양자가 가진 깊이에 적당한 무게를 주고 가산하는 것으로 예측할 수 있다고 한다. 또, 운동정보의 신뢰성을 내리는(정시 프레임 수를 줄인다) 것은 운동 입체시의 무게가 내려지는 것과 동일하므로, 각 요인에 대한 무게는 그 신뢰성에 의존해서 변화한다고 생각할 수 있다.

중첩 평균에 의한 통합에서는 각각의 깊이 정보 처리 결과가 통합된다는 의미이며, 처리의 독립성을 가정하고 있다고 할 수 있다. 그에 대해 다른 처리과정 사이에서 상호 작용의 존재를 나타내는 연구도 있다. 그 중 하나는, 다른 깊이 정보가 양안 입체시의 형성에 미치게 되는 영향에 대한 실험이다. 시오이리와 사또는 양안시차와 영상 형태의 깊이정보를 정합적인 조건과 부정합적인 조건을 사용하여 양안 입체시의 형성에 요구되는 시간을 측정 하였다[83][90]. 그 결과, 깊이정보의 정합성이 양안 입체시 형성 시간에 크게 영향을 미치는 것을 발견하였다.

[그림 2-18]은 윤곽선과 양안시차 사이의 정합성 변화에 대한 입체시의 깊이가 정현파 형태인 경우([그림 2-16]에 대응, 단 깊이 변화는 수평 방향의 자극)와 평면인 경우를 변별하는 과제에 대한 응답시간이다. 가로축은 정합성을 정현파의 위치로 표현하고 있고, 0°와 180°가 정합자극이 된다. 정합조건에서는 부정합 조건에 비해서 응답시간이 짧고, 영상 형태의 깊이가 양안 입체시의 형성 시간에 직접 영향을 주고 있는 것을 시사하고 있다. 단, 평면 자극에 대한 응답 시간은 거의 변화하지 않는다.

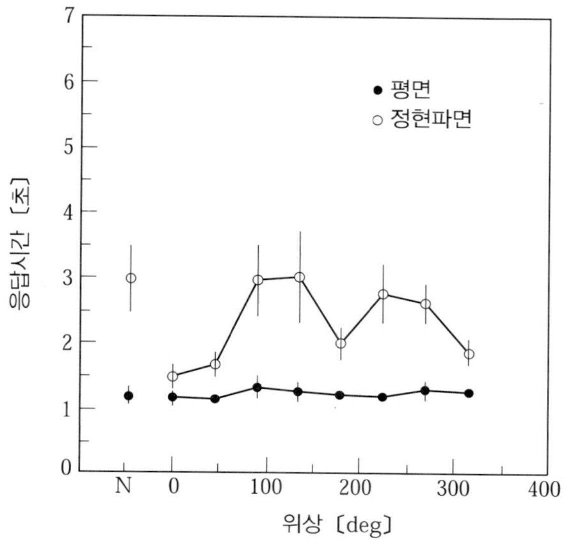

■ **그림 2-18** 양안 입체시 형성 시간에 따른 윤곽선 형태의 영향

[그림 2-18]에서 가로축은 윤곽선의 정현파와 양안시차가 가진 깊이의 정현파 사이의 위상차이고 0°와 180°가 정합적 자극이다. 자극의 크기는 12.3°(폭) × 6.5°(높이)이고 최고점과 최저점 사이의 시차는 0.2°, 윤곽선의 진폭은 0.7°이고, 평균 휘도는 34 cd/m^{2}이다. 세로축은 RDS가 정현파상의 곡면인지 평면인지를 판단하기에 필요한 시간이고 5인의 피실험자의 평균치, 백구는 곡면자극에 대한 결과, 흑구는 평면자극에 대한 결과를 나타낸다.

또, Rogers와 Graham은 양안시차와 운동시차에 의한 깊이처리 사이의 공통성을 찾아냈다[91]. 그들은, 양안시차에서 만들어진 곡면과 운동시차에서 만들어진 곡면을 이용하여 양자 사이에서 깊이의 순응효과의 전이가 있는 것을 확인했다. 이것은, 양안시차에 의한 깊이처리와 운동시차에 의한 깊이처리가 공통 부분을 가진 것을 의미하고 양자의 처리는 독립적이 아닌 것을 시사한다. 그 외의 협조 작용으로서 조장효과(promotion)라고 부르는 것도 있다[87]. 예를 들면, 양안시차는 상대적인 깊이 정보만을 갖기 때문에 실제의 깊이를 위해서는 절대거리가 필요하다. 절대거리는 수렴이나 수직 시차 또는 운동 입체시 등 다른 단서와의 정합성에서 얻을 수 있고, 그것에 의해 양안 입체시가 정량적으로 바른 깊이 관계를 가져온다고 생각된다. 이것은 조장효과에 의한다고 할 수 있고 또한, 처리과정이 완전히 독립이 아닌 것을 의미한다.

Chapter 03

시기능과 3차원 영상

3.1 시기능의 기본 특성

3.1.1 시기능과 영상 평가

대상을 볼 때 작용하는 안구운동, 조절 및 동공반응 등의 기능을 시기능이라고 한다. 시기능은 안과학에서 많이 연구되고 있지만 영상 평가에서도 중요한 평가 항목으로 고려되고 있다.

본 장에서는 시기능의 기본 특성 중 주로 3차원 영상 평가와 관련된 특성을 기술하고 이어서 시기능과 관련된 3차원 영상의 특성, 3차원 영상 특성이 시기능에 미치는 영향에 대해서 기술하고자 한다. 먼저 시기능이 영상 평가에 사용되는 이유는 다음과 같다.

영상 등의 시각 정보는 안구 광학계에 입력되어 뇌에서 처리됨으로써 지각되고 인지된다. 안구는 [그림 3-1]과 같은 구조를 지니고 있고[1], 홍채에서 입력된 시각대상은 수정체 등의 광학계를 통해서 망막에 그 상(망막상)을 결상한다. 망막에는 해상력이 특히 높은 중심와라고 불리는 부분이 있는데, 관찰자가 흥미를 갖고 응시한 대상의 상이 중심와에 투영된다. 안구 중심과 중심와를 연결한 선이 바로 시선이다.

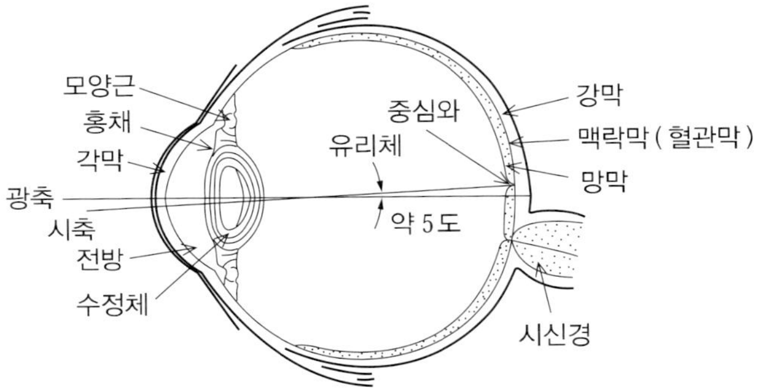

■ **그림 3-1** 사람 안구의 수평단면도

시선은 관찰자가 흥미를 갖고 있는 대상으로 향하게 하는 반응이 안구운동이고, 안구는 안구 주위 6개의 안근육의 작용에 의해 움직인다. 한편, 망막상에 선명한 상을 결상하는 역할을 하는 것이 조절 반응이고, 조절 반응은 렌즈인 수정체의 굴절력을 조정하는 것으로 성립된다. 또, 동자 반응은 홍채의 크기를 변화시킴으로서 망막까지 도달하는 광량을 조절 하는 것과 동시에, 안구 광학계의 초점 심도를 조절한다. 망막상은 그 후의 신경계 및 대뇌에 의해 여러 가지 처리가 되고, 그 결과로서 대상의 지각 및 인지가 성립된다.

안구 운동이나 조절 등, 시기능 특성은 3차원 영상뿐만 아니라 영상 평가에서 주요 항목으로 고려되고 있다. 시기능이 3차원 영상 및 영상 평가에서 중요 항목으로 고려되는 데에는 몇 가지 이유가 있는데, 무엇보다도 안구 운동과 조절이 시각 정보처리 최초 단계에서의 반응이라는 점이다. 시각 정보의 지각 및 인지는 대뇌등의 고차원 처리에 의해 성립되지만, 처리 대상이 되는 것은 망막에 투영된 상이다. 따라서, 망막상의 질을 결정하는 시기능은 중요한 역할을 하며, 망막 이후의 처리에 영향을 준다. 또, 안구 운동과 조절은 망막에 무엇을 투영하는가에 관여하고, 우리가 지금 어디를 보고 있는지를 나타내는 반응이기 때문에 이 점에서도 시기능의 특성이 영상 평가의 기본이 될 수 있다. 평가 방법의 관점에서, 시기능 반응은 생리반응이고, 그 계측이 물리적인 수단으로 가능하다는 것을 인식하는 것이 중요하다. 측정되는 데이터는 물리량이고 그 값은 대상 자극이 가진 량(거리나 위치)과 직접 대응하기 때문에 주관적인 심리 측정치 등과 비교가 가능하다. 이 외에도 안구 운동이나 조절에 관한 안과학적인 연구가 이미 존재하고, 시기능 특성에 관한 기초 데이터가 어느 정도 갖추어져 있는 것도 평가 방법으로서는 바람직한 것이라 할 수 있다.

3.1.2 폭주 안구 운동의 기본 특성

(1) 안구 운동의 종류

안구 운동은 관찰자가 주목하는 대상을 망막상의 중심와로 가져오는 것이 주요 기능이다. 안구의 움직임은 복잡하지만 몇 가지 특징 있는 운동으로 분류할 수 있고, 보통 이것들이 혼재해서 안구 운동이 형성된다[2]~[4]. 대표적인 안구 운동 성분을 <표 3-1>에 제시하였다.

의지에 의해 생긴 수의 운동에서는 양안에 운동이 거의 동시에 일어나지만 양안이 같은 방향으로 회전하는 동향 운동과 반대방향으로 회전하는 반향 운동으로 나뉠 수 있다. 신체의 이동 등으로 발생하는 불수의 운동은 수의 운동과는 그 특성이 크게 다르다.

그런데, 불수의 운동인 자세반사 운동에서처럼 안구 운동은 머리 운동이나 신체 운동과 관계가 깊고 영상 평가 측면에서 대상을 주시할 때에 안구만이 움직이는 것이 아니라는 점에 주목할 필요가 있다. 일상생활에서는 안구 운동과 동시에 머리나 신체도 움직이는 것이 보통이고, 안구 운동 측정에서 이점이 고려되어야 한다. <표 3-1>에 안구 운동 각각에 대한 특성이 기술되어 있지만 여기서는 3차원 영상과 관계 깊은 깊이 방향의 운동인 폭주개산운동에 대해서 좀 더 자세히 기술하고자 한다.

■ **표 3-1** 안구운동 성분 예

안구운동 성분	특 징
도약운동	영상 등의 특징을 주시할 때 발생하는 도약적인 운동으로 이동속도가 고속인 운동. 수의동향운동
추적운동	이동 물체를 천천히 추적할 때 생기는 저속의 평활한 운동. 수의동향운동
폭주개산운동	깊이 방향으로 이동하는 물체를 주시할 때 발생하는 운동. 반향운동
고시운동	중심와에 잡힌 대상의 상을 보유하기 위해 불수의적으로 발생하는 불규칙적인 미세운동
자세반사운동	머리를 기울이거나 신체를 움직였을 때 기울임이나 움직임을 보상하는 불수의적 운동

(2) 폭주개산 운동

폭주개산 안구 운동은 양안이 역방향으로 움직이는 운동이고, 안쪽 방향으로의 운동을 폭주(convergence), 바깥 방향으로의 운동을 개산(divergence)이라 부른다.
영어로는 폭주 운동과 개산운동을 합쳐서 "vergence"라고 한다. 폭주개산 운동은 양안 시선을 깊이방향으로 변화시키는 것이고, 입체시나 3차원 영상의 관찰과 관련이 깊다.
안구 운동량의 단위로서 안구가 회전한 각도(degree)가 사용되지만, 폭주 운동에 관해서는 미터각(meter angle)을 사용할 때도 있다. 이것은 양안의 시선이 양안의 회전중심의 중점에서 얼마만큼의 거리에 놓여 있는지를 거리(미터)의 역수로 나타내는 것이고, 폭주각이라고 부른다([그림 3-2]). 미터각을 사용하면 어디에 양안 시선이 놓여져 있는지를 거리로서 표현할 수 있고 또, 조절 단위인 디옵터(diopter)와 대응 한다는 점에서 미터각 단위가 3차원 영상 연구에서 주로 사용된다.
폭주를 유발하는 자극 중에 3차원 영상과 가장 관련이 깊은 것으로, 양안 망막에서의 동일 자극의 위치차이(양안시차)가 있다. 이 경우에 일어나는 폭주를 융합성 폭주(fusional convergence)라고 한다.

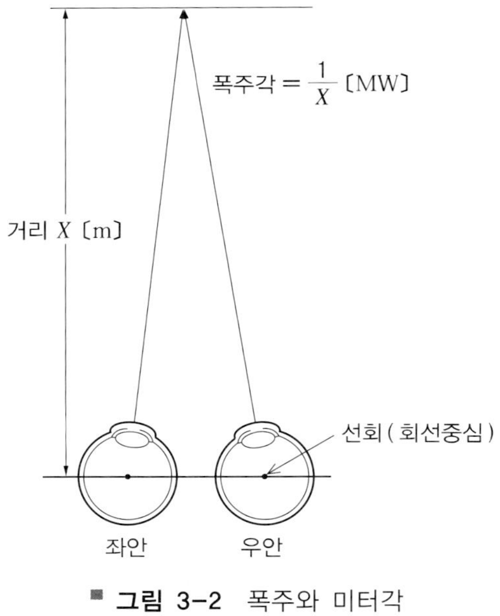

■ **그림 3-2** 폭주와 미터각

또 망막상 흐림을 유발 자극으로 하는 조절성 폭주(accommodative convergence)라고 부르는 반응도 있는데, 조절성 폭주는 시기능 간의 일정한 협응 관계를 나타내는 반응으로서, 3차원 영상 연구에서 자주 언급된다. 폭주의 운동성분으로서 이 외에 폭주의 안정위와 관련된 긴장성 폭주(tonic convergence), 물건이 가까이에 있다고 생각만하면 생기는 근접성 폭주(proximal convergence)가 있다. 그런데 일상의 시환경에서 이것들을 명확히 구별하는 것은 어렵다[5]. 개산운동에 대해서도, 종래는 단순히 폭주를 멈추는 운동이나 상태라고 생각했었지만 현재에는 적극적인 개산운동이 존재하는 것으로 알려져 있다.

(3) 폭주의 제특성

다음은 폭주와 관련된 용어 및 특성이다.

▷ 안위

폭주의 정적인 상태를 안위라고 한다. 안위는 자극의 존재에 의해 변화한다. 편안하게 먼 곳을 고시하고 있을 때의 안위는 그 개인이 가진 고유량이라고 생각된다. 이때 양안의 시선이 평행하게 되는 상태를 정위(orthophoria), 그 이외의 상태를 사위라고 한다. 단위로는 prism diopter[⊿]가 보통 사용된다.

▷ 응시차이(fixation disparity)

융합성의 자극이 존재하는 경우 자극 위치에 시선이 놓여져 있으면 대상이 하나로 보인다. 그러나, 하나로 보이기 위해서는 시선이 정확히 자극 위치에 놓여져 있을 필요는 없고, 그 차이량이 양안시 기능의 일정 범위 내이면 대상이 하나의 상으로 지각된다. 이때의 안위(시선이 놓인 곳)와 시표 차이를 응시차이(fixation disparity)라고 한다. 또, 시선이 놓여진 위치를 중심으로 양안시가 가능한 범위(각 대상이 하나의 상으로 지각되는 범위)를 패넘의 융합 영역이라고 한다([그림 3-3]). 응시 차이가 있는 상태는 일상생활에서도 일어난다. 예를 들면, 어떤 고시표를 봤을때 그 고시표와 다른 거리의 어떤 점에 폭주하고 있는 것이 보통이다. 다만, 이 차이량은 작다. 폭주에서의 응시차이는 조절에서의 조절 lag과 비슷한 상태이지만, 원거리에서는 과도하게 크게, 근거리에서는 과도하게 작게 조절되는 것과 달리, 폭주에서는 거리와 관계없이 폭주가 과도하게 큰 경우도 있고 작은 경우도 있다[5].

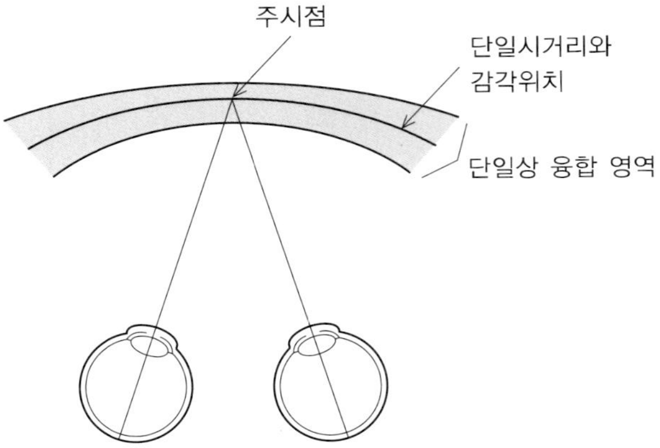

■ **그림 3-3** 패넘의 융합 영역

▷ 안정위

무자극 상태에서의 안위에서 반드시 양안의 시선이 평행한 것은 아니다. 무자극 상태에서의 안위를 폭주의 안정위라고 한다. 실제로, 그 측정은 어려운데, 일반적으로 암흑 속에서의 안위인 dark vergence로 안정위를 측정한다[6]. 이 안정위는 생리학적 또는 기능적인 안정위이고 무자극 상태에서의 폭주와 개산의 힘에 대한 균형 점이라고 생각된다. "dark vergence"는 가까운 곳을 지속적으로 응시한 경우에 변화하는 것으로 알려져 있다. 따라서, 3차원 영상이 시기능에 주는 영향을 평가하는 지표로서 사용될 가능성도 있지만, 현재까지는 이것을 뒷받침하는 충분한 연구가 없다.

3.1.3 조절의 기본 특성

(1) 초점 조절

안구의 조절 반응은 망막상을 선명하게 하기 위한 것으로 초점 조절이 중요한 역할을 한다. 망막상의 상이 흐리다는 신호가 안구의 수정체 렌즈의 굴절력을 변화시킴으로써 조절 반응이 나타난다. 초점 조절의 양은 렌즈의 굴절력을 나타내는 diopter[D]를 단위로 표현되지만, 이 값은 수정체 렌즈의 굴절력을 직접 표현하는 것이 아니라 안구 광학계에서 망막과의 공역점 즉, 초점이 놓여진 장소와 안구에서의 거리(미터)의 역수를 의미한다. 초점 조절 이외에 동자 반응도 초점 심도를 제어하는 중요한 역할을 한다. 동자 반경을 작게하면 안구 광학계의 초점 심도는 깊어지고, 거꾸로 동자 반경이 커지면 초점 심도는 얕아진다. 따라서,

같은 영상에 대해서도 동자 반경에 따라 망막상의 흐림 상태가 다르고, 조절 반응량도 달라진다[7].

(2) 조절의 특성

다음은 조절에 관한 용어 및 특성이다.

▷ 조절력

망막상에 결상 가능한 가장 먼 사물점을 원점, 가장 가까운 점을 근점이라고 부르고 원점에서 근점까지의 조절 정도를 조절력이라고 부른다. 원점이 무한 원거리에 있고, 근점이 적당한 위치에 있을 경우 정시(emmetropia)라고 부른다. 20세 정도의 정시는 약 10 D의 조절력을 갖는다. 즉, 안구 앞 10 cm에서부터 무한 원거리까지의 대상에 대해 조절이 가능하다. 근시란 원점이 무한원거리보다 가까이에 있는 경우를 말한다. 가령, 나이가 들면 조절력이 감소하는 소위 노안시가 된다. 개인차가 크지만 40～50세에서는 약 2～4 D 정도가 되고, 60대에서는 거의 조절력을 상실한다. 조절력이 없어져도 상의 질은 동자 반응에 의해 초점심도 증대나 망막의 특성 등으로 보충된다. 조절력이 거의 없는 노안시의 관찰자가 3차원 영상을 어떻게 지각하느냐 하는 것은 흥미 있고 중요한 연구과제가 될 것이다.

▷ 조절 lag

특정 거리에 있는 대상에 초점을 맞춘다고 하더라도, 보통은 초점을 맞추고자 하는 대상과 실제 초점 위치 사이에 차이가 있다. 이 차이를 조절 lag(accommodation lag)이라 한다. 조절 반응은 조절 안정위라고 부르는 무자극 상태에서의 조절 위치(약 1～1.5 D 즉, 60 cm～1 m로써 개인차가 크다)로 향하는 경향이 있고, 이것보다 먼 자극에는 가까운 방향으로 가까운 자극에는 먼 방향으로 조절의 오차가 생긴다([그림 3-4]). 조절 lag의 크기는 자극의 질에 따라서 다르기 때문에 영상 평가에 사용될 수 있다[8][9]. 폭주에서의 응시 차이와 같이 조절 lag도 보통의 생활에서 일어난다. 3차원 영상의 평가에 폭주와 조절을 사용할 경우에 주의해야 할 점은 폭주나 조절이 응시해야 할 대상에 잘 부합하는 것이 자연스러운 상태라고 생각하기 쉽지만 사실은 그렇지 않다는 것이다. [그림 3-4]는 조절의 자극량(가로축 : As)을 천천히 변화시켰을 때의 조절 반응량(세로축 : Ar)에 대한 측정치를 나타낸다. 개인차가 있지만 일반적으로 자극량이 클 때는 반응량이 자극량보다도 작고 자극량이 작을 때는 반응량이 커지는 경향이 있다.

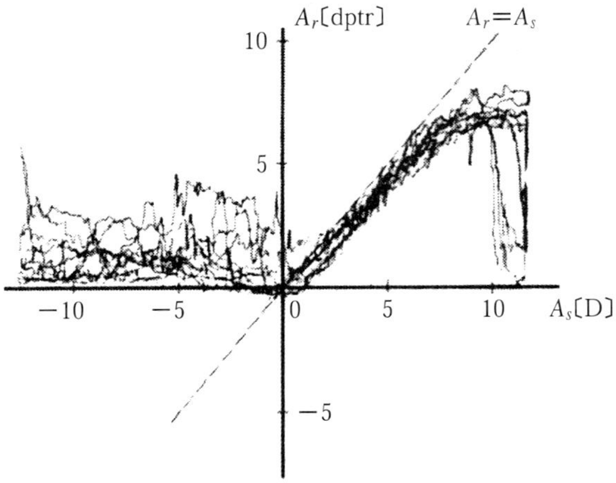

■ **그림 3-4** 조절 자극량과 반응량의 측정 예

▷ 미동조절

자극까지의 거리가 일정해도 조절에는 미소한 변동이 있을 수 있는데 이를 미동조절이라 하며 0.2 ~ 0.5 D의 진폭과 2~3 Hz의 대역을 갖는다. 미동조절과 비슷한 역할을 하는 것으로 안구운동에도 고시미동이라고 불리는 미세한 안구운동이 있는데, 미동조절과 고시미동은 제어신호의 효율 저하를 막고 안정화를 도모하는 것으로 생각된다.

3.1.4 폭주와 조절의 상호 작용

지금까지는 주로 폭주와 조절 각각의 특성에 대하여 기술하였다. 흥미롭게도 시기능간에는 밀접한 관계가 있는 것으로 알려져 있는데, 예를 들면, 주시 대상을 먼 곳에서 가까운 곳으로 이동하게 하면 폭주, 조절 및 동자수축이 동시에 일어나는 근견 반응이 경험된다. 근견 반응은 주시 영상을 하나의 상으로 지각하기 위해 폭주가 일어나고, 선명한 망막상을 얻기 위해 조절반응이 나타나고, 동시에 초점심도가 늘기 때문에 동자 수축이 발생한다고 설명할 수 있다.

조절과 폭주사이의 상호 작용으로서 조절에 대한 자극만을 주어도 발생하는 폭주 반응인 조절성 폭주(AC)에 대해서 이미 언급하였다. 거꾸로 조절에 대한 자극이 없는 경우에도 융합성의 폭주 자극만으로 조절이 나타나게 된다. 이것을 폭주성 조절(convergence accommodation : CA)이라 한다[10]. 조절성 폭주, 폭주성 조절이 일상생활에서 나타나는 것이기는 하지만 이들을 폭주 또는 조절과 분리하는 것은 쉽지 않다. [그림 3-5(a)]는 폭주만을 자극하는 조건에서 유발된 조절작용(CA), [그림 3-5(b)]는 조절만을 자극하는 조건에서 유발된 폭주 운동(AC)의 측정 예이다. 이 예에서, CA는 시표와 같은 정도로 반응하고, AC는 반응량이 적지만 유발되는 반응량은 자극조건에 따라서 다르다.

조절성 폭주나 폭주성 조절을 이용한 연구에서는 폭주나 조절 반응량(AC나 CA) 그 자체를 이용하는 경우도 있지만 조절 자극량(A)에 대한 조절성 폭주량의 비율(AC/A)이나 폭주 자극량(C)에 대한 폭주성 조절량의 비율(CA/C)을 이용하는 경우가 많다(분모에 자극량이 아니라 반응량을 이용하는 경우도 있다). 예를 들면, AC/A는 정상인의 평균치로서 6±4[⊿/D]라는 식이 사용되고 있다[5].

AC나 CA는 폭주와 조절의 상호 작용 영향을 알아보기 위한 중요한 지표이다. 2안식 입체 영상(3.4.1절)의 평가와 특히 관련이 깊다고 판단된다. 그러나, 불필요한 자극을 주지 않아야 한다는 측면에서 측정에는 아직 문제가 있고, 특히, 폭주성 조절량은 측정이 곤란하고 연구도 적다[5]. 조절성 폭주와 폭주성 조절은 조절이나 폭주의 특성을 이해하기 위해서는 물론이고 3차원 영상과 시기능의 관계를 알아보기 위해서도 중요한 개념이기 때문에 지속적인 연구가 필요하다.

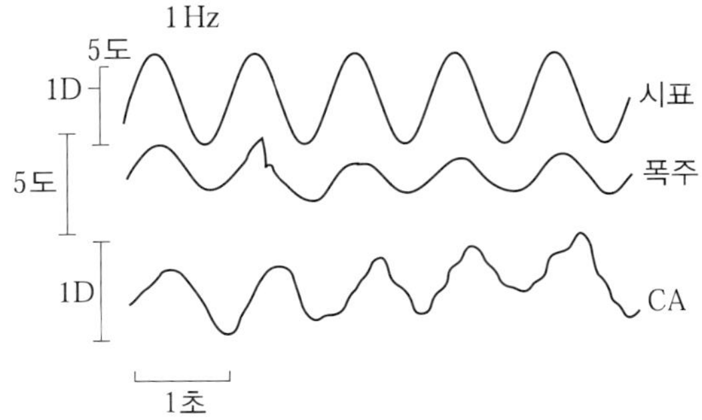

(a)

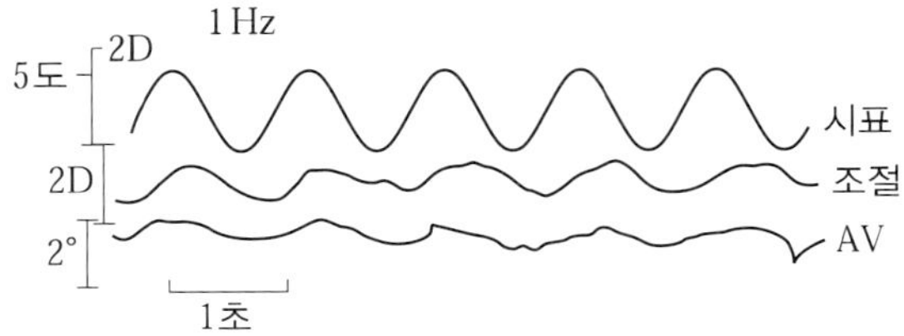

(b)

■ **그림 3-5** 폭주성 조절과 조절성 폭주

3.2 시기능과 입체시

3.2.1 입체시 요인으로서의 시기능

시기능인 폭주 안구 운동이나 조절반응은 입체시와도 여러 측면에서 관련이 있다. 여기에서는 입체시 요인으로서의 폭주와 조절에 대해서 논의하고자 한다. 폭주 및 개산은 양안이 서로 반대 방향으로 회전하는 반응이지만, 이 때 근육 제어계의 움직임으로부터 3차원 지각 체계가 깊이감을 지각하는 것이 가능하다[10]. 양안간의 거리를 알면 이론적으로 대상까지의 거리를 계산하는 것도 가능하기는 하지만 폭주만으로 대상까지의 절대적인 거리를 지각하는 것은 쉽지 않다. 한편, 두 가지 물체의 앞뒤를 구별하는 깊이감 변별의 분리 지각 기능은 근거리에서는 비교적 좋지만 거리가 멀어질수록 그 감도는 떨어진다. 폭주는 양안 망막상의 차이로 일어나지만(융합성 폭주), 양안 망막상의 차이에서는 양안시차 정보도 생기는데 이것도 중요한 입체시 요인이다. 일상의 시환경에서 양자의 구별은 어렵고 실제 양쪽의 정보, 즉 폭주와 양안시차에서 유효한 입체 정보를 얻는다고 생각된다[4].

조절은 대상까지의 거리에 대응해서 수정체 렌즈의 두께를 변화시키는 반응이지만 렌즈의 두께가 바뀔 때 근육 제어계와 깊이거리 사이에 일정한 관계가 있기에 조절량을 토대로 깊이감을 지각 할 수 있다고 생각되고 있다[11]. 실제 거리와 근육 제어계 사이의 캘리브레이션으로 대상까지의 깊이거리도 알 수 있다. 조절은 망막상의 흐림을 신호로 하여 반응하지만 이 망막상의 흐림량이 입체시 요인이 될 수도 있다. 따라서, 조절에 의한 입체시가 근육 제어계에 의한 것인지 상흐림 정보에 의한 것인지 구별은 어렵지만 두 가지 요인이 관계하고 있다고 생각된다. 따라서 조절에 의한 깊이지각이 효과적으로 작용하는 범위는 굴절력, 동자반경 및 망막상의 흐림량 검출 능력에 의존한다. 일반적으로 핀트 차이를 알아 차리는 것은 망막상에서 10 μ정도라고 하고, 그렇기 때문에 실제로는 2, 3 m 이상의 먼 곳에 있는 대상에 관해서는 조절에 의한 깊이지각 효과를 기대할 수 없다. 그리고, 동자반응 자체는 입체시 요인이 아니지만 근견반응 등으로 대상의 오행과 관련해서 동자반응이 나타나는 것으로 알려져 있다.

이상과 같이 조절과 폭주는 입체시의 요인이 될 수 있지만 주요한 요인이라기 보다는 보조적인 역할을 하고 있다고 판단된다. 동자반응을 포함해서 대상의 깊이거리 변화에 대한 반응을 나타내는 특성에 근거해서 시기능의 측정이 입체지각의 평가에 쓰일 때가 있다. 입체감의 유무나 증감을 피험자에게 직접 대답하게 하는 자각적인 평가와는 달리 이 평가 방법은 타각적인 평가라고 할 수 있고 흥미있는 방법이다. 그러나, 깊이감의 변화에 대해서 폭주, 조절이 어느 정도 관계하고 있는지 명확하지 않고 더욱이 폭주, 조절 및 동자반응 간에 있는 밀접한 관계를 생각하면 시기능 측정치와 입체감의 크기를 어떻게 연결시킬 것인지에 대한 어려운 문제가 남아있다.

3.2.2 시기능의 상호 작용과 입체시

시기능이 입체시 요인으로서 연구되기도 하지만 3차원 영상과 관련해서 시기능간의 밀접한 관계가 연구될 수 있다. 시기능간의 밀접한 관계란 앞서 언급한 근견반응 또는 폭주성 조절이나 조절성 폭주이다. 이들은 시기능이 각각 독립해 반응하지 않고 상호 작용한다는 것을 나타낸다. 예를 들면, 폭주와 조절의 상호 작용 관계가 3차원 영상과 관련해서 자주 문제가 된다. 폭주가 고정되어 있는 경우 조절이 반응할 수 있는 범위가 제한되고 거꾸로 조절이 고정되어 있을 경우 폭주반응의 범위가 제한된다[11]([그림 3-6]).

2안식 입체 영상에서 문제가 되는 폭주와 조절의 불일치로 인한 문제는 폭주와 조절 사이의 밀접한 관계 때문에 발생한다. 그림에서 실선은 조절 위치가 일정할 때에 폭주가 반응할 수 있는 범위를 나타낸 것인데, 가로축은 폭주량(미터각, 괄호안은 cm 단위), 세로축은 조절 위치를 diopter로 나타낸 것이다. 예를 들면, 조절 위치가 50 cm(2 D) 일 때에 폭주가 변화할 수 있는 범위는 표시 범위 내에 제한된다. 그리고 이 때의 폭주범위는 양안에 맺힌 상을 융합시키기 위해서 더욱 좁아진다. 시기능 측면에서 3차원 영상의 문제 중 많은 것이 시기능 간의 상호 작용에 관련하고 있다. 일상의 시환경에서 폭주와 조절은 거의 일치하고, 반응량도 거의 같다. 폭주와 조절의 상호 작용은 이러한 자연 시환경에 적응한 시각체계 진화의 결과이다. 한편, 현존하는 다수의 3차원 영상 시스템은 시각 특성의 일부(특히 양안시차)만에 주목해서 입체감을 얻으려 하고 있다. 그 결과, 시각 체계의 특성인 시기능에서의 상호관계 특성과의 정합성을 갖지 못하게 된다. 이와 같은 시각 특성면에서 보더라도 3차원 영상은 자연적인 3D 환경과는 다른 인위적으로 만들어진 것이라고 할 수 있다.

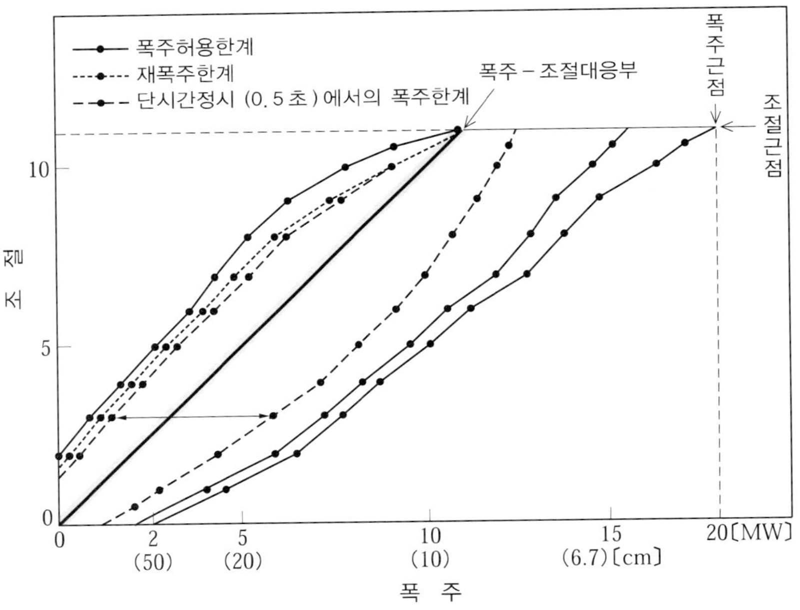

■ **그림 3-6** 폭주와 조절의 대응관계와 허용 범위

주목해야 할 것은 시기능 사이의 관련성이 안정적이고 강한 것이 아니라는 점이다. 이와 같은 특성은 3차원 영상과 시기능의 관계를 연구할 때 주의해야 할 점이다. [그림 3-6]에 나타낸 폭주와 조절의 반응량 관계에서도 실제로는 상당한 허용도가 있다. 또, 폭주의 응시차이(fixation disparity)나 조절에서의 조절 lag 등 시기능의 반응 자체가 일상 속에서도 자극과의 사이에 오차를 허용한다는 것도 고려해야 한다. 그 외에, 근시에 의한 안경 착용자나 조절력이 없는 노안을 가진자 등의 존재는 실생활에서도 폭주와 조절의 관계가 우리의 일생을 통해서 고정되고 안정된 것이라고 할 수 없다는 것을 나타낸다. 3차원 영상과 시기능 간의 상호 작용을 이론적으로 논의하기 위해서는 아직 기초 데이터가 부족하고 실제 측정 데이터가 더 필요한 실정이다.

3.3 시기능에 의한 3차원 영상의 평가

3.3.1 시기능에 의한 3차원 영상 평가의 목적

3차원 영상을 감상할 때 시기능의 계측은,

① 시기능 및 그 사이의 상호 작용 특성을 알아보는 것
② 3차원 영상에서 얻을 수 있는 입체감을 평가하는 것
③ 3차원 영상이 시기능에 주는 영향을 알아보는 것

등을 목적으로 하고 있다.

①은 영상 평가라기보다는 안과학적 또는 시각 생리학적인 연구가 주목적이다. 따라서 실험에 쓰이는 3차원 영상이나 측정 조건은 될 수 있으면 다른 자극이 섞이지 않도록 배려하고, 영상 내용도 단순한 도형인 것이 많다. ②에서는 3차원 영상 감상중의 폭주 또는 조절반응이 계측되고 계측된 값에서 눈의 주시점이나 주시거리 등을 계산하게 된다. ③은 지금까지 알려진 시기능의 특성으로부터 3차원 영상 표시 시스템의 문제점을 추측해본다. 실제로 3차원 영상 감상 중의 폭주, 조절반응 계측이나 관찰후의 폭주나 조절에서의 기능 검사를 한다. 이때 얻은 결과는, 실물 또는 평면 영상에 대한 측정 결과와 비교되고 그 차이에서 3차원 영상 표시 시스템이 시기능에 미치는 영향을 연구하는 경우가 많다.

진행 중인 연구에서의 목적이 위 세 가지 중 무엇인지를 명확하게 구별할 수 없는 경우도 있다. 예를 들면, 입체감을 평가하는 목적으로 폭주 측정을 한 결과는 동시에 시기능의 기본 특성 연구에 이용될 수 있다. 주의해야 할 것은 무엇을 평가하는지에 따라 폭주나 조절의 측정법이나 결과의 해석 방법이 다르다는 점이다. 따라서 불필요한 실험을 하지 않기 위하여 실험 준비 단계에서의 충분한 검토가 필요하다.

3.3.2 시기능의 측정법

(1) 안구운동의 측정법

안구운동 측정법으로 여러 가지 방법이 고안되고 있지만, 영상 평가의 연구에서 비교적 자주 이용되는 것은 각막 반사를 이용한 방법, 강한 막 반사를 사용한 림버스 트래킹(Limbus Tracking)[그림 3-7]), 눈의 전위를 사용한 전기 안진 검사법(EOG, Electro oculography) 등이다[13][14][15]. 3차원 영상 연구에 중요한 폭주 안구 운동의 계측에서는 좌우 안을 각각 독립적으로 계측 하는 것이 필요하다. 또, 폭주의 변화량은 비교적 작기 때문에 폭주량을 정확하게 측정하고 싶을 때는 점도와 감도가 우수한 안구운동 계측 방법을 사용하지 않으면 안된다. 3차원 영상표시 시스템 중에는 감상용 안경이나 고글을 필요로 하는 것이 있고, 이와 같은 안경의 사용 때문에 안구운동 측정이 제한되는 경우도 있다는 점에 주의해야 한다.

코일을 꽂아놓은 콘택트 렌즈를 사용하는 서치 코일법은 점도가 좋다는 측면에서 폭주 측정 방법으로서 이상적이지만, 피실험자에 대해서 침해가 있다[5]. 림버스 트래킹 법은 침해가 없고 비교적 점도도 좋고, 또, 준비에 시간이 걸리지 않는다. 또, 장치를 작게 할 수 있어 고글 등의 장착 조건에서도 측정이 가능하기 때문에 3차원 영상 연구에서 잘 사용되는 방법이다. 그러나, 림버스 트래킹 법은 폭주를 측정할 때에 중요하게 사용되는 양안 출력을 일치시키기 어려운 문제도 있다. 폭주 안구운동은 속도가 비교적 느리기 때문에 비디오 영상에서 영상처리에 의해 안구 움직임을 검출하는 것도 가능하다. 그러나, 안경이나 고글을 필요로 하는 표시 시스템을 사용한 실험에서는 측정이 곤란하다.

측정 점도, 측정 범위, 얻을 수 있는 데이터의 종류 등 측정 방법 각각에 장단점이 있기 때문에, 실험 목적에 맞추어서 안구운동 측정 방법을 선택해야 한다. 일반적으로 안구운동 계측에서는 안구운동 계측기의 출력치와 실제의 안구 운동량 사이의 조절 문제가 있고, 조절의 정확도는 점도에 영향을 준다. 또한, 관찰자의 응시위치가 어디인지를 계측하기 위해서는 각각의 안구운동 계측기가 머리운동을 허용하는지를 고려할 필요가 있다[3][16].

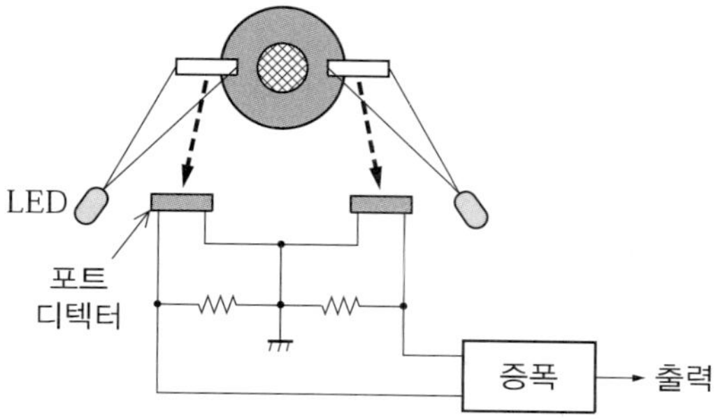

■ **그림 3-7** 림버스 트래킹법에 의한 측정장치

지금까지는 실험할 때 관찰자가 머리를 움직이지 못하도록 머리를 고정시키는 경우가 많았지만 움직임 감지 센서 등에 의해 머리 운동을 계측하고 이를 보정하는 간단한 장치가 출현하면서 최근에는 비교적 자연스러운 상태에서의 안구운동 측정도 가능해지고 있다.

(2) 조절의 측정법

조절의 측정에는 적외선 시력 측정 장치가 사용되고 있다. 이것은 안저(안구 뒤쪽의 그물막 바닥)에 적외선 빔을 입사해 수정체의 굴절력에 의해 변화하는 망막의 반사광을 획득하고 망막과의 공역면의 위치를 측정한다[17]. 동적인 반응을 타각적으로 측정하는 것이 가능하고 점도도 좋다. 자각적, 정적인 반응 측정으로서는 레이저 스펙클 시력 측정 장치[18]등도 사용되고 있다.

영상 평가에 관한 많은 연구에서 적외선 시력 측정 장치가 사용되고 있지만, 실제로 측정광을 동자를 통하여 입사하는 것이 필요하기 때문에 정시 자극에 제한하여 사용된다. 예를 들면, 이동하는 물체의 영상등 큰 안구운동이 발생하는 경우는 동적인 측정이 곤란하다. 또, HMD와 같이 안구를 가리는 고글을 착용한 상태의 감상 조건에서는 측정을 할 수 없다.

(3) 시기능의 동시 측정

안구운동, 조절, 동자반응을 각각 계측하는 장치는 여러 종류가 있고 많은 연구에서 사용되고 있다. 이 중 동자반응의 계측은 동자를 촬영한 영상에서 영상처리에 의한 동자 면적이나 동자 반경을 직접 계산하는 장치가 사용되기 때문에 조절이나 안구운동의 측정기가 눈의 영상을 이용하는 경우에는 동자 해석을 동시에 하는 것이 용이 하게 되어 있다. 그러나, 안구운동과 조절의 동시 계측은 어렵고 현재 몇 가지의 장치가 고안되어 있지만 아직 연구단계이다.

조절, 안구운동, 동자반응을 동시에 측정하기 위해서는 각각의 측정기를 짜맞추게 되지만 측정이 용이하지는 않다. 가장 큰 원인은 조절의 측정법에 있다. 조절을 측정할 때에는 자극 시표와 측정에 사용되는 빛 방향이 같은 축상에 있는 것이 보통인데 이 경우에 피험자의 자유로운 안구운동이 허용되지 않는다. 안구운동을 허용하면서 조절을 측정하기 위해서는 눈의 움직임에 맞추어서 조절 측정광을 움직이게 할 필요가 있다. 따라서 시기능을 동시에 측정하는 경우에 측정 점도가 높지 않다. 또한 이 경우에 장치 전체가 크고 자연스러운 상태에서의 측정이 어렵다는 문제가 있다. 또한 전반적으로 장치의 제한 때문에 다양한 피험자에 대해 사용할 수가 없다. 예를 들어, 안경을 착용한 피험자의 경우에 사용하기 어려운 장치가 많다. 더욱이 굴절 이상 인구가 적지 않은 것을 감안하면 이와 같은 문제는 조급히 해결해야 할 문제이다.

3.3.3 시기능에 의한 평가 방법

폭주나 조절의 반응량은 피험자가 어디를 보고 있는지에 대한 지표이다. 따라서, 폭주나 조절 반응량을 측정하면 3차원 영상 감상시에 피험자의 3차원적인 응시위치를 알 수 있다. 폭주나 조절의 반응량 측정치로 3차원 영상을 평가할 수 있다. 예를 들면, 반응량으로부터 영상에 대한 피실험자의 입체감을 추정하는 것이 이론적으로 가능하다. 그러나 폭주나 조절 및 동자 반응이 여러 가지 요인에서 변화한다는 점이나 이 반응량과 입체 지각 간의 관련성에 대한 경험적인 데이터를 충분히 갖고 있지 않는 현 상황에서 이 평가법은 가능성 수준에 머무르고 있다.

한편, 실물이나 평면 영상에 대한 반응 특성과 3차원 영상에 대한 반응을 비교해서 3차원 영상에 대한 특성을 연구하거나 3차원 영상 감상의 전과 후에 측정을 하고 시기능의 변화를 검토하는 평가 방법도 있다. 예를 들면, [그림 3-8]에서와 같이 조절의 step 반응을 감상 전후에서 측정하고 각 평가량의 변화를 비교함으로써 3차원 영상이 조절에 주는 영향을 알아볼 수 있다. 같은 방법으로 시기능의 평가 지표로 조절의 안정위나 폭주의 안정위, AC/A나 CA/C 등이 사용된다. 이 경우에 특히, 폭주와 조절 사이의 상호 작용에 주목해서 3차원 영상이 평가된다.

그런데, 이러한 비교에 의한 평가 방법에서는 실물이나 평면 영상에 대한 반응이 정상적 반응이라는 것이 암묵적으로 전제되고 있다. 그러나, 평면 영상에 대한 반응은 시기능 면에서 정상인 것이 아니라, 단순히 평면 영상을 자주 봐서 익숙하기 때문에 문제가 없을 수 있다는 가능성이 있다. 실물에 대한 반응과 3차원 영상에 대한 반응이 다른 경우에 그 차이가 과연 시기능 특성에서의 문제인지, 또 3차원 영상 감상 전후의 변화를 시기능 메카니즘에서 어떻게 해석해야 하는지가 아직 명확하지 않다. 따라서, 시기능 평가가 3차원 영상의 유효한 평가법으로 사용되기 위해서는 시기능의 기본 특성에 관한 연구의 축적이 필요하다.

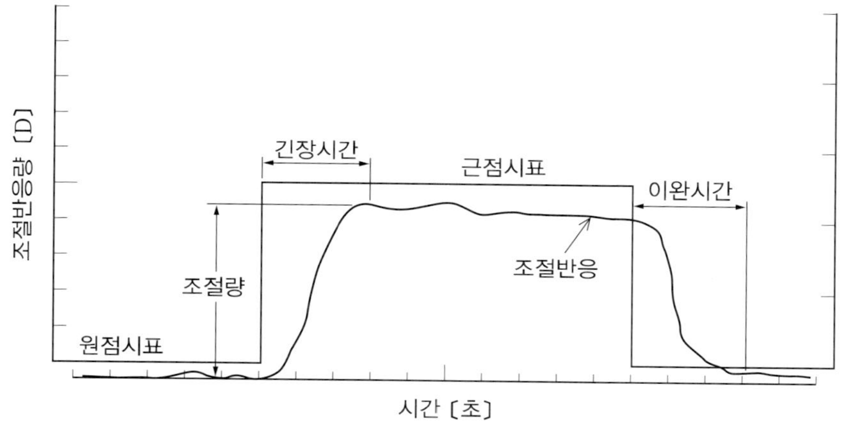

■ **그림 3-8** 조절 step 응답에서의 평가량

3.4 시기능 측면에서 본 3차원 영상 시스템

3.4.1 2안식 입체 영상 표시 시스템

시기능 측면에서 봤을 때 2안식 입체 영상표시 시스템의 특징은, 조절과 폭주에 주는 거리 정보가 일치하지 않는다는 것이다[21][22]. 조절-폭주의 불일치는 이와 같은 시스템에서 큰 문제의 하나로 인식되고 있다. [그림 3-9]에서 보여주듯이 2안식 입체 영상에서는 감상자가 주목하고 있는 영상이 가진 시차(깊이량에 대응)에 대응해서 폭주 운동을 유발하는 자극 거리가 변화한다. 그러나, 영상이 화면에서 떠올라서 지각된다고 해서 실제로 영상의 깊이감이 변화하고 있는 것은 아니고, 영상 그 자체는 표시 화면상에 있다. 따라서, 선명한 망막상을 얻기 위해서는 화면 위치 부근에 조절을 맞출 필요가 있고, 결과로서 조절 자극거리는 일정하고 변화하지 않는다. 보통의 자연시에서는 폭주에 대한 거리와 조절에 대한 거리는 일치한다. 따라서, 2안식 입체 영상표시 시스템의 감상은 부자연스러운 시환경이라고 할 수 있다.

2안식 입체 영상 표시 시스템에서 폭주 운동과 조절 거리 정보의 불일치가 문제되는 것은, 보통 우리가 경험하는 자연시와 다른 시환경에서 큰 위화감이 생길 가능성이 있기 때문이기도 하지만, 시기능 측면에서는 폭주와 조절의 특성에서도 언급하였듯이,

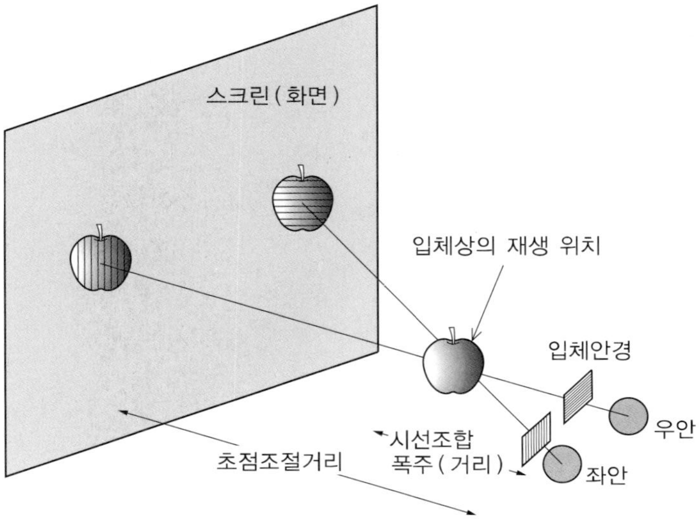

■ **그림 3-9** 양안식 입체 영상 시스템에서의 조절과 폭주의 거리 정보 불일치

① 폭주와 조절은 전혀 독립적으로 반응할 수 없다.
② 폭주성 조절이나 조절성 폭주가 있다.

라는 조절 - 폭주 사이의 상호 작용 특성과의 관련에서 문제가 된다.

이 문제와는 별도로 2안식 입체 영상에서는 좌우의 눈에 들어가는 영상이 다르기 때문에, 한쪽 눈에 보이는 영상에 존재하는 대상이, 다른 쪽 눈에 보이는 영상에는 존재하지 않는 중첩(occlusion)의 문제도 있다. 하지만, 이 현상은 일상의 시환경에서도 창문 너머로 밖을 보는 경우 등에서 일어날 수 있는 일반적인 현상이다.

2안식 입체 영상표시 시스템 감상시의 시기능 측정은 지금까지 여러 번 실험되었으며 실물이나 평면 영상 감상시의 시기능 반응과 2안식 입체 영상 감상에서의 반응이 다르다는 것이 보고되고 있다. 예를 들어, 감상시의 안구운동과 관련해서, 입체 영상으로 표시된 가상시표에 대한 폭주반응이 실시표의 폭주반응과 차이를 보이거나[23], 감상시의 동향 안구운동이 무너지는 빈도가 평면 영상에 비해 입체 영상에서 많다[24]는 보고가 있다. 이러한 연구결과들은 폭주와 조절간의 거리정보 불일치가 양반응계에 영향을 줄 가능성을 시사한다.

조절에 대한 직접적인 자극(거리의 변화)이 없는 2안식 입체 영상이지만, 입체 영상 감상 중에 조절 반응이 나타난다는 것이 보고되고 있다[25]~[28]. 그 반응량은 좌우상의 간격 즉, 입체 영상의 화면에서의 깊이 거리가 작은 범위에서는 입체 영상의 재생 위치가 커지면 포화 현상이 일어나고 그 정도가 안구의 초점 심도에 반응하는 [25] 등 입체 영상의 정시 위치에 의존하거나 축동반응(동자수축)과 관련이 있음을 시사한다([그림 3-10]).

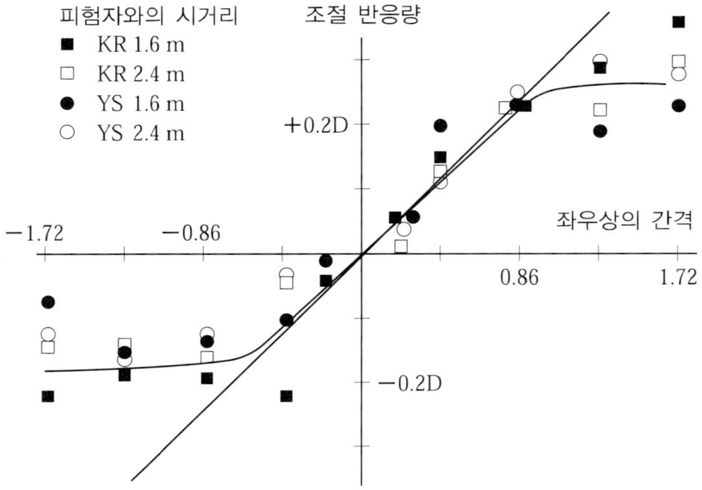

■ **그림 3-10** 2안식 입체 영상 감상 중의 조절 변화량

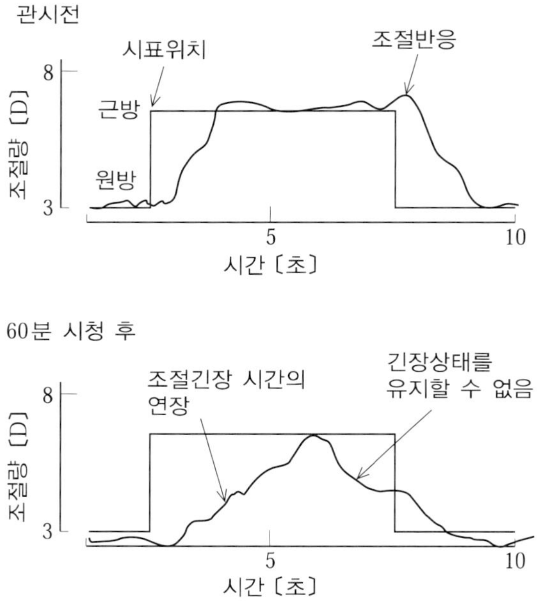

■ **그림 3-11** 양안식 입체 영상 감상 후 조절의 step 응답 변화

이러한 2안식 입체 영상 감상시의 조절 반응은, 입체 영상에 응시함으로써 융합성의 폭주 반응이 일어나고, 이에 따라 폭주성 조절이 유발된다고 생각된다. 또, 조절 반응이 커지면 표시면과의 차이에서 오는 망막상 흐림을 동자 수축에 의한 초점 심도 제어로 보충하는 경향이 있는 것으로 추측된다.

2안식 입체 영상표시 시스템 감상이 시기능에 미치는 영향은 [그림 3-11]에서와 같이 감상 후에 step 응답에 대한 조절 속도 변화가 나타나고, 그 조절 속도 변화의 정도는 영상에 포함된 양안시차가 증대함에 따라서 커진다[21][29]. 이 연구 결과로부터 입체 영상이 눈에 부담이 된다는 결론을 내릴 수는 없지만, 입체 영상이 눈의 조절 기능 측면에서는 평면 영상이나 실물체와는 다른 자극인 것은 확실하다.

2안식 입체 영상표시 시스템에서의 거리 정보 문제를 해결하는 방법으로 몇 가지가 제안되고 있다. 그 중 하나는 사용자의 폭주 안구 운동을 계측하고 폭주 위치에 연동시켜서 스크린의 위치를 전후로 이동시키는 시스템이다[30]. 이 시스템에서는 사용자가 양안의 시선을 맞춘 위치에 스크린이 존재할 수 있게 제어를 하기 때문에, 조절과 폭주의 거리 자극은 일치한다. 이와 같은 시스템은 시기능면에서는 기본적으로 문제를 유발하지 않는 것으로 추측되지만, 그 효과의 정도는 실제의 시기능 측정을 통하여 명확하게 할 필요가 있다.

3.4.2 헤드 마운트 디스플레이(HMD)

시각계에서 본 HMD의 문제점은,

① HMD 고유의 문제
② 입체 영상 고유의 문제
③ 가상 현실감(Virtual Reality : VR)에 따른 문제

세 가지로 분류할 수 있다[31]. ②는 2안식 입체 영상의 표시 시스템으로 HMD를 이용한 경우이고, 2안식 입체 영상 시스템(3.4.1절)에서 말한 것과 동일한 문제가 있다. 또, ③은 VR시스템 등에서 기술하는 멀미가 나는 것과 비슷한 증상 등을 의미한다.

시기능 측면에서 본 HMD 고유의 특징은, 눈앞에 표시 소자와 그 상을 적당한 크기, 위치로 보여주는 광학계가 양안에 각각 들어 있다는 것이다. 따라서, [그림 3-12]에서와 같이 HMD에는 상의 초점 위치, 상의 비뚤어짐 등의 문제나 이것들이 양안에서 차이가 있다는 문제, 시선과 광축이 일치하지 않는 등의 문제가 있다.

초점 위치나 상 비뚤어짐 정도가 양안에서 차이가 있다는 문제는 안경 사용과 관련해서도 논의되고 있는 문제이고 시각 피로의 원인이 될 가능성이 충분히 있다. HMD 광학계의 조정은 사용자마다 필요하지만, 사용자 자신의 적당한 조정을 기대하기는 어렵다. 이러한 점에서 HMD는 TV 모니터보다는 오히려 쌍안경이나 쌍안 현미경등의 광학제품과 비슷하다.

렌즈 광학계를 통해서 대상의 허상을 볼 경우의 특징으로서, 기계 근시라고 부르는 조절이 근방으로 약간 다가오게 되는 현상이 일어난다. HMD에서도 기계 근시가 일어날 가능성은 크고, 적절한 시도 조절을 어렵게 하는 요인이 된다고 할 수 있다. 시기능 측면에서 HMD 설계시에 고려되어야 하는 점으로서 HMD가 가진 좌우 광학계 사이의 각도(광학계 폭주각)와 허상으로서 스크린 위치와의 관계가 있다. HMD에서 영상은 허상이 되지만, 그 위치는 눈앞에 있는 HMD 광학계의 렌즈 굴절률에 의존한다.

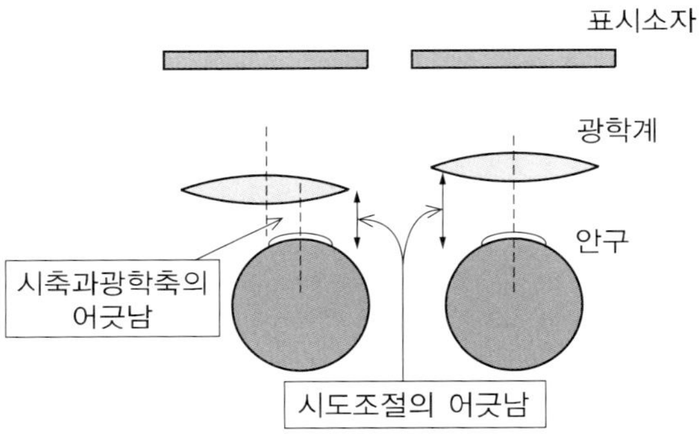

■ **그림 3-12** HMD에서의 양안 광학계

시각계에서 보면, 이 위치에 초점 조절을 행하는 것이 적당하고, 조절기능에 대한 거리 정보가 된다. 한편, 좌우 광학계의 폭주각에 의해 좌우안 시선 방향의 대응이 어느 정도 한정된다. 예를 들면, [그림 3-13]에서와 같이 광학계 폭주각의 설정에 따라서 영상의 응시점과 좌우안을 연결한 선이 스크린 위치와는 다른 위치에서 교차하는 경우가 있다. 이 시선교차 위치는 폭주 안구운동에 대한 거리 정보를 주게 된다. 따라서, [그림 3-13]의 경우 시각계에 주어진 거리 정보가 일치하지 않는다라는 2안식 입체 영상에서의 문제점과 비슷한 상황이 발생한다.

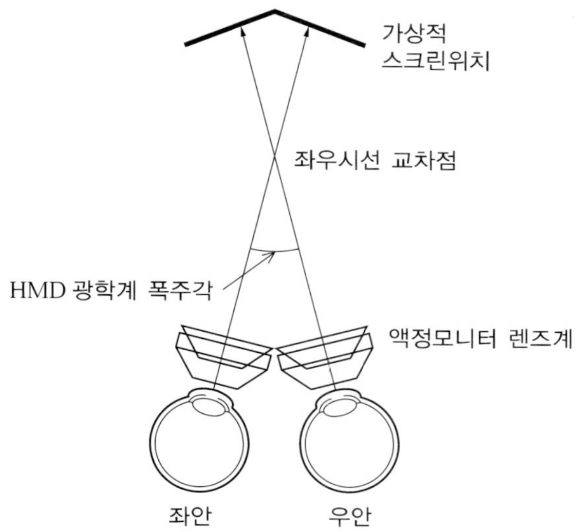

■ **그림 3-13** HMD에서의 광학계 폭주각과 스크린까지의 광학거리

실제로 폭주의 자극은 영상 내용에도 의존하고 단순히 광학계 폭주각 만으로는 결정되지 않지만, 렌즈에 의한 광학거리도 포함해서 고려해야 되는 문제이다. HMD에서는 광학적인 관계가 어느 정도 고정되어 있기 때문에, 시거리를 바꾸거나 눈을 돌리는 등 보통의 텔레비전 감상시에서는 용이한 표시면까지의 광학거리를 변화시키는 것이 HMD 착용시에는 할 수 없다. 즉, 고정된 위치에 조절이나 폭주를 항상 맞추는 것이 요구된다. 이와 같은 감상 상황을 장시간 계속하는 것은 VDT(Visual display terminal) 작업등에서처럼 장시간 스크린에 가깝게 작업을 할 때 발생하는 문제와 비슷한 문제를 유발한다. 조금이라도 사용자의 부담을 경감시키기 위해서는 시기능면에서 적절한 광학 거리가 얼마인지 연구할 필요가 있고, 또, 이것들이 HMD 설계 단계에서 고려되어야 한다.

HMD 감상과 관련된 실험 결과[31]에서는, HMD 착용 상태에서 2시간 감상한 후의 시기능에 전체적으로 큰 변화는 나타나지 않았지만, 일부 원시화의 경향이 보이거나, AC/A가 저하되는 등 보통의 TV화면과는 다른 경향이 관찰되고 있다. HMD 영상으로서 2안식 입체 영상을 정시한 경우에는 그 경향이 더욱 강해져서 시기능에의 영향이 있는 것으로 판단된다. 그러나 HMD와 관련해서 절대적인 실험 연구가 적고 인과관계 등이 명확하게 밝혀지지 않은 점 등이 있기에 추가적으로 많은 실험이 필요하다.

3.4.3 그 외의 3차원 영상 표시 시스템

홀로그래피(holography)의 원리는 시각계의 입체시 요인을 이용한 3차원 표시 방법이라기 보다는, 실제의 빛을 재생함으로써 3차원 표시를 가능하게 하는 것이다. 따라서, 시기능면에서는 실생활에서의 환경과 같고, 바로 이 점에서 이상적인 방법이라고 할 수 있다. 3차원 표시 시스템으로서 홀로그래피의 큰 과제는 제작이나 표시 방법의 어려움이다.

시차가 다른 여러 장의 영상을 안구에 입사시키는 다안식 디스플레이에서는 시차 영상수가 많아지면 망막상의 다중상이 흐림으로 지각되고, 그 결과, 조절을 유도할 가능성이 있다[32]. 하지만 다안식 디스플레이를 감상할 때의 조절 및 폭주를 계측한 연구가 없기 때문에 시기능면에서 명확한 것은 밝혀져 있지 않다. 다안식 디스플레이 역시 현재까지는 표시 기술에 대한 문제가 많다.

따라서, 2안식 입체 영상 표시 시스템이나 HMD 이외의 입체 영상 표시 시스템에 관해서는 현 상태에서는 표시 시스템의 기술적인 과제가 연구의 중심이고, 시기능면에서의 문제가 그다지 연구되지 않고, 실험 결과 보고도 거의 없다.

한편, 평면 영상에 대한 심리적인 깊이감 시표로서 시기능을 이용한 실험이 몇 가지 보고 되어 있다. 예를 들면, 평면 영상에서는 깊이 방향의 명확한 자극이 없어서 폭주 운동이 거의 일어나지 않는다고 생각되지만 실제로는 전후에 물체가 이동하는 동영상처럼 입체감이 강한 영상에서는 영상 정시 직후에 폭주 운동의 발생이 관찰되고 있다[22].

폭주 운동 발생 후 얼마 있으면 곧, 표시면 상으로 돌아오니까 외적인 자극에 대한 직접반응 이라기보다는 깊이감 등의 심리적인 요인에 의한 대응이라고 판단된다. 마찬가지로 깊이감이 강한 평면 영상에서는 조절 반응이 일어난다.

이와 같은 조절 반응은 크기 변화, 밝기 변화[33], 운동시차 또는 주관적인 깊이감[34]([그림 3-14]) 등에 의해 유발되고, 폭주 운동과 함께 영상에서 경험되는 입체감에 대한 객관적인 평가법으로 이용되고 있다. 하지만 평면 영상에 대한 조절 반응이나 폭주 운동이 영상 정시 방법과 개인에 따라 차이가 크고 깊이감과의 관련도 불명확한 측면이 있다. 따라서, 이들을 단순히 영상이 주는 입체감의 타각적 측정법으로 연결시키는 것은 현 상태에서는 어렵고 추가적인 경험적 연구가 필요하다.

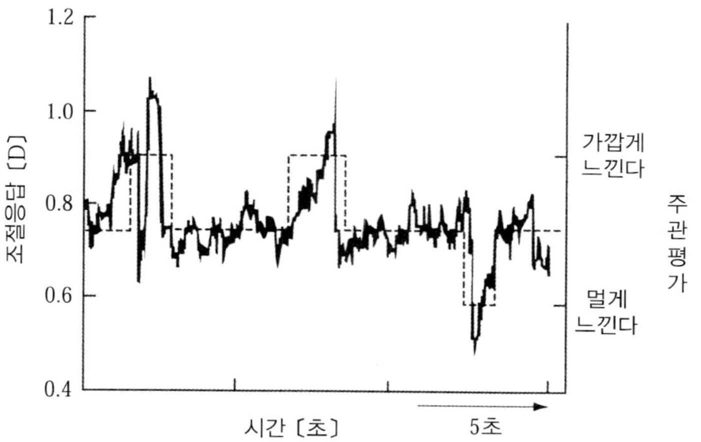

■ **그림 3-14** TV프로에 대한 조절 응답의 예

3.5 연구 현황과 이후의 과제

3.5.1 연구 현황

본 장에서는 폭주와 조절을 중심으로 시기능 측면에서 본 여러 가지 3차원 영상의 특징 및 그것들이 시기능에 주는 영향을 논의하였다. 앞서 기술하였듯이 시기능은 시각계 최초의 반응이고 생리 기능이기 때문에 3차원 영상이 시기능에 주는 영향을 검토하는 것은 실용적 측면에서도 매우 중요하다. 안과학 또는 생리광학에서의 연구 데이터등도 고려하면서 시기능면에서 3차원 영상을 평가하는 것은 이후에도 중요한 연구과제가 될 것이다.

3차원 영상이 시기능에 주는 영향에 대해서는 지금까지 많은 연구 보고가 있다. 그러나, 어떻게 보면 문제점의 지적만으로 머무르고 실제 실험이나 측정에 의한 연구 논의가 너무 적다고 판단된다. 시기능 특성에 근거해서 3차원 영상의 영향을 어느 정도는 예측할 수 있지만 실제로 어떻게 되어 있는지는 인간 피험자를 대상으로 한 실험을 통해서 비로소 알게 되는 것이다. 예를 들면, 2안식 입체 영상 시스템에서는 조절과 폭주의 거리정보 불일치가 문제로 지적되고 있다. 그러나, 이것은 언제까지나 이 상황이 자연시에서는 그다지 경험되지 않는 상태인 것을 이유로 문제의 가능성을 지적하는 것일 뿐이다. 정말로 문제가 있는지는 인간을 대상으로 한 실험으로는 충분히 검증되지 않았다. HMD 시스템에 관해서도 새로운 시스템이기 때문에 실험적인 검증은 아직 적다. 실험적인 데이터를 이용한 검토가 더욱 필요하다.

시기능 측면에서 본 3차원 영상 시스템의 연구과제는 실제로 3차원 영상을 감상하고 있을 때의 시기능을 계측하는 실험을 지속적으로 수행하여 시기능이 어떻게 반응하고 어떤 영향을 받고 있는지를 여러 가지 3차원 영상을 대상으로 연구하는 것이라고 할 수 있다.

3.5.2 이후의 과제

3차원 영상이 시기능에 미치는 영향을 실험적으로 연구할 때에 몇 가지 과제가 있다. 여기에서는 측정 방법의 과제, 평가 방법의 과제, 피실험자나 감상조건 등 실험 조건에 관한 과제에 관해서 논한다.

(1) 측정 방법에 관한 과제

우선, 시기능 측정과 관련해서 3차원 영상을 평가할 때에는 3차원 영상 시스템을 일상적으로 볼 때의 감상 조건과 가능한 한 유사한 상태에서 실험을 하는 것이 바람직하다. 그러나, 현재의 측정기 특히 조절 측정에 쓰이는 적외선 시력 측정 장치 등은 감상에 제한이 큰 측정기이다. 또, 안경 착용자에게 적당하지 않은 것처럼 피실험자를 제한하는 장치나 장시간 측정에 적당하지 않은 측정기도 있다. 자연스런 감상 조건에 가까운 상태에서 측정이 가능한 측정기의 개발이 바람직하다. 또, 시기능면에서 3차원 영상의 특성을 알아보기 위해서는 조절, 안구운동, 동자반응의 3요소를 동시에 측정할 수 있는 측정기가 반드시 필요하다.

(2) 평가 방법에 관한 과제

측정에 의해 얻은 결과를 평가하는 방법과 관련해서도 과제는 많다. 3차원 영상의 평가에는 실물이나 평면 영상에 대한 반응특성과 3차원 영상에 대한 반응을 비교해서 3차원 영상에 대한 특성을 논의하거나 또는 3차원 영상 감상의 전후에 측정을 하고 시기능의 변화를 검토하는 평가 방법이 잘 사용된다. 그러나, 결과로서 얻은 변화를 3차원 영상이 시기능에 주는 영향이나 부담이라는 관점에서 평가하기에는 시기능에 대한 지식이 아직 충분하지 않다. 따라서, 시기능의 반응만으로 3차원 영상이 감상자에게 어떤 효과를 주었는지나 부담을 주는지 등의 평가는 추측의 수준을 벗어나지 않는다. 시기능의 기초적 연구를 진행하면서 다른 생리 반응이나 정성적 평가와 연계된 평가 방법의 검토가 필요할 것이다.

평가 방법에서의 과제로서 자극에 관한 과제도 있다. 3차원 영상에 대한 시각계 반응은 자극의 내용이나 정시 방법에 따라서 쉽게 변화한다. 연구에서 자극조건이 다르면 다른 연구와의 비교가 어려워진다. 바로 이 점에서 3차원 영상을 평가하기 위한 표준적인 자극을 정하는 것은 영상 평가 연구 전체의 추진에 매우 중요한 항목이 된다.

(3) 실험 조건에 관한 과제

실험 조건과 관련해서는 다양한 조건에서 실험을 수행하는 것이 과제이다. 3차원 영상을 실용적인 관점에서 평가하기 위해서는 다양한 피험자를 대상으로 실험을 실시하는 것과 장시간의 영상 감상을 실험 할 필요가 있다. 현상 연구는 대부분 시기능 정상자를 대상으로 하게 된다. 하지만 굴절 이상자나 노령자 역시 인구통계학적으로 무시 할 수는 비율이다. 예를 들면, 노령자에서는 일부 시기능의 저하를 보충하는 반응이 나타나기 때문에, 시기능 정상자와는 다른 반응을 나타낼 수 있음을 충분히 예상할 수 있다. 여러 다양한 사람이 3차원 영상을 볼 가능성이 있기 때문에 다양한 피험자를 대상으로 한 연구는 이후 매우 중요하게 될 것이다. 또, 3차원 영상의 영향은 장시간 감상에 의해 처음으로 현저하게 나타날 가능성도 많은데 장시간 감상에 따른 문제를 어떻게 해결해야 하는지도 중요한 과제가 된다.

Chapter

04

3차원 영상과 시각부담

4.1 시각 피로의 생리

4.1.1 피로에 대해서

피로는 무거운 물체의 운반 등 근육 작업시에 보이는 근육 피로(muscle fatigue)와, 시각 작업이나 정신 작업에 따르는 일반 피로(general fatigue)[1]로 나누어서 생각할 수 있다. 「피로」라는 누구나 인지 할 수 있는 '단어'의 내용과는 대조적으로 시각 피로 등 일반 피로의 메카니즘에 대해서 과학적으로 기술하는 것이 현재 우리의 지식으로는 불가능에 가깝다. 시각 피로의 본질은, 물질 대사의 과정으로서 이해할 수 있는 근육 피로와 비교해서 대단히 복잡하다. 그러나, 시각 피로에 관계한 연구는 매우 중요하고 이전부터 활발하게 연구되고 있고, 이 분야에서 많은 연구성과가 있다[2][3].

컴퓨터 단말기 앞에서 작업하는 사람들의 스트레스나 건강 문제가 1970년대 후반부터 사회적으로 주목을 받은 결과로서, 이 방면의 연구에 관한 국제적인 학술대회가 개최되는 등 크게 진전되고 있다[4]. VDT(visual display terminal) 작업이라고 부르는 업무 형태가 현재 이미 일반화되었는데, 많은 사람이 VDT 작업자라고는 의식하지는 않지만 일상의 일을 VDT 기기를 이용해서 수행하고 있는 것이 현 상황이다. 또, SOHO(small office home office)나 telework라고 부르듯이 정보 기기를 다방면으로 이용하는 형태로 산업구조가 변화하였다. 정보기기 이용에서 가장 중요한 휴먼 인터페이스의 하나는 모니터용 디스플레이이고, 정보기기 이용의 양면성으로써 시각계에서의 과도한 부담에 대해 고려하는 것이 필요하다. 또, VR 기술의 보급 등으로 인한 시각계나 중추 신경계로의 부담이 증가하는 것에 주목해야 한다. 산업 위생학이나 인간공학(ergonomics) 영역을 포함해 지금까지 수행되었던 연구성과와 함께 시각 피로 계측의 역사와 현상에 대해서 소개하고자 한다.

4.1.2 피로 측정의 역사

지금부터 50년 이상 전에 일본에서 『피로 판정을 위한 기능검사법』[5]이 진행되었다. 이 책의 서문에서 「피로란 …, 체험적 현상이다. 따라서 그것은 평정할 수는 있지만(evaluate), 측정할 수는 없다(measure)」라고 편저자는 기술하고 있다. 피로 연구에 오래 종사한 전문가에 의해 피로는 측정할 수 없다는 것이 이미 결론지어진 것이다. 이것은 『피로의 연구』를 저술한 저자에 의해서도 지적되고 있고, 「피로 그 자체는 측정 대상이 되지 않고, 주관적인 느낌이고, 객관적으로 측정되는 여러 가지의 현상, 작업 내용의 변화 등을 토대로 해서 추상화된 개념」이라고 기술하고 있다[6]. 즉, 피로 그 자체는 측정할 수 없고 생체현상을 측정하고 해석하여 거기에 피로하기 전의 비교치와 차이가 있으면 개념으로서 피로의 존재를 생각하자는 것이다.

부연 설명하면 피로조사로서 주관적인 피로의 상태를 질문지나 설문조사 등으로 자가 피로 상태를 알아보는 방법이 있다. 일본에서 널리 이용되고 있는 대표적인 조사표는 30항목의 질문으로 구성되어 있는 『자각피로상태조사』(일본 산업 위생학회 산업 피로 연구회)[3][7]이다. 이 책에서는, 이러한 주관적인 피로 호소를 분석하는 방법과는 별도로 시각 피로를 측정하기 위해 지금까지 사용해 왔던 생리적인 방법에 대해서 기술한다.

4.1.3 시각 피로와 관련한 생체 측정

시각 피로의 측정과 관련한 서적[5]에서 피로 판정을 위한 시기능 검사로서 상세히 기술되어 있는 항목과 개념을 열거하면 다음과 같다.

▷ 시력

2시간에 걸쳐 시력을 지속적으로 측정한 결과 시력이 저하하는 것을 확인하였다. 피로검사로의 응용에 이용되고 있다.

▷ 시야

보통의 안과적 시야 측정과는 달리 명멸하는 빛의 값(CFF 값, 플리커 값)을 중심시와 주변시로 측정해서 비교한다. 산업 장면에서 모니터링 작업 등 주변시의 중요함을 고려한 측정이다.

▷ 근점거리

깨끗하고 명확하게 볼 수 있는 가장 가까운 거리를 근점으로 해서 측정하고 작업개시 후의 근점 단축과 그 후의 연장을 데이터로서 나타냈다. 근점이 연장되기 시작할 때를 피로 발현시기로 하고 있다.

▷ 각막 지각

링겔액에 담근 면사를 전극으로 하여 각막에 접촉해 통하는 전류에 의해 생기는 이상감을 단서로 각막 지각의 역치를 정량적으로 측정한다.

▷ 명멸 지각

플리커 빛의 임계융합 빈도를 계측하고 이 값의 저하가 중추피로 판정에 유용하다는 것을 많은 데이터에서 경험적으로 나타내고 있다. 근육피로나 정신피로 모두 이용 가능하다고 한다.

▷ 모또가와식 전기 섬광법

양안 외측에 매치되는 전극에 전류를 통하여 깜박거리는 감도를 측정한다. 피로에 의해 감도가 저하하고 역치로서의 전류 감도가 증가한다.

▷ 블링크 값

회전 원반상의 도형을 인식할 수 있는 최대의 회전 속도를 측정하고 깜박거림을 빈번히 반복했을 때 이 값이 상승한다. 이것을 블링크 값이라고 하고 중추신경계 및 근육골격계 피로의 지표가 된다고 한다.

▷ 눈의 깜박거리는 빈도

여러 개의 장면에서 깜박거리는 운동을 기록하고, 전반적 피로 검사법으로서 깜박거림 도수의 측정이 도움이 될 수 있는 가능성을 소개하고 있다.

이상에서 기술한 피로 판단을 위한 시기능 검사 방법으로 기재되어 있는 측정 내용은 오랜 기간 연구자에게 일반적으로 이용되고 있는 것이다. 그 동안, 눈에 띄게 진전한 측정 기술의 향상과 VDT 작업의 등장 등 산업구조가 변화함에 따라 시각피로 평가의 중요성이 현저하게 증가했음에도 불구하고 피로평가 기술의 본질에 큰 변화가 없는 것은 매우 특이하다. 추상화된 개념으로서의 「피로」를 평가하기 위해서는 주관적인 자각 증상을 포함해 많은 생리적 지표에서 다차원적으로 측정하는 것이 필요하다고 판단된다.

4.1.4 산업 현장에서의 시각 피로

1970년대 후반에는 급속도로 VDT 기기가 직장에 도입되고, 이것을 취급하는 작업자의 안전이나 건강 장해에 대한 많은 연구과제가 있었다. VDT 기기에서 방사되는 전자파가 건강에 미치는 영향이나 부적절한 키보드나 디스플레이에 의해 유발되는 근육 골격계의 장해나 시력피로 등 많은 작업자가 호소하는 불편이 사회적으로 문제가 되었다. 따라서, VDT 작업의 인간공학을 과학적으로 논의하기 위해 1980년 3월에 이탈리아 밀라노에서 처음으로 국제회의가 개최되었다[4]. 이 회의에서 스웨덴의 인간공학자 Ostberg는 시각 피로의 객관적 평가 기준에 관한 논문을 발표하였다[8]. Ostberg는 논문발표 시기까지 수행되었던 연구결과를 총괄하여,

- 문장을 읽는 속도와 이해력
- 시선 이동의 정확함
- 동자 직경
- 깜박임 율
- 눈부심에 대한 감도
- 암순응 시간
- 플리커 값
- 근시화의 정도

등이 시각 피로의 객관적 평가 지표로서 검토되었다고 보고하였다. 이 보고에서 Ostberg는 피로 평가의 연구에서 가장 유망한 것은 눈의 굴절력을 측정하는 것이라고 결론지었다. 실제, VDT 작업의 부담과 피로를 객관적으로 평가할 때 가장 빈번하게 이용되고 있는 것은 초점 조절 기능이다.

한편, 일본에서 VDT 작업의 연구를 노동위생학적 관점에서 총괄한 논문이 정리되어 있다[9]. 이 논문에 의하면, VDT 작업에서 생기는 피로를 고유하게 평가할 수 있는 유일한 지표는 없다고 결론지었다. 또, 동시에 피로의 자각증상에 대응하는 생리적 지표도 거의 없다고 하였다.

지금까지 수행해 온 많은 연구에서는 시각부담이나 피로를 평가하기 위한 기능검사 방법으로서 시력, 굴절, 조절, 안위, 양안시, 안구운동, 동자운동, 시야, 색각, 광각, 플리커 값, 안압, 눈 깜박임, 눈물, 상흐림 등이 이용되어 왔다. 이것 들 중 생체 데이터 측정과 처리 기술에서 현저하게 진전을 보인 초점 조절, 안구운동, 동자운동과 전통적으로 피로 계측에 이용돼 왔던 플리커 값(CFF)에 대해서는 다음에 기술한다.

(1) 초점 조절

초점 조절은 인간 공학이나 노동 안과학의 연구 영역에서 최근 가장 많은 성과를 보인 시각 기능의 하나이다. 독서나 근시 작업을 계속했을 때 등 눈이 피곤하기 시작하면 가까운 것이 보기 어려워지는 경험을 할 때가 있다. 이렇게 시각 피로의 평가지표로서 가장 적당하다고 생각되는 것이 눈의 굴절력 감소인데, 일과성 조절 기능 장해에 관한 많은 보고가 있다. 원방에서 근방으로 거리가 다른 시표를 주시할 때의 초점 조절은 조절 지연 시간, 조절 긴장 속도, 조절 응답량 등 몇 가지 특성치로서 정량화할 수 있다. 굴절력 변화를 타각적으로 검출해서 기록한 초점 조절 응답의 예를 [그림 4-1]에 나타내었다.

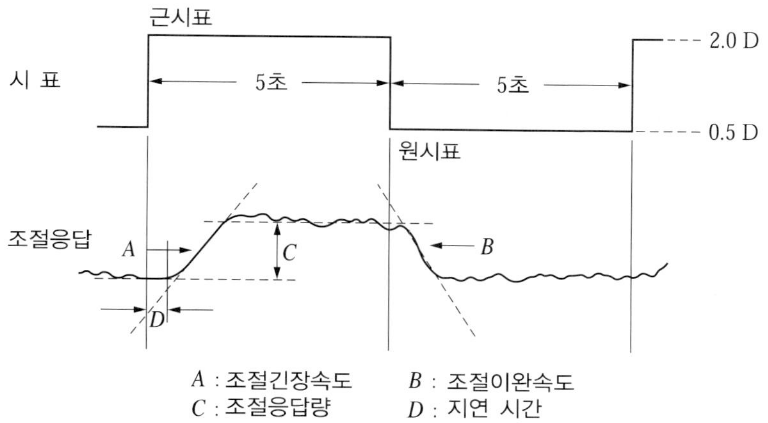

■ **그림 4-1** 눈의 초점 조절 응답 기록 예

조절의 측정 방법이나 측정치에 대한 해석 방법은 지금까지 몇 가지가 제안되어 있다. 근점거리 측정 등은 실제 필드 조사 등으로 적용할 경우를 생각했을 때 매우 간편하고 우수한 방법이다. 조절 측정 및 평가와 관련해서 고려해야 할 것은 다음과 같다.

조절력은 연령 증가에 따른 효과가 가장 선명하게 나타나는 생리 현상이고 피로의 영향과 연령 증가에 의한 기능 쇠퇴의 구별이 어렵다. 예를 들면, 시각 피로가 조절 응답에 미치는 영향이 가장 강하게 나타나는 피험자들은 30~40대이다. 30대 미만이나 50대 이상의 경우는 그다지 큰 응답 특성의 변화가 나타나지 않는다. 즉, 시각 피로 평가의 지표로서 연령에 따라서 때로 검출 감도가 낮아지고 상태가 나빠지게 된다.

[그림 4-2]는 시거리 2 m와 50 cm에 배치한 원근 시표를 서로 어긋나게 보고 있을 때의 조절 응답을 20, 30, 50대에 대해서 기록한 것이다. 30대에서 이미 조절기능이 눈에 띄게 쇠퇴하고 있는 것을 알 수 있다.

조절 기능에 대한 피로의 영향을 [그림 4-3]에 나타내었다. 그림은 20~30대의 VDT작업자에 대해서 작업전(실선)과 1일의 작업후(점선)의 조절 응답을 중첩시킨 기록이다. 각각의 기록은 10명의 평균치이다. 그림 중에 화살표로 나타내었듯이 1일의 시각 작업 후에는 작업 전에 비해 원시표에서는 보다 가깝게 근시표에서는 보다 멀게 조절되고 있고, 두 가지 굴절 값의 차이로 나타나게 되는 조절력이 감소하고 있는 것을 알 수 있다. 또, 동일한 사람이라도 시야각이 크고 밝아 보기 쉬운 경우에는 핀트 조절의 속도 즉, 조절 긴장 속도가 빠른 것이 실험적으로 확인되었다. 따라서, 생리적 지표로서 조절 긴장 속도를 이용할 수 있다.

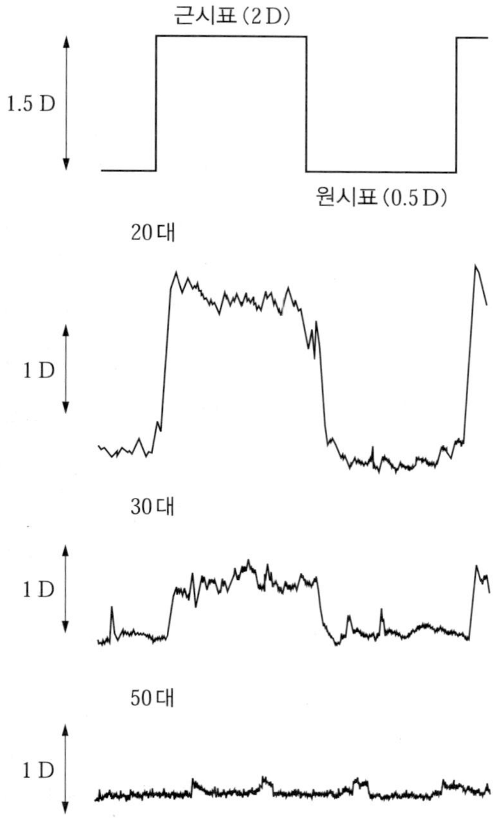

■ **그림 4-2** 초점 조절 응답과 연령 증가에 따른 영향

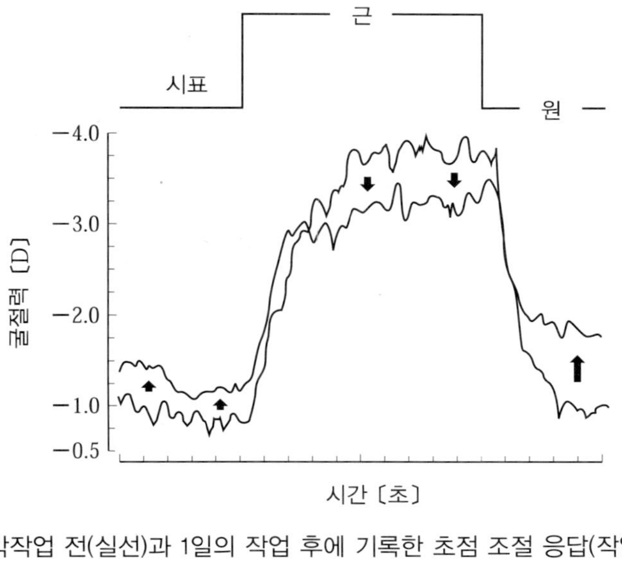

■ **그림 4-3** 시각작업 전(실선)과 1일의 작업 후에 기록한 초점 조절 응답(작업 후에 조절력의 감소가 선명하게 확인된다.)

조절 기능 평가 방법으로서, 자각적 검사와 타각적 검사가 있는데, 측정 방법이 표준화되어 있지 않다. 측정 원리로서 시표의 자각적 흐림을 검사하는 방법과 망막에서의 반사광을 이용해서 눈의 굴절력을 계측하는 타각적인 검사법인 적외선 시력 측정 장치 이용 방법의 2종류가 있다.

[그림 4-4]는 안과 검사 기계로서 자동 반사계라고 부르는 적외선 시력 측정 장치를 이용해 외부 시표를 주시하고 있을 때의 조절기능을 측정하고 있는 실험장면이다. 노동위생학이나 산업의학 영역에서는 전통적으로 전자가 측정기로 이용되어 왔지만 최근 안과학 영역을 비롯하여 여러 분야에서 후자가 이용되는 경우가 많다. 이 두가지 측정치는 조건에 따라 일치하지 않을 때가 있고 상이한 기능을 평가하는 경우도 있는 것으로 판단된다[10][11]. 다른 측정 내용의 예를 들면, 「조절 긴장 속도」라는 용어로 기술되고 있는 것에 주의할 필요가 있다.

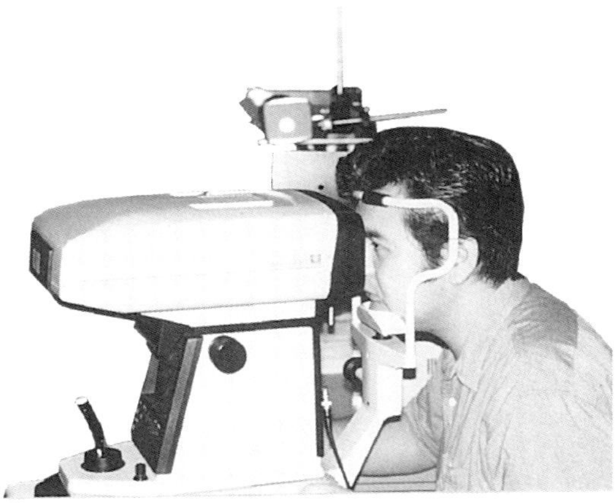

■ **그림 4-4** 조절력의 측정

(2) 안구운동

사람의 안구는 6개의 외안 근육을 이용하여 움직이게 되어 있다. 외안 근육에는 1개의 기본 신경 섬유가 지배하는 근섬유의 수가 적고, 또, 풍부하게 혈액이 공급되는 등 목표로 정확하고 빨리 시선을 향하기 위해 안구 운동의 특성을 향상시키는 여러 가지 구조가 있다. 이에 따라, 장시간의 안구운동으로 부담을 준 후에도 단속성 안구운동, 즉, 사카드(saccade) 빈도의 큰 변화는 보이지 않았다. 5시간의 시표 추적 부하를 주었을 때 사카드를 측정한 결과, 운동의 정확성이나 빈도에 변화가 보이지 않는다는 실험 결과를 [그림 4-5]에 나타냈다. 시각 20°의 사각형 모퉁이에 놓인 시표를 최대 시선이동 속도로 추적하게 하였는데, 문자 변별을 하면서 최대 속도로 추적한 결과를 6명의 평균치로서 그림으로 나타냈다. 이 실험에서는 시간 경과에 따라 피로 자각 증상의 호소는 강하게 나타났지만 사카드 특성에 통계적으로 유의미한 변화는 보이지 않았다.

이와 같이, 눈을 움직이게 하는 외안 근육에는 피로 특성이 거의 보이지 않았다. 바꿔 말하면, 안구 운동에 근피로는 없고 중추성 정신 피로가 존재한다. 장시간의 시선 이동 부하시에 사카드의 변화가 없고 다음의 운동에서는 사라지는 경우가 많다. 그러나, 자각적인 피로의 호소는 대단히 강하다. 쉽게 피로해 지지 않는 외안 근육의 생리적 특징으로 인해 과도한 시각 작업을 계속하게 되고 이것이 결국 정신적 작업부담 등 많은 노동 위생상의 문제를 일으킨다고 판단된다.

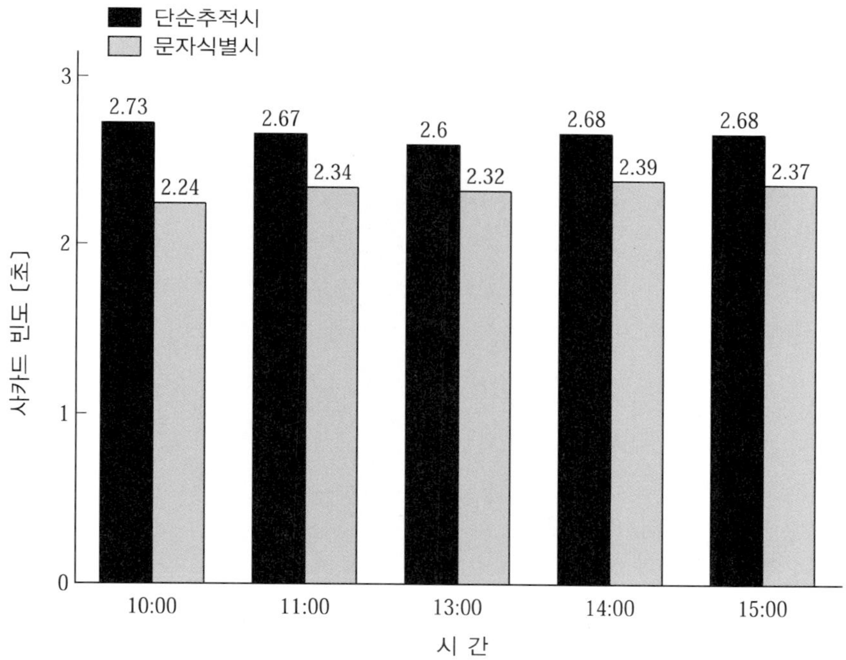

■ **그림 4-5** 5시간의 시표 추적 부하와 사카드의 최대빈도

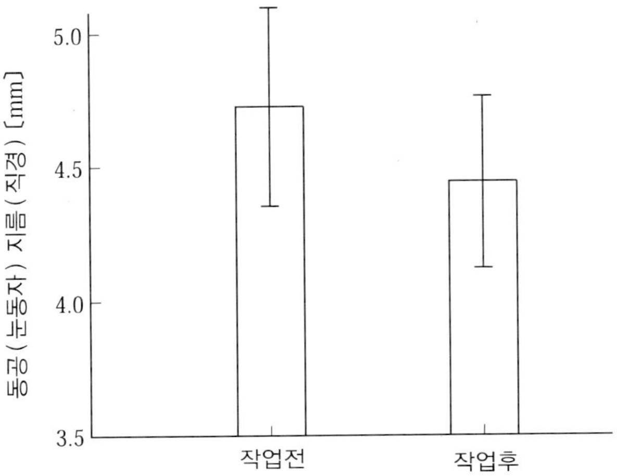

■ **그림 4-6** VDT 작업 전후의 동자 지름(10명의 평균치와 표준편차)

이와 같은 안구운동의 특성에 착안해서 시각 작업시의 시선 이동의 크기와 빈도를 척도로 하여, 각각의 시각 작업을 정량적으로 기술하고 평가한 실험이 있다[13]. 이 연구에 의하면, VDT 작업에서는 시선 이동의 빈도와 크기는 다른 전통적인 책상위 작업에 비해서 약 2.5배 정도 큰 값을 보이고 있다. 이처럼 사카드의 빈도와 크기의 곱으로써 평균적인 시선 이동 속도를 계산하여 시각 작업을 정량화 하는 것이 가능하다. 또한, VDT 작업시에는 생리적 한계의 약 50% 속도로 안구를 움직인다. 이러한 비율은 TV 프로 시청시보다 2~3배 높은 값이다. 이와 같이 안구운동은 피로 특성이 없는 것을 이용하여 시각 작업시의 외적 부하를 정량적으로 파악하는 지표로 이용될 수 있다. 그런데, 「부하」와 「부담」이라는 용어는 ISO나 JIS의 규격에서는 나뉘어서 쓰이고 외적 「부하」에 의해 생체에 일으키게 되는 내적 반응을 「부담」이라고 정의하고 있다[14].

(3) 동자 운동

동자 지름은 피로나 졸음에 의해 축소하는 것으로 알려져 있다. [그림 4-6]에 하루의 VDT 작업 전후의 동자 지름을 10명의 평균치와 표준 편차로서 나타냈다. 시각 피로에 의한 변화가 명확히 확인된다.

또, 피로와는 별도로 동자는 시자극에 포함된 휘도의 강도에 비례해서 변화하는데, 이는 빛에 대한 반사이다. 따라서 동자 측정을 이용하여 적절한 조명이나 광환경 설계에 대한 인간 공학적 정보를 얻을 수 있다. 즉, 시각 작업자의 동자 지름을 조도계나 휘도계를 대신한 측정기라고 생각하고 시환경을 기술할 수 있다. 시각 작업시의 동자지름을 소형 TV 카메라를 이용하여 눈의 앞부분을 연속적으로 촬영하면서 범용의 영상 해석 장치에 의해 동자 지름이나 면적에 대응하는 디지털 신호나 아날로그 전압을 얻을 수 있다. [그림 4-7]은 적외선 발광 다이오드를 광원으로 한 소형의 CCD카메라로 동자상을 촬영하는 휴대형 동자 계측 장치를 장착한 사진이다.

작업장의 시환경은 일반적으로 조도로 기술되는 경우가 많다[15][16]. 조도란 책상위 등에서 어떤 면이 받은 광량이다. 안구 광학계에 의해 망막에 맺어진 상을 보는 사람의 시각계의 경우에는 휘도에 대응하는 물리량을 이용하여 평가하는 것이 적당하다. 예를 들어, 조도가 낮아 어두운 작업장에서도 시야의 일부에 유발되는 작은 광원이 시각의 쾌적성을 방해할 때도 있다. 심한 안구 운동을 하는 시각 작업자의 빛 환경을 기술하기 위해 주시 대상의 밝기와 직접 관련 있는 동자 지름을 나타내는 것이 인간 공학적으로 타당하다고 판단된다.

VDT 작업시의 3가지 조명 조건과 디스플레이의 표시 극성 2가지 조건을 변인으로 작업시의 동자 지름을 해석한 연구가 있다[17]. 피험자, 조명 조건, 표시 극성을 요인으로한 변량분석 결과, 양화 표시(인쇄된 종이에서처럼 밝은 배경에 어두운 문자를 제시하는 방식)가 음화 표시(어두운 배경에 밝은 문자)보다 우수하다는 것을 알게 되었다.

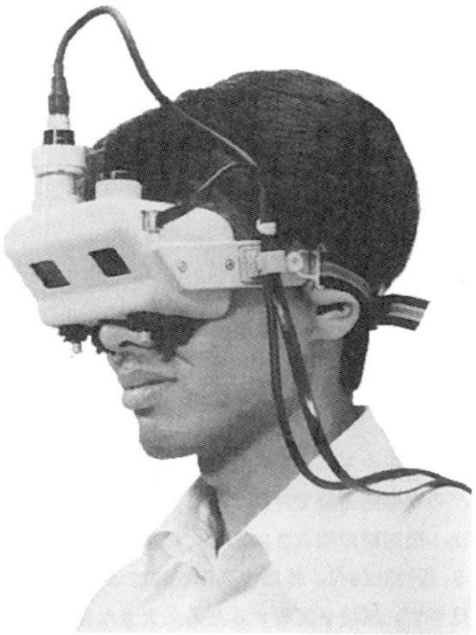

■ **그림 4-7** 휴대형 동자 측정 장치

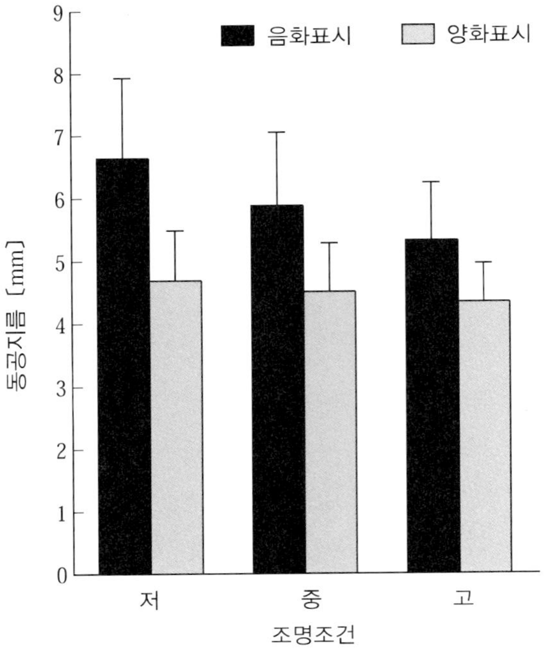

■ **그림 4-8** 동자 지름 측면에서 본 조명 조건과 VDT 작업용 디스플레이의 표시 극성

[그림 4-8]은, 저/중/고 조도의 작업 환경하에서 VDT 작업을 하고 있을 때의 동자 지름을 양화 표시(positiove)와 음화 표시(negative) 조건에서 비교한 것이다. 10명의 평균치와 표준편차를 나타냈다. 양화 표시에서는 동자 지름이 조명 조건의 영향을 받는 일이 적다. 특히 초점 조절력이 쇠퇴한 중/고령자에서는 양화 표시 디스플레이를 이용하는 것이 동자경의 축소에 의한 초점 심도의 증가나 안광학 특성의 향상에 중요하게 작용한다.

(4) 플리커 값(CFF)

정신적 피로나 중추 신경계의 인식 수준 저하가 명멸하는 빛의 융합 빈도 즉, CFF 값 저하로 나타날 가능성이 있다[18][19]. 실제로 CFF 측정에 관해서 일본의 노동위생학 영역에서 많은 연구보고가 있고[20], 또, [그림 4-9]에서와 같은 측정 결과에서도 작업 개시 후의 CFF 값 저하와 휴식으로 인한 회복이 관찰된다. 그러나, 최근 CFF 값이 시각계의 말초 기능만으로 영향을 받는다는 지적이 있다[21]. 또, 해당 영역의 국제학술대회에서의 연구 발표에서도 CFF 값을 피로 측정에 이용한 연구는 일본에서 수행하고 있는 것을 제외하고 거의 볼 수 없다.

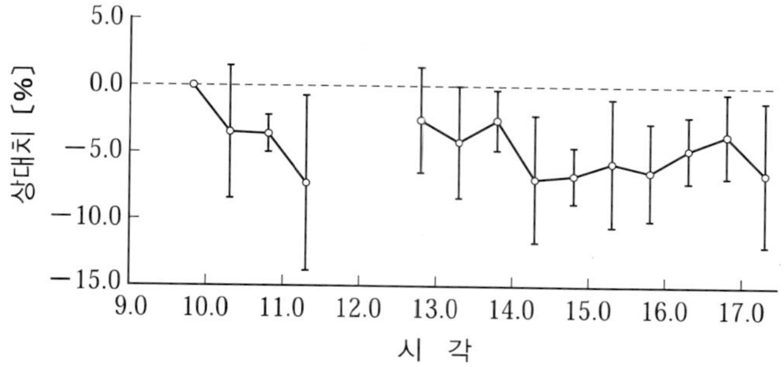

■ **그림 4-9** VDT 작업 개시 후 CFF 값의 저하(작업 개시 전 값의 상대치로서 5명 시스템 엔지니어들의 평균치와 표준편차)

따라서, 플리커 값을 중추성 피로의 평가 지표로 사용하는 것에 대한 개념적 타당성에 대해서는 이후에 다시 검토되어야 한다고 판단된다.

4.2 시각의 쾌적성

시각 쾌적성은 시각 피로와 밀접하게 관련 있는 개념이다. 쾌적한 시환경을 실현하기 위해서는 시각 피로의 메커니즘이 먼저 설명되어야 한다. 디스플레이를 주시하는 일이 증가함에 따라서 쾌적한 시환경을 실현하는 것이 중요해졌으며 이를 위해 많은 연구가 수행되고 있다. 시각 쾌적성에 자세나 안위가 크게 관계한다는 것을 논의하고자 한다.

4.2.1 시각과 자세의 쾌적성

최근 사무실에서는 GUI(Graphical User Interface)의 이용에 따라 디스플레이 화면 사이즈의 대형화가 진행되고 있다. 좁은 사무용 책상 위에 17인치 이상의 큰 디스플레이 장치를 위치시키면 VDT 작업자는 짧은 시거리에서 장시간 위를 계속해서 쳐다보아야 하는 상황에 처하게 된다. 가까운 거리에서 수행하는 작업은 내려다보면서 하는 것이 인간 공학적 원칙이다[22]. 실제 VDT 작업자의 시선을 조사한 결과 이전의 책상 위 작업에 비해 VDT 작업에서는 약 30° 이상 상향 시선에서 일을 하는 것으로 나타났다[23].

■ **표 4.1** 각종 시각 작업시와 평균적 시선의 높이

작업의 종류	수직안위 (눈위치)
문서번역시	−37.4
제도작업시	−28.0
서류해독시	−21.4
VDT 작업 (1)	+ 2.7
VDT 작업 (2)	+ 3.6
VDT 작업 (3)	+ 6.0
VDT 작업 (4)	+ 6.4
VDT 작업 (5)	+ 11.0
VDT 작업 (6)	+ 11.4
VDT 작업 (7)	+ 11.5

이 연구는 eye-camera를 이용해 여러 가지 작업시의 평균적인 수직 안위를 연구한 것이다.

<표 4-1>은 VDT를 사용하지 않는, 문서나 서류를 대상으로 한 경우와 다른 내용의 7가지 종류 VDT 작업시의 평균적 시선 높이를 수직 안위로서 분석한 결과를 나타낸다. 이 경우 수직 방향에 대한 눈의 제로 위치는 귀와 눈의 수평기준 면이다. 책상 위의 서류 등이 응시대상이 되는 지금까지의 사무 작업에서는 약 30° 정도 아래 쪽으로의 시선이 유지되고 있는 것에 비해, VDT 작업시에는 평균적으로 7.5° 정도 시선이 상향으로 되어 있는 것을 알 수 있다. VDT 작업시에 위로 시선을 계속 유지하는 것이 안구 건조나 눈의 피로와 관련 있는 것으로 판단된다. 또, 위로 시선을 향하는 것의 결과로서 두경부(목) 등에 무리한 경직 자세를 유지하게 되어, 이것이 목이나 어깨의 뻐근함이나 아픔으로 연결되는 것 같다.

4.2.2 눈의 쾌적성과 안정위

디스플레이를 주시하는 작업의 특징 중 하나가 시선을 위로 향하는 것이다. 위로 시선을 향한 채로 가까운 거리에서 작업을 계속하는 것이 부자연스러운 생리적 상태이고, 안과학적으로 과잉 노력을 작업자에 강요하는 것이다[25][26].

(1) 상방시(시선을 위로 향하는 것)와 안구 노출 표면적의 증가

눈을 감을 때에 안구가 윗 방향으로 회전하는 Bell 현상은 의학적으로 널리 알려져 있다. 이것과는 별도로 수직 방향으로 안구가 움직이면 윗 눈꺼풀이 함께 움직이는 현상이 있다. 윗 눈꺼풀과 눈의 움직이는 방향은 일치하고, 서로 시간적으로 지연되는 것은 없다[27]. 이것은 동향 운동이라고 불리는 생리적 현상이고 눈이 윗 방향으로 움직일 때에 윗 눈꺼풀에서 시야가 차단되지 않기 위해서도 좋은 구조이다. 그러나, 그렇기 때문에 안구가 윗 방향으로 회전할 때에 위아래의 눈꺼풀 간격, 즉, 눈꺼풀이 벌어진 폭이 증가한다.

이 결과로서, 눈이 윗 방향으로 회전할 때에 안구 노출 표면적이 커진다. 수직안위와 안구 노출 표면적에는 밀접한 관계가 있고[28][29], [그림 4-10]과 같이 양자 사이에는 상관계수 0.97이라는 높은 선형 관계가 확인된다. 보통 책상 위 작업시에 안구 노출 표면적은 2.0 cm^2이고, VDT 작업시에는 3.2 cm^2가 된다. 상방시를 계속하는 것에 의한 안구 노출 표면적 증가가 VDT 작업자의 눈 건조나 아픔의 호소와 관계있다고 판단된다.

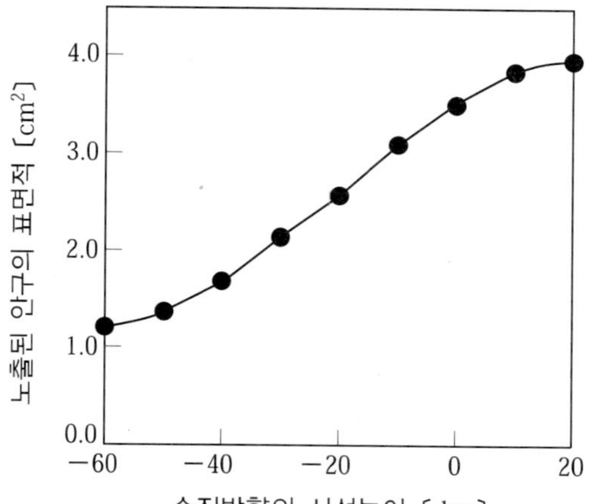

■ **그림 4-10** 수직 안위와 안구 노출 표면적(눈을 윗 방향으로 움직임에 따라 안구 노출 표면적이 증가하고, 이것이 눈의 불쾌감을 증가시킨다.)

(2) 상방시와 사위량의 증가

한쪽 눈을 종이 등으로 차폐했을 때, 차폐된 눈은 양안시 기능이 해제되고, 위치가 바뀌고, 시선이 벗어나는 것이 보통이다. 이 안위 차이의 방향과 크기를 사위라고 부르고, 사시와는 달리 많은 사람에게서 확인되는 생리적인 현상이다. 근견시를 차폐한 경우, 대부분의 사람은 차폐안이 외측으로 향하는 외시위 경향을 나타낸다. 사위는, VDT 작업 등에 의한 시각 피로와 밀접하게 관계하는 것으로 연구 보고서에서 나타나고 있다. 사위량은 수직 안위와 관계 있는데 하방시에서 적고 상방시에서 증가한다[26]. 즉, 상향 시선으로 가까운 응시 대상을 양안으로 계속 볼 때에 사위량이 증가한다는 것은 하방시에 비해 양안시를 위한 노력이 더 많이 필요하게 된다는 것을 의미한다. 사위에서의 연구 결과와 마찬가지로, 양안 폭주시의 안정위에 대한 실험도, 상방시가 불리하다는 것을 나타낸다.

(3) 상방시와 폭주 안정 위치의 원거리 이동

시각 자극이 없는 암흑 중에서나, 일정한 밝기의 단서가 없는 공간을 보고 있을 때 눈의 굴절 즉, 초점 조절 상태를 조절 안정위라고 한다. 나이가 어리고 충분한 조절력이 있는 경우, 조절 안정위는 70～80 cm 안쪽이라는 보고가 많다. 한편, 암흑 중에 양안시선 교점에서 폭주 안정위를 구할 수 있다.

Eye-camera를 사용해서 14명의 젊은 피험자의 폭주 안정위를 연구한 결과가 있다[25]. 양안의 주시점을 2차원 좌표로 구하고, 삼각측량의 원리로 양안의 폭주각도 또는 양안시선의 교점을 폭주 안정위로 산출하였다. 그 결과, 64 %의 피험자에게서 폭주 안정위와 수직 안위 사이에 유사한 선형적인 상관 관계가 있다는 것을 확인하였다($r=0.62$, $p<0.05$). 이 때 회귀식은 다음과 같다.

$$Y = 1.04X + 51.25$$

여기서, X는 수직 안위[deg], Y는 폭주 안정위[cm]이다.

이 결과에 의하면, 상방시에서 폭주 안정위는 먼 곳으로 이동하고, 하방시에선 가까운 곳으로 이동하게 된다. VDT작업 등 가까운 곳을 응시할 때에는, 시선이 아래쪽으로 향하게 되는 기기 배치가 생리적으로 자연스럽고, 인간 공학적으로 바람직하다는 것을 알 수 있다. 상향 시선 상태에서 근견 작업을 계속하는 것은 양안의 폭주 시스템에 과도한 노력을 강요하는 것이 된다. 이것을 도식적으로 나타낸 것이 [그림 4-11]이다.

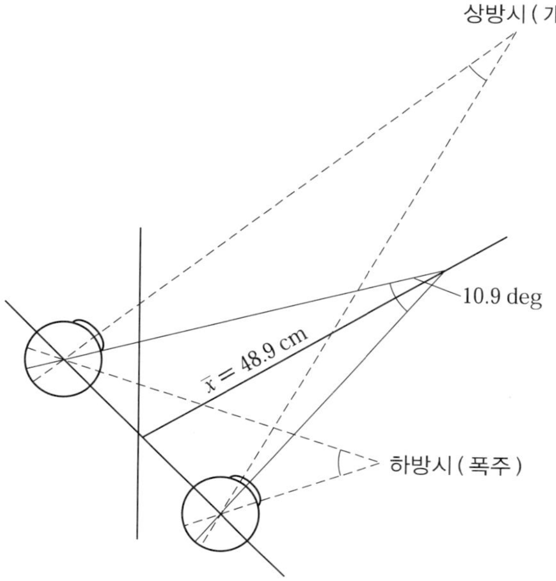

■ **그림 4-11** 수직 안위와 관계있는 폭주 안정위(폭주 안정위는 상방시에서 먼 곳으로, 하방시에서 가까운 곳으로 이동한다).

4.2.3 디스플레이의 시각적 편안함과 초점 조절

초점 조절은 측정 기술의 진전에 의해 타각적 측정이 용이하게 되고, 최근 가장 많은 시각의 인간공학적 연구 성과를 이루고 있는 영역이다. VDT 작업등 시각 피로에 따라, 조절에 걸리는 시간이 증가하거나 일과성의 조절 기능 장해가 있음을 지적하는 많은 보고가 있다. 멀고 가까운 시표를 번갈아서 주시했을 때 조절 긴장 속도, 즉, 초점 조절의 속도가 시각적 편안함과 관계있다는 것이 보고되었다[30]. 조절 긴장 속도는 밝기나 시표의 크기와 관련이 있고, 편안한 시환경에서는 긴장 속도가 증가한다.

CRT나 액정 등 7종류의 다른 디스플레이를 보고 있을 때의 조절 긴장 속도를 측정하고, 이를 주관적 편안함과 비교한 연구가 있다[30].

이 연구에서는, 양화 표시의 CRT 화면을 주시할 때 가장 조절 긴장 속도가 빠르고, 반사형의 액정에서 가장 늦어지는 것을 발견하였다. 동시에 계측한 심리적인 편안함과 조절 긴장 속도 사이에는 유의미하게 높은 상관 관계가 확인되고 있다 (r=0.809). 편안하다고 평가된 디스플레이에는 빠르게 조절되고, 거꾸로 불편한 디스플레이에서는 초점 조절이 지연되는 것을 알 수 있다([그림 4-12]).

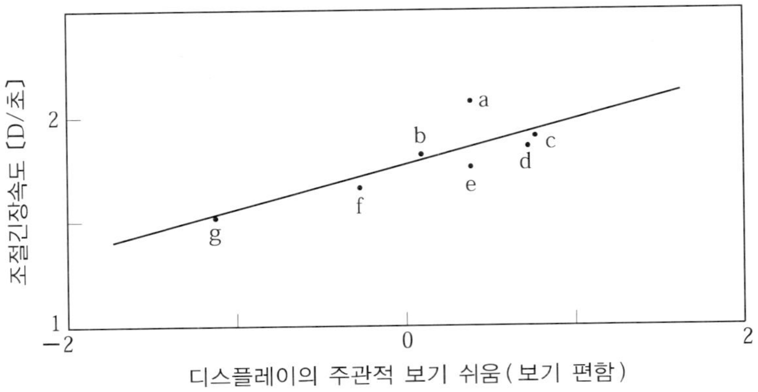

■ **그림 4-12** 디스플레이의 주관적 편리함과 조절 긴장 속도(7종류(a~g)의 서로 다른 디스플레이에 대해서 얻은 15명의 평균치)

4.3 단안시와 양안시

시각의 피로나 쾌적성이 조절 응답이나 동공 이동 등 눈의 생리적 응답 특성과 관련이 있다는 것을 이미 언급하였다. 이러한 응답 특성이 단안시 때와 양안시 때에 다르다는 것을 다음에 기술한다[30]~[32].

4.3.1 조절 응답과 동공 운동의 측정

이 연구에서는 시판중인 자동 반사계를 개조하고, 피험자가 양안 또는 단안으로 시표를 주시하고 있을 때 조절과 동공의 이동을 동시에 기록하였다. 조절 응답은 같은 자극 제시조건에서 얻은 8회의 응답을 평균 가산 처리하여 평가한 것이다. 동공 운동은 안구에 대한 비디오 영상을 영상 해석 장치로 유도하고, 동공 직경을 연속적으로 측정하였다. 자극은, 원시표로서 눈앞 5 m, 근시표로서 50 cm의 위치에 동일시각도를 갖는 랜덤 도트 환경을 슬라이드 프로젝터로 제시하였다. 피험자는 23~30세의 6명이었다.

4.3.2 단안시와 양안시에서의 눈의 응답 특성 – 조절 위치와 동자 크기 변화량

시표가 원방에서 근방으로 바뀌게 되었을 때, 수정체에 의한 조절과 함께 동자 크기의 변화가 일어난다. 수정체 조절과 동공 이동은 모두 단안시와 양안시 사이에 유의미한 차이가 확인되었다. 원근의 어느 쪽 시표를 주시하고 있을 때에도 단안시에 비해서 양안시 쪽이 실제의 시표 위치에 가깝게 조절하고 있는 것으로 확인되었다. 양안시에 비해서 단안시 때에는 원시표에는 근방으로, 근시표에는 원방으로 조절되었다. 그 결과, 원근시표 주시 때의 굴절력의 차이 즉, 조절 변화량은, 양안시 때가 단안시 때보다 약 2.5배 커졌다($p < 0.05$).

[그림 4-13]은 이에 대한 기록이며, [그림 4-14]는 6명에 대한 원근시표 관찰시의 조절 위치 평균 값이다. [그림 4-13]에서는 원근시표를 번갈아서 주시할 때의 수정체 조절과 동공경의 변화를 동시에 기록하고, 단안시 때와 양안시 때를 비교하였다. 근방 시표를 주시할 때, 눈은 굴절력이 증가하고, 동공의 크기를 축소시킨다. 가까이 볼 때 동자 크기가 축소하는 것은 초점 심도를 깊어지게 하기 위한 것이다. 그림의 가운데 기록이 양안시 때, 하단의 기록이 단안시 때 얻은 것이다. 조절 긴장 속도도 단안시 때보다 양안시 때가 빠르다는 것이 확인되었다.

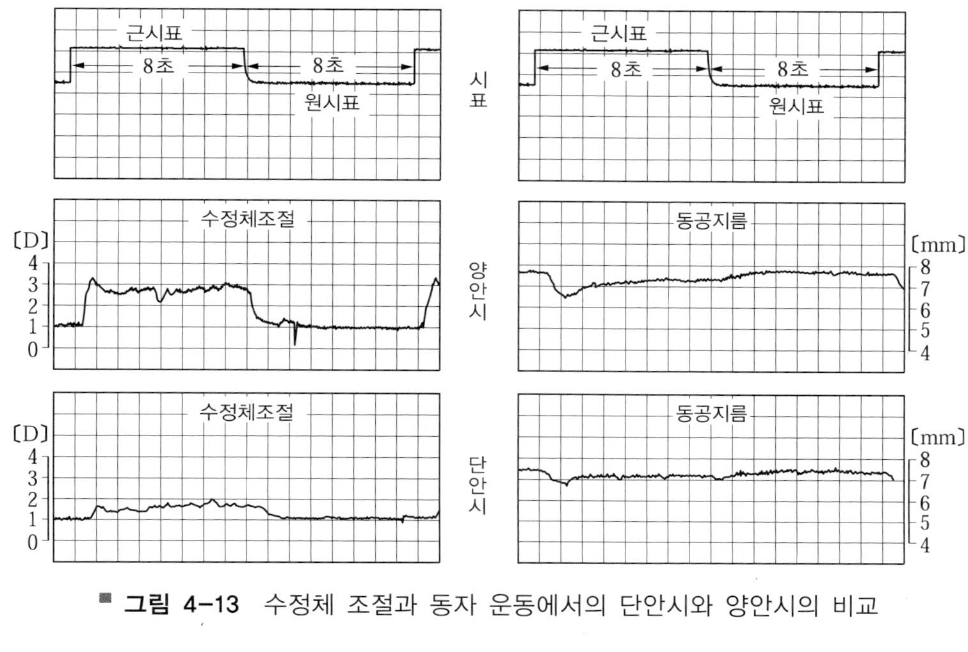

■ **그림 4-13** 수정체 조절과 동자 운동에서의 단안시와 양안시의 비교

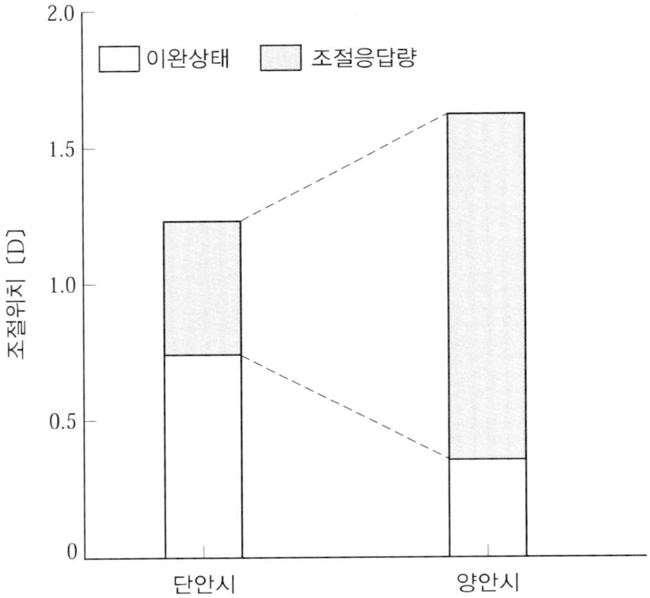

■ **그림 4-14** 단안시 때와 양안시 때의 조절 응답 특성 차이

이와 같은 결과로부터, 조절 위치와 긴장 속도 모두 양안시로 하는 것이 단안시보다 의미 있고 우수하다는 것을 알 수 있다. 동자 크기 변화에 대해서도 근견 반사때의 축소 동공의 량과 축소 동공의 속도 모두 단안시보다 양안시 쪽이 크다는 것이 확인되었다($p < 0.01$).

4.3.3 심리적인 입체감과 조절 응답

일점 투시도와 같이 심리적인 깊이감이 생기는 평면 도형을 눈앞 30 cm 위치에 제시하고, 단안시 때와 양안시 때 눈의 응답을 측정하였다. 양안시 때에는 도형이 물리적으로 놓인 위치에 가깝게 조절되었다.

동자 운동에서는, 단안시 때와 양안시 때의 차이는 나타나지 않았다. 양안시에서는 시표의 실제 위치 등 물리적 변인에 의해 응답이 관찰되고, 단안시에서는 응시대상의 내용에 의해 심리적인 영향을 받기 쉬운 것으로 판단되었다.

4.4 이후의 과제

가까운 미래에 3차원 영상 표시와 관련된 기술에서 본질적 또는 획기적인 진전을 기대할 수 있는가? 입체 표시 시스템은 가상현실(Virtual Reality : VR) 연구나 게임으로의 적용에서처럼 많은 장면에서 이미 사용되고 있다. 입체 표시 시스템 사용자의 시각 피로나 쾌적성 등 실제로 이용되고 있는 입체 표시 기술과 관련 있는 생리적 과제에 대해 고려해 보고자 한다.

해당 영역의 이후 연구과제로서,

① 입체 영상 표시장치
② 시각 피로나 쾌적성의 생리적 평가 방법
③ 표시영상이나 소프트웨어의 검토

등이 있다.

입체 영상 표시장치로서, 최근에 많은 장면에서 이용되고 있는 HMD에 대해서 많은 연구과제가 남아있다. HMD는 별도의 표시 공간을 필요로 하지 않는 대화면 표시나 다른 사람에게는 보이지 않는 개인적인 표시를 가능하게 하는 착용용 컴퓨터 디스플레이로서 기대되고 있다. HMD를 머리에 장착하고 단안시에 의해 비디오 영화를 감상하거나 컴퓨터 단말의 표시장치로서 또는 컴퓨터 게임의 디스플레이로서 사용되는 등, 부분적으로 HMD가 이미 실용화되어 있다. 그러나, 사용에 따른 건강에의 영향 등을 배제하고 개발은 성공했지만, 개발 업체가 시판에 주저하고 있는 경우도 적지 않다.

이론적으로 HMD는 입체 영상의 표시도 용이하고, 또, 고령자나 약시자에 대한 확대 문자 표시등 장애 없는 환경이나 범용적인 디자인을 지원하는 도구로서도 기대되고 있다. HMD의 시각 기능에 대한 문제점으로는 원시화, 근시화, 난시화 등의 굴절이상 발현, 조절에 대한 폭주량을 나타내는 AC/A의 저하, 조절 안정위의 원방화, 입체시 기능 저하, 안압의 저하, 안구건조증 등 일과성이긴 하지만 안과학상의 건강 장애 가능성을 시사하는 연구가 있다. 하지만 이와 같은 건강 장애의 원인은 앞에서 기술했던 2안식 입체 표시 시스템이 가진 폭주와 조절의 불균형에 있고, HMD 자체에 한정된 것은 아니다.

HMD 고유의 과제로서는 장착자의 시선과 광학계의 축 차이에서 오는 초점 위치나 영상의 비뚤어짐, 과도한 시도조정, 머리에 장착할 때의 중량 불균형 등이 있다. 현재로서는 적어도 시기능이 발달 상태에 있는 아이나, 사시 등 안위에 다소라도 이상이 있는 사람은 HMD를 장시간 계속해서 장착하는 것을 피하는 것이 바람직하다. 이 점에서, 기기개발 측면에서 이후에 많은 개선이 필요하다.

앞에서 기술한 바와 같이, 시각 피로나 쾌적성의 생리적 평가와 관련해서, 조절기능, 동자운동, 안구운동 등에 대해서 실험적 또는 산업현장에서의 연구가 진행되고 있다. 이 연구 결과에 의하면 시각 피로나 보기 쉬움 등 시각의 쾌적성과 상관있는 것으로서 응시 대상에 대한 초점 조절의 속도, 즉, 조절 긴장 속도가 있다. 피곤할수록, 보기 어려울수록, 조절 긴장 속도가 저하한다. 그러나, 조절 기능은 많은 생리현상 중 가장 연령 증가에 따른 효과가 있고, 연령과 함께 기능이 저하하는 것으로 알려져 있다. 따라서, 피로나 쾌적성을 평가할 때 항상 연령에 의한 영향을 감안하는 것이 필요하다. 또, 50세를 넘으면 조절 응답은 거의 나타나지 않고 따라서 조절 응답에 의한 생리적 평가 자체가 불가능하게 된다.

조절과는 별도의 평가지표로서 눈동자는 빛에 대한 반사로 알려져 있는 것처럼 입사광량에 대응해서 변화한다. 이런 의미에서, 조명조건 등 빛 환경을 평가하기에는 적당한 지표이다. 또, 정신적인 흥분상태 등 정동적(情動的)으로 동자는 변화하는 것으로 알려져 있다. 이 점에서, 입체 영상 관찰 때의 임장감 평가 등에 동자 계측량을 사용할 수 있는 가능성이 있다. 휴대형의 동자 측정 시스템의 사용도 실용화되어 왔는데 앞으로의 연구가 기대된다.

또, 안구 운동은 피로나 쾌적성과는 거의 독립적인 생리 기능으로 보인다. 즉, 안구운동에는 피로 특성이 거의 나타나지 않고 안구는 시각 정보를 중추 신경으로 보내기 위해 충실하게 언제까지나 정확하게 계속 움직이는 것으로 보인다. 그 결과, 때로는 멘탈 스트레스 등 정신상의 문제를 유발하기도 한다. 안구 운동의 해석 계측에서는 관찰자가 시각 정보를 얼마나 획득하는가에 관한 정보적 기술데이터를 기대할 수 있다.

이와 같이 생리적 기능에서 본 입체시의 연구를 앞으로도 진행하기 위해서는 조절, 동자, 안구운동 등 시각정보 입력부의 연구를 진행하면서, 동시에 뇌파, 유발전위 등 중추적 신경 기능을 반영한 많은 다른 생리적 정보를 추가 단서로 사용하는 것이 필요하다.

마지막으로, 표시 영상이나 소프트웨어 개발에 관련된 과제가 생리적 기능과 관계있다는 것을 주목해야 한다. 예를 들어, 사진이나 그림 등 깊이감이 있는 평면도를 관찰하고 있을 때의 조절이 깊이 감각에 의해 유도되어서 변화하는 것으로 알려져 있다. 이때에도 앞서 말한 조절과 폭주의 불균형이 유발되게 된다. 또, 게임 소프트웨어 개발에 있어서 실제 현실과 가상 현실과의 혼동 등 지나치게 현실감이 풍부한 가상현실 기술을 이용한 표시 장치가 가져 올 문제점에 대해서도 생각할 필요가 있다. 이러한 것은 단순히 입체 표시기술 개발의 과제라기보다 사회적 과제일 것이다.

Chapter

05

뇌파 · 뇌전도 측면에서의 3차원 영상 입체시 연구의 역사

최근, 인간의 생리적 변동에 초점을 맞추어 공학적인 관점에서의 연구가 활발히 진행되고 있다. 소위 뇌파라는 생리지표를 소재로 한 연구도 그 중 하나이다. 2차원 영상과 3차원 영상을 관찰할 때 뇌는 각기 다른 작용을 하고 있는 것이 아닌가라는 생각이 든다. 아마도 뇌파의 차이를 분명히 하는 것으로 이 차이를 설명할 수 있을 것이라 판단된다. 이 장에서는 입체 TV 영상을 관찰하고 있는 사람의 뇌파를 연구하는 시도를 소개하고자 한다.

5.1 신경계의 성립

뇌파를 연구하기 위해서는 우선, 인간의 뇌가 어떻게 구성되어 있는지를 알아야 한다. 즉, 그 구조와 신경계와의 관계를 알 필요가 있다. 사람의 뇌 구성을 [그림 5-1]과 [그림 5-2]에 보여준다.

- 뇌
  - 전뇌
    - 종뇌 — 대뇌피질, 대뇌기저핵
    - 간뇌 — 시상, 시상하부
  - 중뇌 — 시상, 시상하부
  - 능뇌
    - 후뇌 — 다리, 소뇌, 뇌간(소뇌를 제외)
    - 수뇌 — 연수

■ **그림 5-1** 뇌의 형태학적 분류

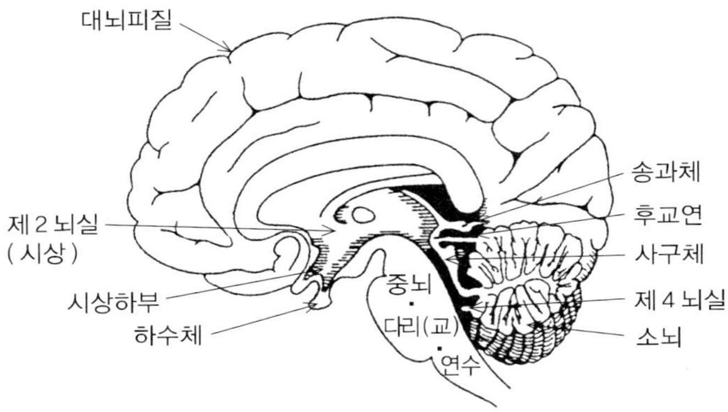

■ **그림 5-2** 뇌의 단면

뇌는 신경이 모인 곳이다. 사람의 신경 구성은 크게 두 개로 나눌 수 있는데, 하나가 중추 신경계(Central Nervous System : CNS)이고, 또 하나가 말초 신경계(Peripheral Nervous System : PNS)이다. 중추 신경계는 크게 대뇌기저핵, 시상, 시상하부, 소뇌, 중뇌, 뇌교(橋, 좌우뇌를 연결하는 부위), 연수, 척수 등으로 구성되어 있다. 말초 신경계는 체성 신경계와 자율 신경계로 나뉘는데, 체성 신경계는 원심성(운동신경계)과 구심성(감각신경계)으로 구성되어 있고, 자율 신경계는 교감 신경과 부교감 신경으로 구성되어 있다([그림 5-3]). 이러한 구성을 [그림 5-4]에 정리하였다.

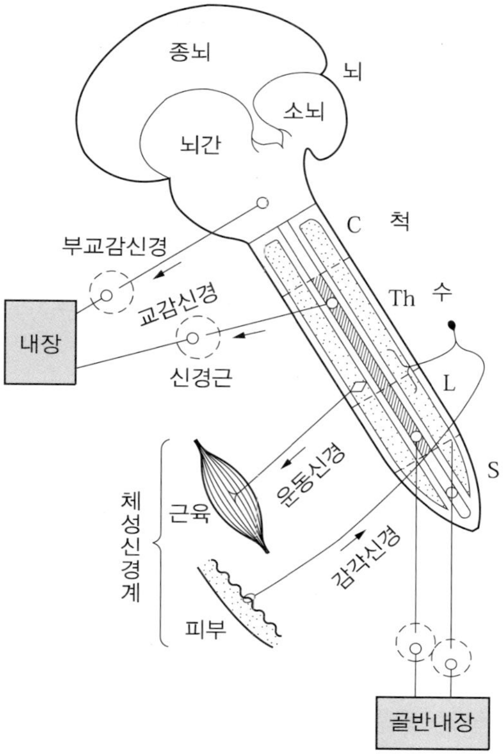

■ **그림 5-3** 말초신경계

- 중추신경계(CNS)
  - 대뇌피질-체성계 자율계의 최고중추
  - 대뇌기저핵-주로 운동계
  - 시상-주로 감각계
  - 시상하부-자율계의 3차중추 내부필계와 연락
  - 소뇌-운동계의 조절중추
  - 중뇌 · 다리 · 연수-자율계의 2차중추
  - 척수-체성계 · 자율계의 1차중추
- 말초신경계
  - 체성신경계
    - 원심성-운동신경 : 중추의 흥분을 효과기로
    - 구심성-감각신경 : 말초에서 중추로
  - 자율신경계
    - 교감신경 : 말단에서 노르아드레날린 방출
    - 부교감신경 : 말단에서 아세틴코린 방출

■ **그림 5-4** 신경계의 분류

또, 외계에서 자극이 체내로 들어오면 그 자극이 체내에서 스트레스 반응을 유발시킨다. 그리고, 각종 생체의 항상성을 유지하기 위해 각종 반응이 출현한다. [그림 5-5]는 그 관계를 도식화한 것이다.

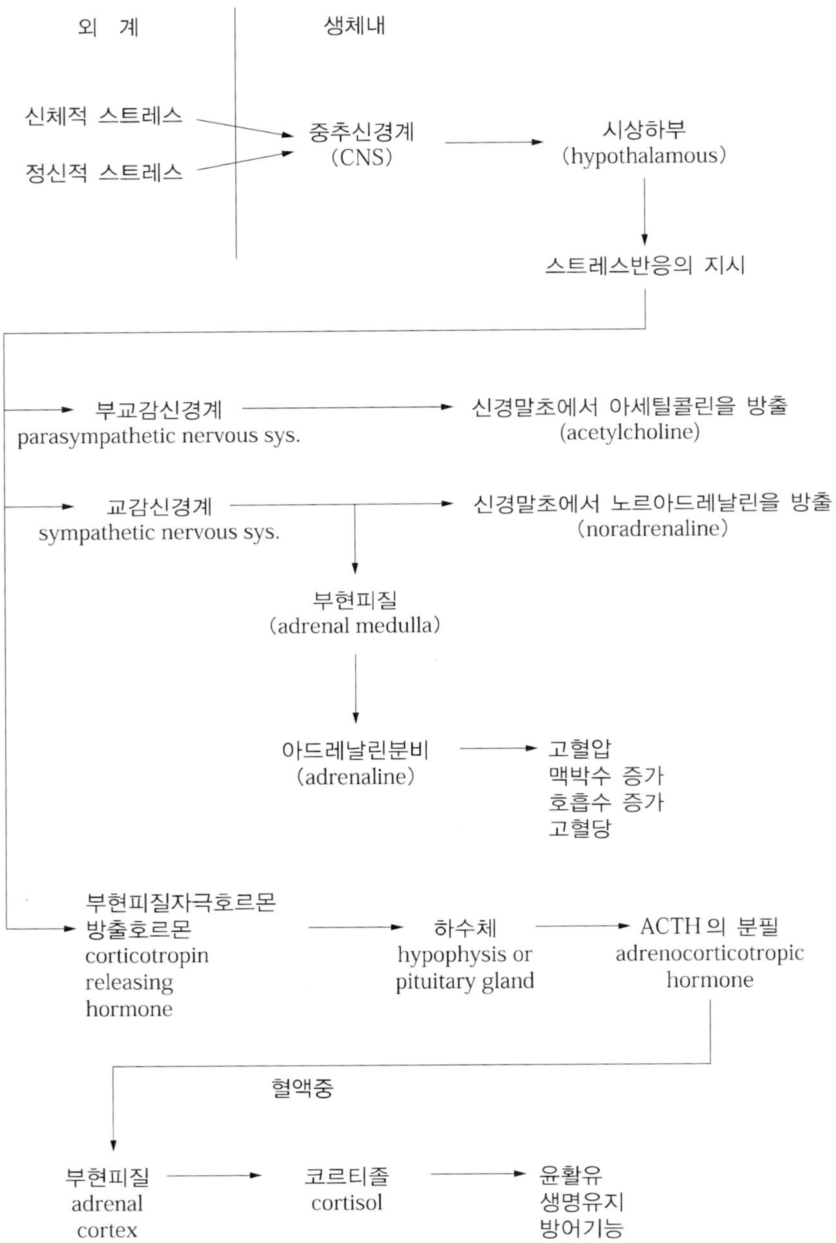

■ **그림 5-5** 생체의 스트레스 반응

■ **표 5-1** 자율신경계의 작용

		교감신경	부교감신경
동 공		산대(눈동자 열림)	축소
심장	심박수	증가	감소
	박출량	증대	감소
혈 관		수축	확장
관상동맥		확장	수축
부현수질		분비항진	---
땀 샘		분비촉진	---
		노르아드레날린이 교감신경 말단에서 방출되고 그것이 각 기관에서 작용한다.	아세틸콜린이 부교감신경 말단에서 방출되고 그것이 각 기관에서 작용한다.

특히, 자율 신경계는 신경계 말단에서 노르아드레날린이나 아세틸콜린을 분비한다. 이러한 물질이 체내의 모든 기관으로 작용해 몸의 항상성을 유지하도록 작용한다. 이것들의 주요한 작용을 <표 5-1>에 정리하였다.

5.2 생체 신호처리

5.2.1 생체 신호란?

일반적으로 연구되는(예를 들면, 인간공학에서 연구하는) 대표적인 생체 신호를 <표 5-2>에 정리하였다. 이들 신호는 미약하고 각종 주파수 파로 합성되어 있다.

■ **표 5-2** 생체 신호 및 특성표(일부)

생체신호	주파수 대역	전 압
심전도(ECG)	0.5 ~ 200 Hz	1 mV
안진도(ECG)	0.5 ~ 30 Hz	수백 μV
뇌전도, 뇌파(EEG)	0.5 ~ 60 Hz	수 μV ~ 300 μV
유발전위	1 Hz ~ 1 kHz	5 ~ 50 μV
근전도(EMG)	DC ~ 2 kHz	10 μV ~ 15 mV

5.2.2 생체 신호의 측정

[그림 5-6]에 미약한 생체 신호를 샘플링하기 위한 절차를 개략적으로 나타내었다.

미약한 신호를 우리 눈으로 관찰하기 위해서는 기록계로 표시할 필요가 있다. 일반적으로 기록계를 작동하기 위해서는 5 V에서 10 V의 입력 전압이 필요하다. 예를 들면, 10 μV의 신호를 기록하기 위해 10 V까지 증폭할 필요가 있으며, 이 경우 입력 신호를 100,000배 이상 증폭하게 된다. 생체신호 측정을 위한 증폭기는 오디오의 증폭기와 기본적으로는 동일하지만, 생체신호 측정을 위해 약간 다를 때가 있다. 그 중에 특히 유의해야 할 것은 시간 상수(time constant)와 필터 파라미터이다.

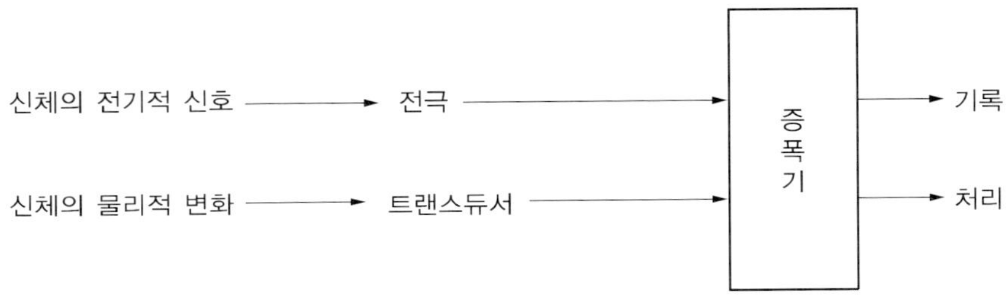

■ **그림 5-6** 생체 신호의 추출

시간 상수란 고주파 통과필터(high pass filter, low cut filter)를 말한다. 저주파 성분을 제거하고 고주파 성분을 통과하게 하는 필터이다. 통상, 시간 상수로서는 아래와 같은 값을 사용한다.

EEG : 0.1 또는 0.3초

ECG : 0.1초

EOG : 1.5～3초

또한, 차단 주파수는 다음 식에서 구할 수 있다.

$$f = \frac{1}{2\pi\tau} \quad (5 \cdot 1)$$

여기서, τ는 시간 상수, π는 원주율이다.

생체 앰프에서 필터라고 하면 일반적으로 저주파 통과필터(low pass filter, high cut filter)를 말한다. 고주파 성분을 제거하고, 저주파 성분을 통과하게 하는 필터이다. 일반적으로 아래와 같은 파라미터 값을 설정한다.

EEG : 30～60 Hz

ECG : 100～200 Hz

차단 주파수는 시간 상수와 같은 식으로 구할 수 있는데 목적하는 생체 신호 이외의 신호를 제외시킨다. 즉, 시간 상수와 필터를 조절하고 미약한 생체 신호를 증폭하여 산출한다. 여기서 목적 이외의 신호를 잡음이나 artifact라고 한다. 저주파의 artifact는 호흡이나 눈 깜빡임에 의한 것이고, 고주파에 의한 artifact는 근육 움직임에 의한 영향이 크다.

생체 신호 추출에서 전기 신호 이외에 물리적 변화를 관찰할 경우가 있다. 예를 들면, 열, 압력, 속도 등이다. 이 경우, 물리적 변화를 전기신호로 변환하는 변환장치를 이용한다. 혈관내의 압력이나 발의 뒤쪽으로 가는 신체의 압력 측정 등이 가능하다.

5.2.3 생체의 전기침투 도출법

일반적으로 미약한 생체 신호를 샘플링하기 위해 전극을 이용하여 신체 피부의 전위를 측정한다. 이 경우, 전극과 피부의 표면 사이에 땀이 있으면 미약한 신호에 영향을 주게 된다. 땀이 나트륨 이온, 칼륨 이온, 크로라이트 이온 등을 포함하고 있기 때문이다. 이 영향을 막기 위해서는 부분극 전극을 사용하면 좋다. 대부분 Ag-AgCl 전극(은-염화은 전극)을 사용한다.

전극은 측정 부위에 붙이면 되지만(측정 부위의 전극을 관계 전극이라고 부른다), 신체의 전위 기준이 문제가 된다. 여기에는 단극 유도법과 쌍극 유도법이 있다. 이 방법들의 개략도를 [그림 5-7]에 나타내었다.

단극 유도법과 쌍극 유도법은 기준 전극을 어떻게 정할 것인가의 하는 것이다. 단극 유도법은 기준 전극을 측정 부위에서 분리한 다음 그곳을 0V로 생각하여 측정 부위의 전위를 측정한다. 이 기준 전극을 참조 전극이라고 한다. 대부분 귀볼, 발목, 제 7 경추 등을 기준 전극 부위로 한다. 일반적으로 뇌파의 측정은 두 개의 귀볼을 쇼트시키는 방법을 사용하고 있다.

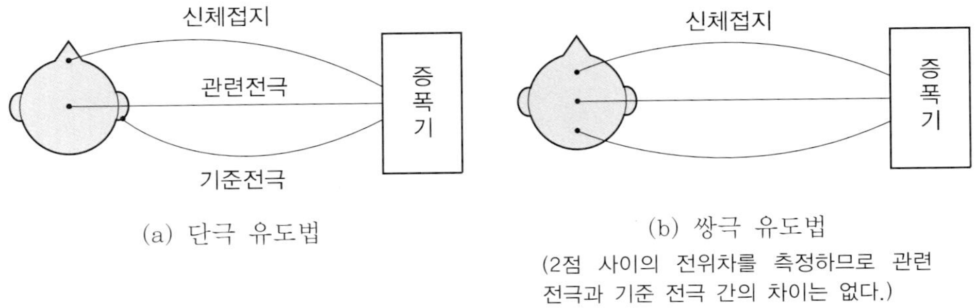

■ **그림 5-7** 단극 유도법과 쌍극 유도법

아래에 측정 전위의 기록 방법을 기술하였는데, 신호의 주파수 대역에 따라 기록장치가 다르다. 따라서, 신호의 특성을 사전에 잘 파악할 필요가 있다. 대표적인 기록장치는 아래와 같다.

EEG : 0～60 Hz, Pen Recorder
ECG : DC～200 Hz, 열 Pen Recorder
EMG : ～수 kHz, 오실로스코프

달리 고려해야 할 것은 생체 신호의 해석 방법인데, 어떤 해석법이 좋고 어떤 것은 좋지않다 라는 것은 아직 확립되어 있지 않다. 다만, 생체 신호는 주기적인 곡선에 의해 구성되기 때문에, 이 곡선의 특징에 시점을 맞추어 증폭의 크기 및 간격을 알아보고, 그 밖의 특징적인 파의 지속 시간을 측정하는 방법이 있다. 또, 최근에는 해석 기기가 발달하여 FFT(Fast Fourier Transform) 등에 의해 주파수 분석을 하는 방법도 있다. 주파수 분석을 하면 획득한 자료의 파형이 어떤 주파수 성분으로 구성되어 있는지를 알아볼 수 있다.
생체 신호를 측정할 때 가장 유의해야 할 것은 안전성이다. 측정 기기의 오작동으로 강한 전류가 발생하고, 그것이 전극의 리드선을 역류해 피험자에게 감전이나 화상을 입힐 수 있고, 최악의 경우에 강한 전류가 피험자의 심장을 가로질러 심장마비도 유발할 수 있다. 이러한 위해를 막기 위한 안전 대책으로서 접지(GND) 등의 처리를 확실하게 하는 것이 중요하다.
GND 처리에 대한 주의사항 아래에 정리하였다.

① 대지에 접지해 놓은 GND선에 각 계측기의 GND를 연결한다.
② 한 점의 GND를 사용한다. 즉, 측정기마다 따로 GND에 연결하지 않고, 각 기기의 GND선을 모아서 하나의 GND 단자로 연결한다.

③ 수도관, 가스관 등을 GND 단자로 하지 않는다.
④ 실험, 측정의 개시 전에 GND가 확실히 잡혀있는지를 매번 확인한다.
⑤ GND 처리는 잡음 대책에도 유효하다.

또, 전극을 피부에 붙일 때 반창고를 사용하지만, 피험자에 따라서는 빨갛게 발진이 발생하는 경우도 있어서, 반창고의 선택 등에 주의할 필요가 있다. 이와 같이 생체 신호 측정에는 여러 가지 주의를 필요로 한다.

5.3 뇌전도

5.3.1 뇌파

Berger에 의해 사람의 뇌파(Brain Wave, Electroencepharogram)가 발견되었다. 그 후, 전자공학의 발달 즉 진공관, 트랜지스터의 발견에 의해 증폭기의 성능이 좋아지고 측정법이 급속도로 진보하였다. 증폭기의 발달로 생리학뿐만 아니라, 임상에서도 뇌파를 응용하게 되었다.

뇌전도(Electroencepharogram : EEG)는 일반적으로는 단순히 뇌파라고 말하는 배경 뇌파(Background Electroencepharogram, Background EEG)와 유발전위(Evoked Potential) 두 개로 크게 나눌 수 있다. 이 책에서 뇌파라고 하면 배경 뇌파를 가리키는 것으로 한다.

뇌파의 특징은 대뇌의 기능적인 변화를 반영하고 있다는 것이다. 대뇌의 기능변화를 잡아낸다는 점에서는 최근 주목을 받고 있는 MRI(Magnetic Reasonance Imaging)도 있지만, 장치가 대규모이고 누구든지 손쉽게 조작할 수 있는 것은 아니다. 또, CT(Computed Tomography)는 뇌의 형태적인 변화를 보는 것이다. 따라서, 대뇌의 기능적 변화를 관찰하기 위한 뇌파 관찰의 중요성은 더욱더 증가한다고 판단된다. 뇌파 측정이란 대뇌의 활동, 주로 대뇌 피질을 중심으로 한 전위 반응을 잡아내는 것이다. 그러나 피질을 통한 반응에서는 어느 자극에 기인해서 출현한 뇌파인지를 정확하게 알기 어렵다. 또, 그 전위 반응이 어디서 왔는지, 즉, 반응의 원인을 확정하는 방법이 현재까지는 명확하지 않다.

자극과 뇌파의 관계는 유발 전위를 측정하는 것으로, 어느 정도 파악할 수 있다. 이것은, 자극을 주면 그 자극에 대한 반응으로서 고유의 뇌파가 출현하기 때문이다. 그러나 이 뇌파의 변동은 대단히 작다. 따라서, 자극을 반복적으로 준 다음 반복적인 반응을 포함한 뇌파를 가산하고 이들의 평균을 구한다. 이에 따라, 일반적인 뇌파는 배제되고 자극에 대한 뇌파만이 남는다. 이 파형을 유발 전위라고 한다. 통상의 뇌파는 30～50 ㎶의 크기(출력, 진폭)지만, 유발전위는 5 ㎶ 이하로 작다. 이렇게 획득한 유발 전위로부터 전도 경로를 추정할 수 있고 자극의 종류와 유발 전위의 파형 차이를 관찰할 수 있다.

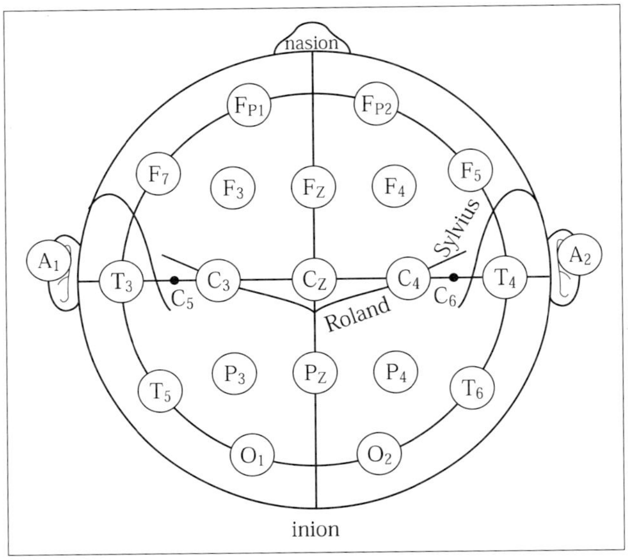

■ **그림 5-8** 국제 10-20 전극배치법(FPz와 Oz가 측정시에는 필요하지만, 실제로는 전극을 부착하지 않을 때가 많기 때문에 그림에는 나타내지 않음)

또한, 자극을 조작하거나 자극의 제시 방법에 의해 몇 몇 종류의 특징 있는 파형이 확인되고 있다. 자극의 조작은 인간의 심리 및 정보처리에 영향을 준다. 이것을 사상 관련 전위(Event Related Potential)라고 부른다. 최근의 뇌파 연구는 인간 대뇌에서 어떤 종류의 정보처리 활동이 뇌파 반응으로 나타난다는 생각을 토대로 정립되었다. 특히, 이 점에 초점을 맞추어 의학 이외에도 심리학, 인지과학 더 나아가서 인간과학, 전자공학, 정보공학 등의 공학 분야에서도 뇌파 연구를 주목하기 시작하였다.

뇌파의 측정 방법으로는 [그림 5-8], <표 5-3>에서와 같이 국제 10-20 전극 배치법이 일반적으로 사용되고 있다. 뇌파를 연구할 때, 특히 부위 등을 논의 할 때는 이 표현을 쓸 필요가 있다.

■ **표 5-3** 전극의 번호, 기호 및 명칭 일람표

국제식 기호		명 칭
좌	우	
F_{P1}	F_{P2}	전두극
F_3	F_4	전두
C_3	C_4	중심
P_3	P_4	두정
O_1	O_2	후두
F_3	F_4	전측두
T_3	T_4	중측두
T_5	T_6	후측두
F_z		정중전두
C_z		정중중심
P_z		정중두정
A_1	A_2	귀(귓불)

5.3.2 뇌파의 종류

뇌파는 α파, β파, θ파, δ파라고 부르는 4종류의 파로 구분되는 것이 일반적이다. 그러나, 이 구분이 명확한 근거에 의한 것은 아니다.

(1) α파

α파는 뇌파의 빠르고 느리고를 정하는 기준이 되는 파이다. 10 Hz 전후 즉, 8~13 Hz의 주파수를 나타내며 정상 성인의 두정부, 후두부에서 가장 현저하다. 이것은 사람의 뇌파를 처음으로 정확하게 기록한 Berger가 최초로 발견한 요소이기 때문에 α파라고 부르게 되었다. 정의에 따르면, α활동(α-activity)은 α파가 하나 또는 몇 개 연속해서 나타날 때를 의미하고, α율동(α- rhythm)은 거의 일정한 주파수의

α파가 규칙적인 리듬을 형성하여 연속적으로 출현하는 것을 말한다. 그러나, 지금까지 「α파」는 α파, α활동, α율동 등 모두를 나타내는 것처럼 사용되고 있다. 정상 성인이 각성폐안시(覺醒閉眼時)일 때 나타내는 α파는 눈을 뜨거나 정신활동을 할 때 감쇠하는 특징을 지닌다. 의식과 연관해서 설명하면, 잠에서 깨어 의식이 뚜렷하지 않는 상태(Relaxed Stated)일 때 출현한다. 안정시에서는 8～13 Hz의 파형을 중심으로 나타난다. 또, 꾸벅꾸벅 조는 상태(Drowsiness)에서는 α파의 진폭이 서서히 감소해 가는 것을 볼 수 있다([그림 5-9]).

동일한 10 Hz 전후의 주파수를 가진 파형이라도 두개상(頭蓋上)에서는 분포가 현저하게 다르거나, 개안 외의 자극에 의해 영향을 받지 않는 파, 예를 들어, 어떤 종류의 마취 때 출현하는 파는 α파라고 부르지 않는다. 주파수, 증폭, 출현 부위를 기재하여 α파와는 구별하는 것이 일반적이다. 정상 성인은 각성, 안정상태, 개안에서 주파수 10 Hz 전후, 진폭 50 μV 전후의 α파가 연속하여 후두부에서 우세하게 출현하고, 진폭 10～20 μV를 갖는 빠른 파형의 α파가 혼재한다.

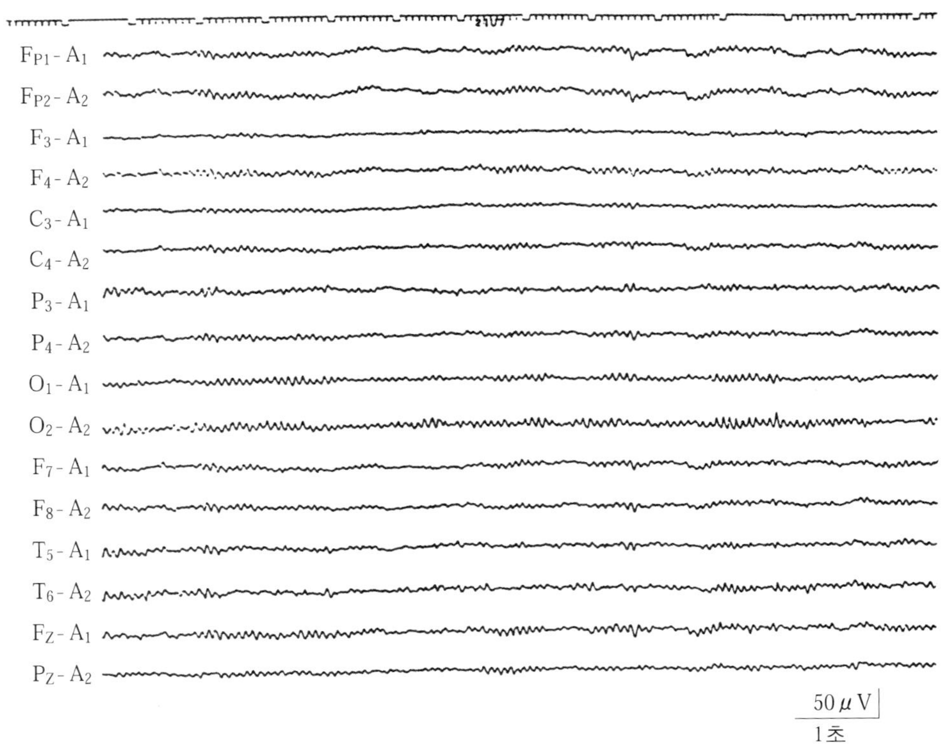

■ 그림 5-9 α파의 예

α파의 주파수는 일반적으로 8～13 Hz라고 규정되어 있으며 성인의 경우는 10 Hz 전후이다. 8 Hz 전후 때를 Slow Alpha Activity라고 부르고, 이때는 뇌기능에 장애가 존재할 가능성이 있다. 12～13 Hz의 α파를 나타내는 사람이 정상인 중에도 상당히 많지만, 10～11 Hz의 α파에 비하면 그 출현빈도는 훨씬 낮다. α파의 주파수는 기록부위에 따라 다소 다르다. 일반적으로 전두부의 α파는 후두부의 α파보다도 늦고, 그 차이는 1 Hz 미만이다.

α파는 두정부 및 후두부에서 우세하게 출현하며, 후두부에서는 진폭도 크고, 출현빈도도 높다. 또한 후두부 뿐만 아니라 전두부, 중심부, 두정부, 측두부 등 두개상(頭蓋上)의 모든 도출 부위에서 특이하게 출현하는 α파가 존재한다. 이러한 α파를 광범위성 α파(Diffuse Alpha Activity)라고 부르고, 다음과 같은 특징을 갖는다.

① α파의 분포가 광범위하다.
② α파의 출현율이 높다.
③ 진폭 변동(Waxing and Waning, α파의 진폭이 1초 아니면 수초의 주기에서 서서히 증가 및 감소를 반복하는 현상)이 적다.
④ α파의 주파수가 낮다(8 Hz 전후).

α파 및 빠른 파는 좌우 대뇌반구의 동일한 부위에서는 거의 좌우 대칭적이고, 그 주파수, 증폭, 위상이 같다. Aird[1]에 의하면, 정상 성인의 16.6 %는 후두부 α파의 진폭에 좌우 차이가 있고, 12.4 %는 우측의 진폭이 좌측보다 크다. 유・소아에서는 좌우 차이를 나타내는 경향이 더 크다.

그리고 α파는 자극이나 정신 작업에 의해 변화하는 것으로 알려져 있다. 자극에 의해 α파가 변화하는 경우, Blocking 현상, 감쇠 현상이 일어난다. 즉, α파가 소멸하거나 증폭이 작아지는 것으로 아래와 같은 경우에 관측된다.

- α파 Blocking(Alpha Blockade) : 뜬 눈에 의해 억제된다.
- α파의 감쇠 : 빛 자극, 소리 자극, 촉감 자극 등 지각 자극,
  암산 등 정신계 내에서의 활동

또한, α파의 변화는 정신 작업을 잘 나타낸다는 여러 가지 보고가 있다. α파의 변화는 다음과 같이 정리할 수 있다.

① α파 진폭의 감소[2]
② α파 출현율의 저하[3]
③ α파 Power의 감쇠[5][8]

대뇌의 기능 국재(機能局在)가 존재한다는 것은 오래전부터 잘 알려져 있다. 따라서, 배경 뇌파에도 그 기능 국재의 영향이 반영되고 있다고 생각되고 있다. α파의 출현이 대뇌 반구 사이에서 차이가 있는 것이 아닌가라는 논의가 자주 되고 있다. 정신 작업에 따른 좌우 반구의 인지 기능 차이로써 언어적/수치적 작업에서는 좌반구에서 α파 억제, α파 파워의 감쇠가 나타나고, 공간적 작업에서는 우반구에서 α파 억제, α파 파워의 감쇠가 나타난다는 연구 결과가 있다[7][10][11].

(2) 빠른 파와 느린 파

빠른 파(Fast Wave)란 α파보다도 주파수가 빠른 파를 총괄한 것이다. Berger는 최초로 이것을 일괄해서 β파라고 이름 지었다. 현재는 중간 속도파(14~17 Hz), β파(18~30 Hz), γ파(30 Hz 이상)의 세 개의 주파수 대역으로 나뉘어져 있지만, 14~20 Hz와 20 Hz 이상의 두 개로 나누는 방법도 있다. 국제뇌파학회연합의 권고안에서는 주파수 14 Hz 이상의 파가 β파로서 총괄되고, 「γ파」는 사용하지 않는 것이 좋다고 기술하고 있다.
빠른 파는 느린 파(Slow Wave)와 달리 정상 뇌파에서도 α파와 함께 출현하지만 진폭이 작은 것이 보통이고(10~20 ㎶), 진폭이 과도하게 클 경우(예를 들면, 50~100 ㎶ 이상)에는 이상이 있는 것으로 본다. 어느 정도 현저한 좌우차가 있을 때에도 비정상이라고 생각된다.
빠른 파는 정상 성인이 각성되어 있을 때 나타나는 것 이외에 수면시, 벤조 디아제핀 유도체나 바르비트루산계 약물 사용(내복, 정맥주사)시에도 나타난다. 병적인 경우로서는 정신지체, 두부 외상, 뇌수술 후, 몇 몇 종류의 신경질환이나 내분비 질환의 경우 등에도 나타난다.
한편, 느린 파란 α파보다도 주파수가 낮은 파형이라는 의미이고 가장 낮은 δ파(Delta Wave)와 중간파인 θ파(Theta Wave)로 나눌 수 있다. 양쪽 모두 각성 상태에 있는 정상 성인에게는 거의 출현하지 않는다. 느린 파는 생리적으로는 유 · 소아의 뇌파, 수면시의 뇌파에 보이고, 병적 상태로서는 간질병, 뇌종양, 뇌의 혈관장애 등 몇 몇 종류의 기질 뇌질환, 의식장애, 저산소 상태, 저혈압 등 여러 가지 뇌의 기능장애가 있을 때 출현한다.
느린 파 중 θ파는, Walter에 의해 명명된 것이고 유 · 소아의 뇌파나 수면시 뇌파에 나타날 뿐만 아니라, 계산 등 정신작업으로 부하가 있을 때 또는 신경증 등 정신동작적으로 불안정 상태에 있는 경우 등에도 출현한다고 알려져 있다.

전두정중선부에 나타나는 θ파 리듬은 정신 작업 중에 가장 우세하게 출현할 때가 있다. 이러한 리듬을 Fmθ(Frontal Midline Theta Rhythm)라고 부른다. Fmθ의 예가 [그림 5-10]에 나타나 있다. 그 출현에 변수(Variation)가 크고, 모든 피험자한테 또는 모든 정신 작업 중에 나타나는 것은 아니다.

지능검사 중에 Fmθ가 나타난다는 보고가 있다. 자주 이용되는 지능검사에는 [그림 5-11] 같은 것이 있다.

지능검사(도형과 수의 치환, 도형지우기)에서는 지각의 속도가 요구되고, 기억, 선별, 필기가 빠르게 반복되지 않으면 안 된다. 따라서, 지적인 주의 집중 유지 기능이 지속되기 때문에 잡념이 들어가는 여지가 적다. 따라서, Fmθ는 지적인 주의 집중 유지 기능 또는 높은 각성 수준(Arousal Level)의 유지 기능과 밀접한 관계가 있다.

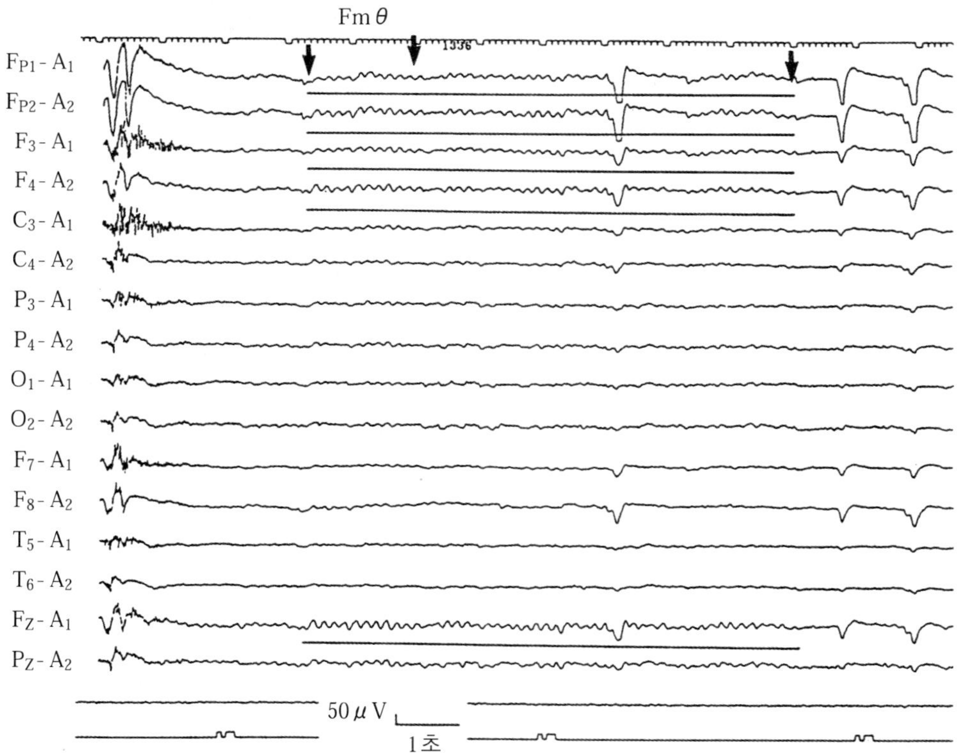

■ **그림 5-10** Fmθ의 예

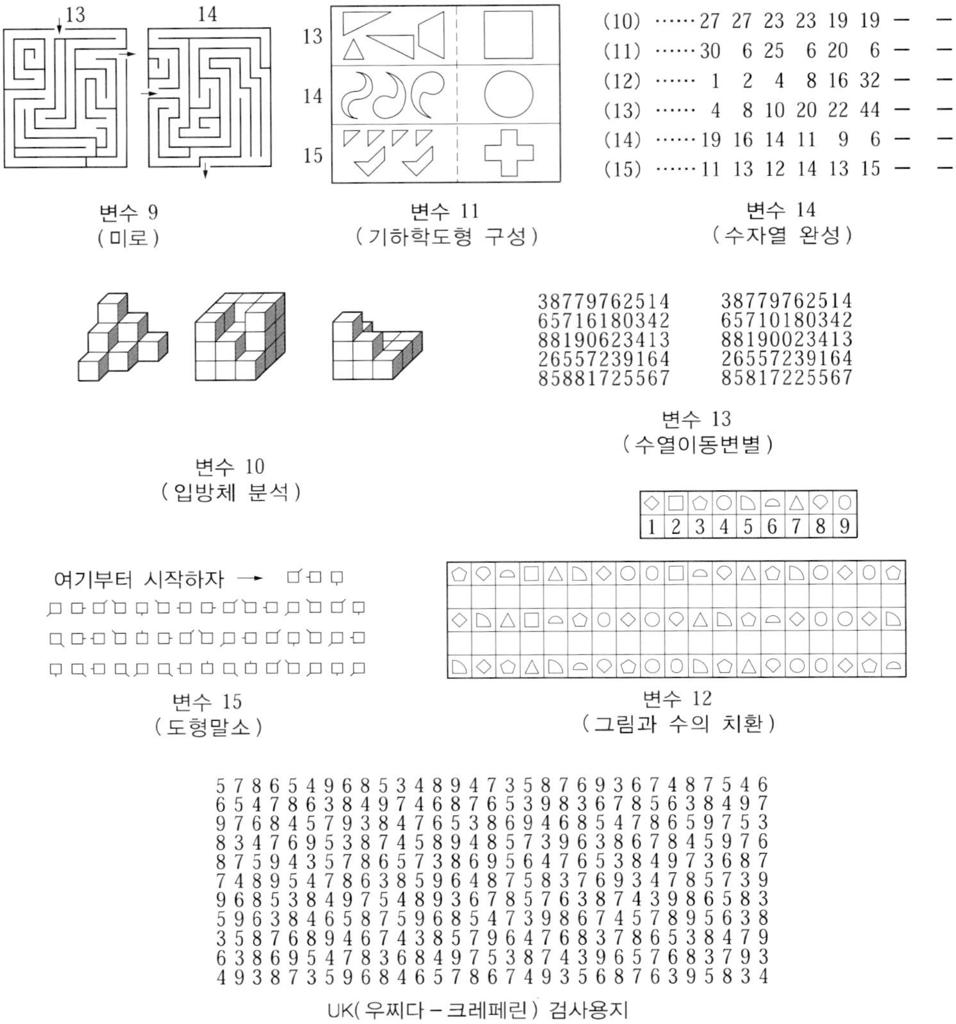

■ **그림 5-11** 지능검사의 예

Fmθ의 출현 요인으로 동기 요인이 있다. 동기 요인과 관련된 심리적 태도에는 의욕이나 만족, 유쾌 등의 정동적인 태도가 포함되고, Fmθ가 정동적 요인에 의해 출현하기 쉽다고 판단된다. 동기는 작업 장면에서 적절한 정도의 긴장과 집중에 의해 발생한다.

내성보고로서는,

- 계산이 리듬을 타고 나아갈 때
- 틀린 것을 정정하려고 노력하고 있을 때
- 계산에 열중하고 있을 때
- 다른 것을 생각할 수 없을 때
- 자기가 무엇을 하고 있었는지 모를 때(무아의 상태에서 작업을 하고 있음)

등이 보고되고 있다. Fmθ는 전두정중 선부 부근에 가장 강력하게 출현하는 θ리듬이고, 보통은 6～7 Hz의 주파수를 가지며, 정신 작업 등으로 인해 증가된다. 또, 일정한 수면 단계에서 나타날 때가 있다.

θ파와 정신 활동 간의 관계는 Fmθ가 현저하게 나오지 않는 사람이라도 정신 활동을 반영한 배경 뇌파가 출현하는 것이 아니냐는 의문에서 출발한다. 정신 활동을 θ파로 측정할 수 있는지를 알아보는 연구가 진행되었고 그 결과는 다음과 같다.

[그림 5-12] 하단은 작업 시간과 작업량 변동과의 관계를 나타낸 것이다. 가로축은 시간이고, 15분을 1단계로 하고, 총 2시간, 즉, 8단계를 나타내고 있다. 세로축은 작업량이다. 세로축의 위로 갈수록 작업량이 많아진다.

그림에서 작업개시 후 30분까지는 작업량이 상승하고, 제 3단계에서 작업 속도가 저하하고, 또, 상승해 간다. 그리고, 제 5단계에서 최고점에 이르고, 제 6단계에서 최하점에 이르며, 제 7단계에서 상승하며, 이후의 제 8단계에서 떨어지는 경향이 보인다. [그림 5-12] 상단의 세로축은 θ파의 10초간의 평균 전위이다. 측정은 작업 중에서는 눈 깜빡임의 영향도 있고, 안정적인 측정을 할 수 없어서, 각 단계 종료 직후에 눈을 감은 상태에서 하였다. 이 결과를, 그 앞선 단계의 θ파 전위로 간주했다. 이 결과를 보면 작업 성과의 변동과 아주 비슷하다는 것을 알 수 있다.

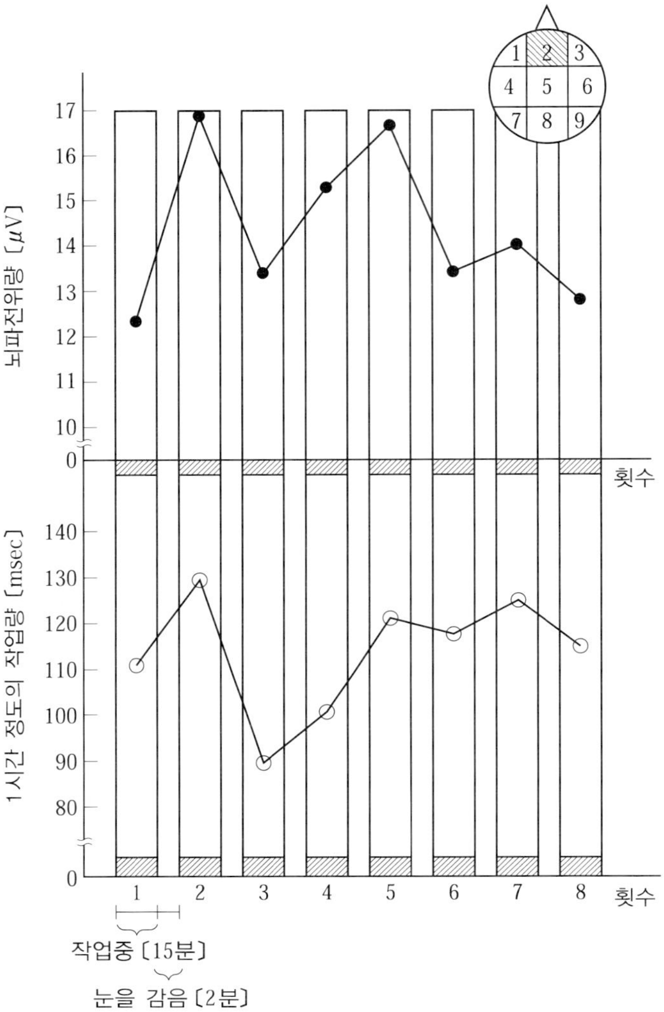

■ **그림 5-12** 작업 진행과 θ파의 관계

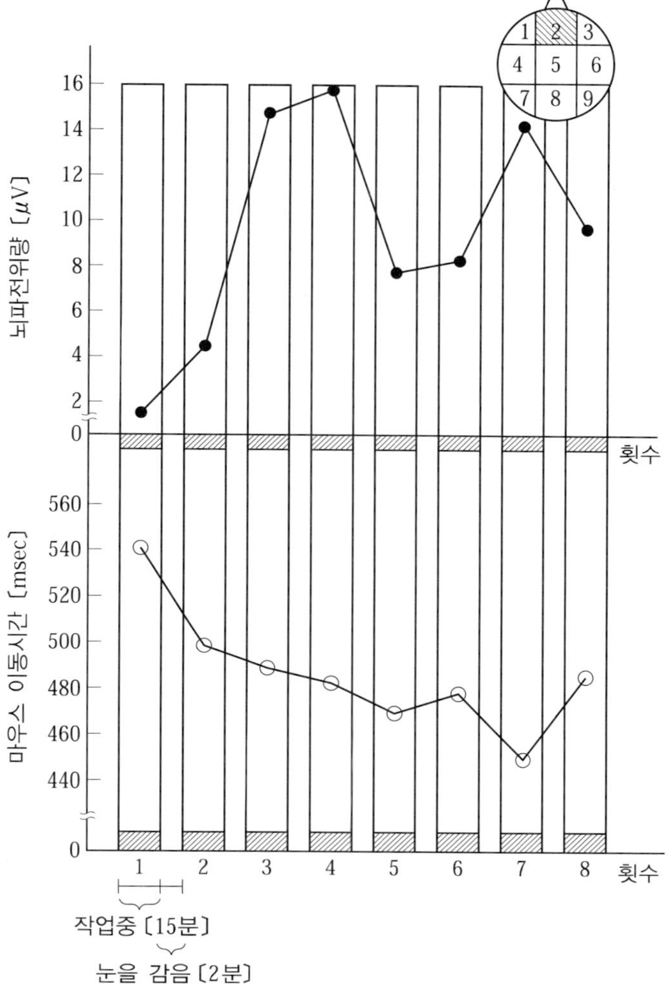

■ **그림 5-13** 마우스 작업과 θ파의 관계

[그림 5-13] 하단은 마우스를 이용한 작업의 결과이다. 마우스의 조작 시간을 세로축으로 잡고, 위로 갈수록 조작에 시간이 걸리고, 아래로 갈수록 빠르게 조작을 할 수 있다는 것을 나타낸다. 작업 시간은 [그림 5-12]와 같고, 총 2시간, 120분을 15분씩 구분 짓고, 1단계로 했다. 1~5단계에 걸쳐 조작 시간이 지속적으로 내려가고, 제 6단계에서 조작 시간이 늦어지고, 제 7단계에서 빨라지고, 제 8단계에서 늦어지는 것을 알 수 있다. [그림 5-13] 상단 세로축은 θ파의 전위를 나타내고 있다. 측정 조건은 [그림 5-12]의 경우와 같다. 이 결과를 보면, 작업이 제 5단계까지 진행되면 θ파의 전위도 상승해 간다. 즉, 정신적인 집중을 나타내고 있다고 생각

된다. 그리고, 제 5～6단계에서 작업 속도가 늦어지면서 θ파의 전위도 내려간다. 또, 7단계에서 작업 속도가 빨라지면, θ파의 전위가 올라가고, 따라서 정신적 집중도가 높아진다고 할 수 있다. 그리고, 최후의 제 8단계에서 작업 속도가 떨어지면 θ파의 전위도 올라간다. 이렇게, θ파의 변동에서도 정신적인 변동이 관찰될 수 있다.

5.4 3D TV 시청 때의 뇌파 변화

본 절에서는 3D TV를 시청할 때의 뇌파 변화에 대해서 기술하고자 한다. 여기서, 최대의 흥미는 인공적인 3차원 영상을 시청하는 것과, 일반적인 2차원 영상을 시청할 때의 뇌파이다. 두 조건에서의 차이가 생리적으로, 특히, 대뇌 활동에 대해서 어떤 차이를 유발하는가 하는 것이다. 만약 차이가 있다면, 3차원 영상의 시청이 인간에게 스트레스를 준다고 판단되고, 따라서 피로와의 관련에 대해서도 더욱 검토하지 않으면 안 될 것이다.

5.4.1 입체 영상과 뇌파의 실험적 검토 예

편광 필터를 이용한 입체 디스플레이 시스템에 의해 만들어진 입체 자극을 사용해서 사람이 이것을 주시하고 있을 때 뇌파에 어떤 변화가 생기는지를 조사한 연구 결과가 있다[14]. 편광 필터를 이용하여 좌우의 시차에 대응하는 좌우 분할된 영상을 TV 화면에 제시한 다음, 편광 필터를 착용하고 영상을 관찰하게 함으로써 좌우의 눈에 각각의 영상이 입력되게 하는 것이 가능하다. 두 개의 영상은 대뇌에서 융합되고, 궁극적으로 입체상을 지각하게 된다. 따라서, 융합 때의 대뇌 활동은 융합 과정의 정보처리 및 부담감의 상태와 대응하게 된다. 대뇌 활동은 생리적 반응으로서 배경 뇌파를 관찰함으로써 알 수 있다. 특히, 뇌파 출현과 두피 부위 간의 관계, 더 나아가서 사람이 편광 방식 3D TV 영상을 볼 때의 뇌파 영향을 검토할 수 있다. 지금부터는 입체 영상 화면을 3D, 2차원 영상 화면을 2D라고 기술하도록 한다.

실험에 사용될 입체 영상 시스템 즉, 한 쪽 TV를 우안 영상 표시용, 다른 한쪽을 좌안 영상 표시용으로 하고, 두 대의 TV 앞에 편광 필터를 장착한 후 서로 90° 위치가 되도록 배치하고, 하프 미러를 이용해서 동일한 화면에 디스플레이 한다. 피험자는 편광 필터 안경을 착용한 후 화면을 관찰한다. 화면 크기는 시각이 21°이고, 피험자의 눈높이가 화면의 중앙에 오도록 조정한다.

실험용 3D TV 화면으로서 다음 4종류의 영상을 사용하였다.

① 볼링핀 던지기 장면(볼링핀)

② 스트리트 오르간의 이동 장면(오르간)

③ 거북이의 유영 장면(거북이)

④ 갈매기의 비행 정지 장면(갈매기)

이들 영상에는 각 각 아래와 같은 특징이 있다.

① 움직임이 있는 영상으로서 입체를 강조

② 느린 움직임

③ 시차(돌출 정도)를 강조

④ 갈매기의 수를 세기

영상의 깊이감은 화면에 나타나는 입체 영상의 돌출 정도로 나타난다.

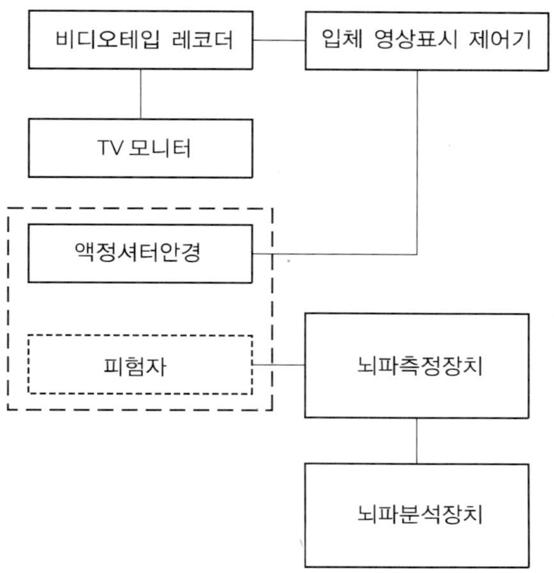

■ **그림 5-14** 실험에 사용한 입체 영상 시스템

각 자극의 돌출 정도의 관계를 <표 5-4>에 기술하였다. 표 에서 각도란 입체 영상과 눈이 만든 각도, 즉, 시각도를 가리킨다. 각 화면의 비교 대상 화면으로서는 일상의 화면(2D)을 사용하였다.

표 5-4 실험에 사용한 입체 영상의 특성

영상	날아오르는 거리	각도(°)
볼링핀	28.7～89.6	2～3.2
기러기	47.0～89.6	2～2.2
거북이	106.0～135.0	3.3～4.2
오르간	0.0～28.7	0～2

입체 자극의 제시 순서는 아래와 같다.

S → X → A → D'→ C → B' → A' → C → D' → B → S

위에서 A～D는 영상 ①에서 ④를, A'～D'는 영상 ①에서 ④의 레퍼런스 화면(2D)을 나타낸다. S는 눈을 감은 안정적인 상태에서의 제어 자극이고, X는 피험자로 하여금 입체 영상에 익숙해지도록 하기 위하여 제시한 연습용 자극이다. 그리고, A～D, A'～D'의 8개의 영상은 무작위로 제시되었다.

뇌파 측정조건으로서 전극 위치는 국제 10-20 전극 배치법에 따랐으며 총 16의 전극으로부터 뇌전위를 측정하였다. 기준 전극은 좌우 양쪽 귀볼로 하였고, 좌우 공통 접지를 사용하였다.

뇌파 해석은 CTE(Computer Topographic EEG)를 사용해서 2차원 뇌전도 분석을 하였다. 분석 수순을 [그림 5-15]에 나타냈다. 분석에 사용한 것은 θ파, Slow α파, Fast α파, β파 4개이고, 각 주파수 대역을 <표 5-5>에 제시하였다. 그런데, δ파는 호흡, 몸의 움직임, 안구 운동의 artifact가 개입하기 때문에 분석에서는 제외하였다.

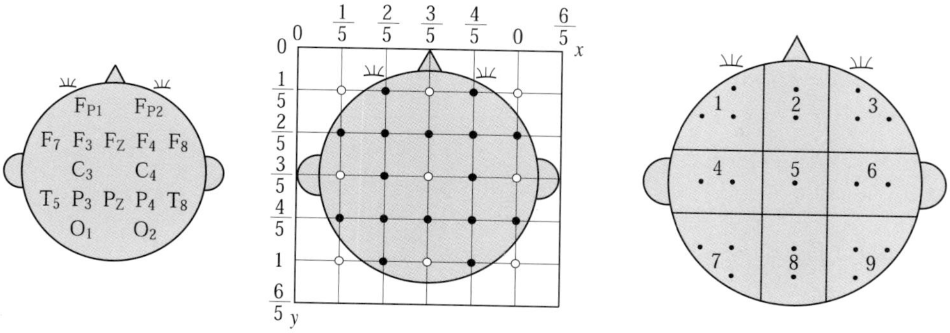

■ **그림 5-15** 전극의 배치 및 9가지 편집 위치

■ **표 5-5** 뇌파의 종류와 주파수 대역

뇌 파	주파수 대역(Hz)
θ파	3.4～7.8
slowα파	8.0～10.0
fastα파	10.2～12.4
β파	12.6～24.8

5.4.2 입체 영상과 뇌파의 관계

[그림 5-14]의 시스템에 의해 도출된 뇌파는 2차원 뇌전도 해석 장치를 이용해서 분석되어 있다. 이 분석 방법은 각 16전극에서의 뇌파를 FFT 한 다음 선형 보간을 통해 25부위([그림 5-15] 격자점)를 구하는 것이다. 따라서 25부위 각각의 주파수 대역에 대한 전압을 구할 수 있다. [그림 5-15]는 뇌파의 부위적 변화를 보기 쉽게 하기 위해 25부위를 9개의 부위로 나누고, 각 부위 내의 평균 전압을 기초로 분석하는 것이다. 이러한 방법을 선택하는 것은 25부위의 변동에서는 부위 간의 특징을 잡으면 너무 촘촘하여 특징 추출에는 적합하지 않기 때문이다.

야마모토 등[15]은 9개 부위에서 편집된 데이터를 변량분석(3원배치) 기법을 사용하여 분석하였는데, 이 때 데이터 모델은 아래와 같이 가정하였다.

$$X_{ijkl} = \mu + \alpha_i + \beta_j + \gamma_k + (\alpha\beta)_{ij} + (\beta\gamma)_{jk} + (\alpha\gamma)_{ik} + (\alpha\beta\gamma)_{ijk} + \epsilon_{ijkl} \qquad (5 \cdot 2)$$

여기서, i는 영상의 종류를 나타내고, 1이 볼링핀, 2가 거북이, 3이 오르간, 4가 기러기이다. $j=1$은 2D $j=2$는 3D의 경우다. 또, $k(=1\sim9)$는 편집된 측정 위치([그림 5-15] 참조), $l(=1\sim9)$는 피험자다.

분석 결과가 <표 5-6>에 제시되었다. 이로부터 θ파에선 표시 자극 사이와 부위 사이 및 자극과 2D · 3D의 교차 작용에 의미있는 결과를 볼 수 있다. 즉, Slow α파, Fast α파 및 β파에서는 부위 간에서 유의한 차이가 확인되었다. 더 나아가, 이 결과를 토대로 실험 조건(자극의 종류)과 부위에 대한 특징의 추출을 시도하였다. 피험자 사이와 부위 사이의 평균식(MEAN)과 표준편차(SD)를 구하고, 각 피험자 사이의 평균식(Z_{ijk})을 기초로 아래와 같은 부위별 분류를 하였다. [그림 5-16]은 그 결과이다.

Z_{ijk} < MEAN − 2SD ··· − −

Z_{ijk} < MEAN − 1SD ··· −

Z_{ijk} < MEAN + 1SD ··· +

Z_{ijk} < MEAN + 2SD ··· + +

뇌파의 주파수 대역마다 이 결과를 검토해 보면, 우선 θ파로는 거북이와 오르간에서는 2D에서 전두부 중앙이 다른 부위보다 전위가 높고, 3D에서는 전두부 중앙 및 두정부에 걸쳐서 다른 부위보다 전위가 높은 것을 알 수 있다. 또, 핀에서는 2D와 3D에서 전두부 중앙의 전위가 높고, 2D에서 우측후두부의 전위가 낮은 것에 비해, 3D에서는 좌후두부에서 전위가 낮고, 새에서는 전두부 중앙의 전위가 높았다. Slow α파에서는 2D와 3D 양자에서 공통적으로 전두부 중앙의 전위가 높았다. 또, 핀에서는 2D에서 우측두부에서 우후두부의 전위가 낮고, 거북이 에서도 우전두부에서 우측두부의 전위가 낮았다. Fast α파에서는 4조건 모두 전두부의 전위가 높았다. 더욱이, 오르간에서는 2 D에서 좌측두부의 전위가 낮았다. 또, β파에서는 4자극 모두 전두부의 전위가 높았다.

■ **표 5-6** 분류분석 결과

(a) θ파

요인	평방화	자유도	평균평방	F값
A	32.05	3	177.35	13.933***
B	237.78	8	29.72	2.335**
A×B	95.20	24	3.97	0.312
E	2291.13	180	12.73	–
T	3156.15	215	–	–

(b) slow α파

요인	평방화	자유도	평균평방	F값
A	9147.08	3	3049.03	122.585***
B	484.65	8	60.58	2.436**
A×B	543.91	24	22.66	0.911
E	4477.10	180	24.87	–
T	14652.75	215	–	–

(c) fast α파

요인	평방화	자유도	평균평방	F값
A	640.11	3	213.37	28.282***
B	154.22	8	19.28	2.555**
A×B	155.54	24	6.48	0.859
E	1357.97	180	7.54	–
T	2307.84	215	–	–

* $p < 0.10$ ** $p < 0.05$ *** $p < 0.01$

A : 실험 조건의 효과(자극의 종류)

B : 전극 부위 간의 효과

A×B : 상호 작용

E : 오차

T : 총계

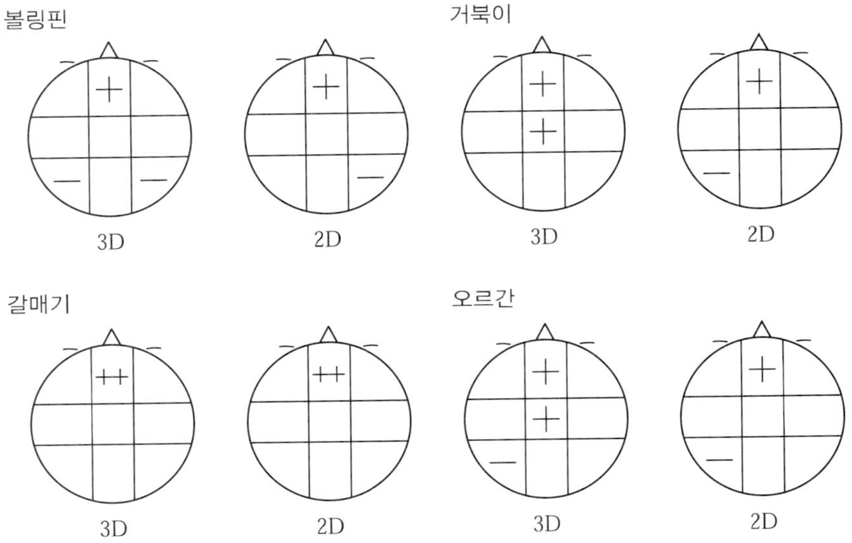

■ **그림 5-16** 뇌파 전위의 부위 간 변위(θ파의 경우)

분석 결과를 보면, θ파에서 자극간, 부위간 또는 자극과 부위의 교차 작용을 하는 곳에 유의미한 차이가 발생한다는 것을 알 수 있다. 특히 이 교차 작용의 영향이 거북이와 오르간의 자극에서 전두부 중앙부터 두정부에 걸쳐서 전위가 높아지고, 또 현저하게 나타나고 있다. 이 영향을 영상 특성과의 관계에서 보면 튀어나오는 거리가 거북이는 106~135 cm, 오르간은 0~30 cm인 것에 비해, 볼링핀은 30~90 cm, 갈매기는 47~90 cm이다. 즉, 30 cm 이내의 영상의 돌출되는 정도와 106 cm 이상이 돌출되는 경우에서는 전두부에서 두정부에 걸쳐서 θ파가 높게 출현하고 있음을 시사한다.

야마모토 등[14]이 이용한 입체 영상 시스템은 편광 필터 안경으로 좌우를 분리한 영상이 눈에 들어오게 하고, 대뇌에서 그 영상을 융합한다. 또, 2D 화면을 관찰하고 있을 때에는 좌우의 눈에 같은 영상을 나눠서 입력시키고 있다. 이 때도 융합을 하고 있다고 생각되지만, 3D때와 다른 것은 좌우의 눈에 들어오는 상이 같다는 점이다. 3D에서는 좌우의 상이 약간 벗어나서 들어오게 되고, 이것을 대뇌에서 하나의 상으로 융합한다. 이러한 차이가 대뇌에서의 처리, 즉, 하나의 정보 처리의 차이가 되고, 부위간의 변화로서 나타난다고 생각된다. 그리고, 과반수 이상의 피험자들 뇌파에서 전두부 중앙부터 정중선상의 부위(Frontal-Mid-Line)에서 θ파가 확인되었다는 연구결과가 있다([그림 5-17] 참조).

이는 정신 작업을 할 때 작업 집중 시에 나타나는 경향[9][15]이 입체 영상 관찰 중에서도 나타난다는 것을 시사하는 것이다. 따라서 영상 정도에 따라서 화면에 대한 집중도가 더욱 요구되는 입체 영상을 장시간 관찰하는 것이 인간에게 부담감으로 작용하는듯 하다.

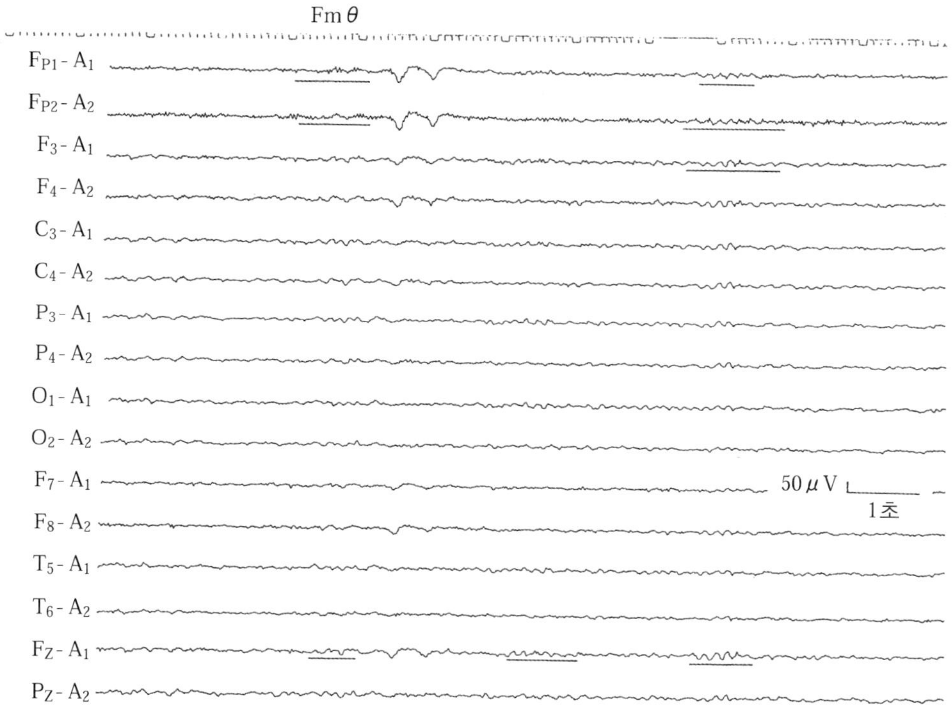

■ **그림 5-17** 입체 영상을 관찰하고 있을 때의 Fmθ의 예

이러한 이유 때문에, 화면에서 튀어나오는 정도가 너무 커도 안되고 작아도 안 된다는 것을 알 수 있다. 즉, 30 cm 이하나 90 cm 이상의 튀어나오는 영상은 보는 사람에게 상당히 부담감을 증가하는 것으로 알려져 있다. 거꾸로, 30 ~ 90 cm의 돌출은 사람들이 그다지 집중해서 응시하지 않아도 된다는 것을 시사한다.

입체 영상에서는 인간에게 바람직한 표시 조건과 바람직하지 않은 표시 조건이 있고, 바람직하지 않은 입체 영상을 장시간 관찰해 나가는 것은 인간에게 상당한 부담을 주는 것으로 판단된다.

입체 영상 표시 방법은 아직 고려해야 할 점이 많지만, 인간에게 부담이 되지 않는 표시 방법의 개발이 요구 된다. 더 나아가서 대뇌의 활동, 특히, 입체 지각에 관해서는 대뇌 부위 사이의 차이와 대뇌의 기능 특성에 맞추어 검토할 필요가 있다.

5.5 이후의 과제

우선, Fmθ와 3D TV의 관계를 검토하는 것이 필요하다. 왜냐하면 Fmθ는 인간의 집중감(Concentration)과 관련이 있는데, 3D TV를 시청하는 것에 의해 무엇인가의 집중감이 요구되어지고, 그 지속이 이른바 피로로 연결되는 점을 쉽게 상상할 수 있기 때문이다.

입체 영상을 관찰하는 것은 대뇌에서 정보 처리 활동을 하고 있는 것이라는 점은 이미 기술하였다. 이와 같이 정보 처리를 계속하는 것은 특히, 과도한 정보 처리를 계속하는 것은 대뇌의 활동에 많은 변화를 가져올 것이라고 판단된다. 이 점을 명확하게 하는 방법의 하나로서 유발 전위, 특히, 사상 관련 전위의 변화를 연구하는 것이 필요하다. 특히, 정보 처리 활동이라는 점에서 생각하면 수반성 부성 변동(Contingent Negative Variation : CNV) 요인에 주목할 필요가 있다. 현재까지 정신적 스트레스와 CNV의 관련에 대한 연구가 진행되고 있고, 이 점을 더욱 진행할 필요가 있다고 생각된다. 나아가 MRI에 의한 연구를 통해 3D TV와 집중감, 스트레스의 관계가 명확해질 것으로 기대된다.

Chapter 06

3차원 영상이 평형감각, 방향감각, 운동감각에 미치는 영향

6.1 전정 감각계에 의한 자기 운동감각 메카니즘

3차원 영상은, 시각계에 근거한 자기 운동감각 메카니즘을 통해서 우리의 평형감각, 방향감각, 운동감각에 영향을 미친다. 자기 운동감각 메카니즘은 복수의 감각계에서 정보를 받는 감각 통합 시스템이지만, 그 기본이 되는 것은 귀 속에 있는 전정 감각계이다. 여기에서는 먼저 전정 감각계에 의한 자기 운동감각의 메카니즘에 대해서 기술한다.

태고로부터 수생동물은, 액체가 꽉 찬 구멍 속에 감각모로 덮인 세포가 들어찬 원시적 기관을 가지고 있었다. 이것은 외계의 변화나 자기의 운동에 대해 일으키게 되는 액체 운동에 반응하는 것이고, 전정 감각계와 청각계는, 이 원시적 기관으로부터 진화해 왔다. 전정 감각계의 구조를 [그림 6-1]에 제시하였다.

전정 감각계는 자기 회전운동을 감지하는 반규관(半規管, 반고리관)과 자기 직선운동을 감지하는 난형낭(卵形囊), 미로소낭(迷路小囊)으로 되어 있다. 전정 감각계에서의 정보는 대뇌피질 두정엽의 전정 감각계로 전달되고, 자기운동 감각을 일으킨다.

자기 회전운동 감지기인 반규관(반고리관)의 구조를 [그림 6-2]에 제시하였다. 반규관(반고리관)은 내임파액으로 가득찬 둥근 원 형태의 관이고, 난형낭(卵形囊)과의 결합부위 일부분에, 다모 감각세포로 구성된 감각상피를 내장하고 있는 팽대부릉(膨大部稜)이 있다. 머리 회전에 의한 내임파액의 흐름이 다모 감각세포를 자극, 자기 회전운동 감각을 일으킨다.

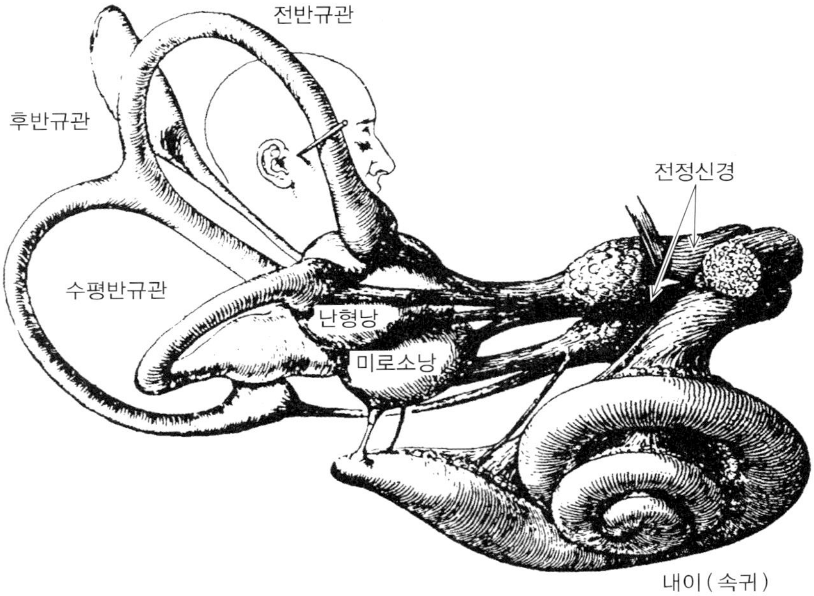

■ **그림 6-1** 전정 감각계의 구조

팽대부릉(膨大部稜)의 정상부에 작용하는 힘, 즉, 내임파선과 정상부의 관성 H, 머리의 각 가속도와 α의 곱, 정상부의 각 변위량 θ 사이에는 다음과 같은 관계가 있다[1].

$$\alpha H = k\theta + r\frac{d\theta}{dt} + H\frac{d^2\theta}{dt^2} \tag{6 · 1}$$

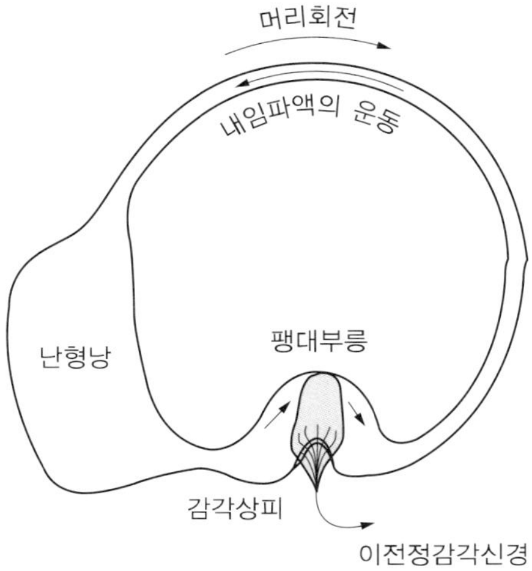

■ **그림 6-2** 반규관의 구조

여기서, k는 내임파선과 정상부의 탄성, r은 내임파선과 정상부의 점성이다. 점성에 비해 관성과 탄성이 작으므로 식(6・1)은 다음과 같이 근사할 수 있다.

$$\alpha H = r\frac{d\theta}{dt} \tag{6・2}$$

식(6・2)의 양변을 적분하면, 정상부 변위의 크기가 머리의 각 속도에 비례하는 것을 알 수 있다. 따라서, 반규관(반고리관)에 의해 머리의 각 속도에 비례하는 다모 감각세포의 반응을 얻을 수 있다. 이를 위해서는 적분이 필요하고, 반규관(반고리관)의 감각기인 다모 감각세포 그 자체는, 머리의 회전속도가 아닌 머리의 회전속도 변화에 반응한다는 것에 유의할 필요가 있다.

[그림 6-1]에 나타내듯이 서로 직교하는 수평 반규관(수평 반고리관), 전반규관(전반고리관), 후반규관(후 반고리관)이 조화를 이루어 삼반규관(세반고리관)이 형성된다. 삼반규관[그림 6-3]에 나타낸 것과 같이 수직・수평 ・ 회선의 3축 주위의 회전운동에 반응한다[2]. 이러한 회전 운동을 각각 수직축 회전(Yaw), 수평축 회전(Pitch), 회선축 회전(Roll)이라고 부른다.

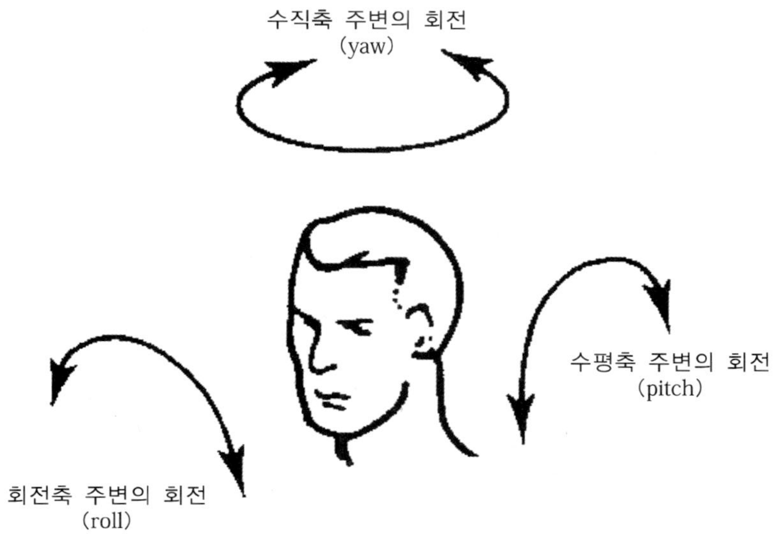

■ **그림 6-3** 자기운동의 3개 회전축

자기 직진운동의 감지기인 난형낭(卵形囊), 미로소낭(迷路小囊)은, [그림 6-1]에서처럼 삼반규관(세반고리관)의 결합부에 있는 내임파액으로 가득 찬 주머니이다. 이것들은, 평형반이라고 부르는 감각상피를 내장하고 있다. 평형반은 다모감각세포로 되어 있고, 모든 털은 평행석이라고 부르는 방해석의 결정을 포함한 젤라틴의 액체를 향해서 솟아나 있다.

머리의 직선운동 속도와 방향의 변화나 머리의 중력에 대한 기울음에 의해 일으키게 되는 평행석의 이동이 다모 감각세포를 자극한다. 반규관(반고리관)과 마찬가지로, 난형낭(卵形囊), 미로소낭(迷路小囊)에 의해 머리의 직선운동이 검출되지만, 다모 감각세포 그 자체는 머리의 직선 운동자극에 반응하는 것이다[3]~[5].

[그림 6-4]에서와 같이 난형낭(卵形囊)은 거의 수평면내에, 미로소낭(迷路小囊)은 거의 수직면 내에 위치하고 있어서 좌우・상하・전후의 3방향의 직선 운동에 반응하면서 중력에 대해서도 반응한다[6].

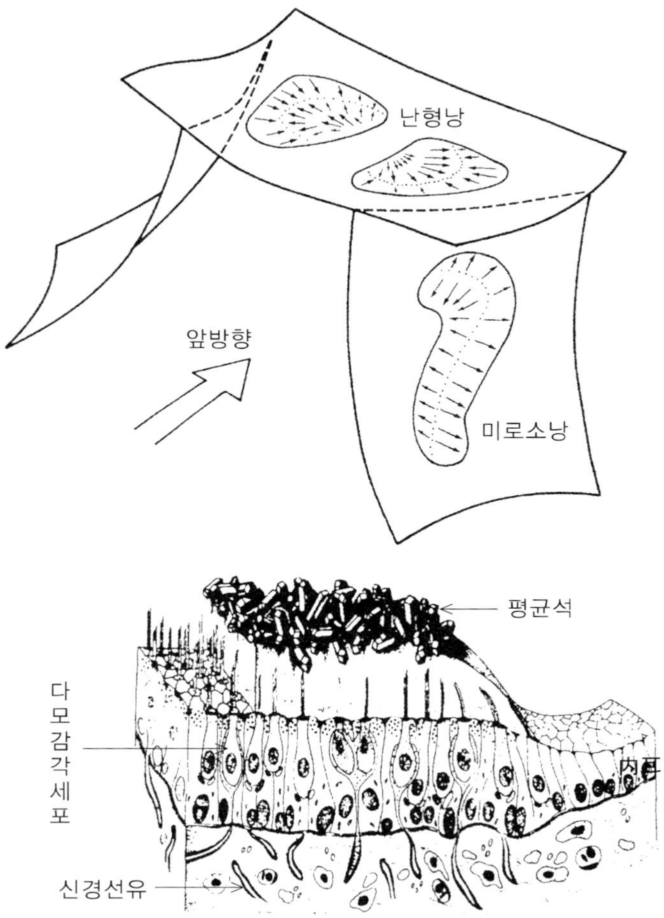

■ **그림 6-4** 난형낭(卵形囊)・미로소낭(迷路小囊)의 구조

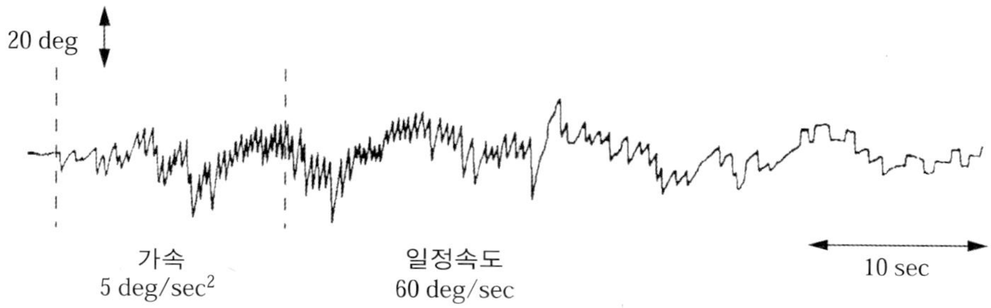

■ **그림 6-5** 전정 동안반사의 예

전정감각계의 반응으로써, 제일 먼저 전정안구반사(Vestibulo-Ocular Reflex : VOR)를 꼽을 수 있다. 이것은 머리가 회전할 때에 망막상을 안정시키기 위해 생성되는 안구운동이다. [그림 6-5]에서 처럼 머리 운동 방향과 역방향의 추종형태의 운동이 발생하고 이러한 추종형태 운동은 다시 시선을 거의 정면으로 돌리기 위한 급속한 눈 운동에 의해 중단된다. 전정감각계의 감각세포는 머리의 각 가속도에 반응하기 때문에, 전정안구반사는 머리가 움직이기 시작했을 때와 정지했을 때에만 생성되고, 일정속도에서의 머리 회전운동이 계속되면 서서히 소멸한다[7][8].

전정감각계 제2의 반응은 자기운동 감각이다. 완전한 암흑 속에서 수동적으로 회전하게 되면, 각 가속 중에는 자기 운동감각이 증가해 가지만 회전이 일정 속도에 도달한 후 얼마 지나면 자기 운동감각이 감소하게 되며, 전정동안반사와 유사한 패턴의 자기 운동감각이 생긴다. 회전을 멈추기 위한 각 감속 중에는 각 가속중과는 역방향의 자기 운동감각이 생성되고, 신체가 정지한 후 얼마 지나면 감소한다. 감각이 생성되기까지의 지연 시간에 따라서 자기 회전운동 감각의 감도가 측정되는데, 자기 회전운동 감각의 감도는 약 0.3 deg/sec^{2}인 것으로 알려져 있다[9].

자기 직선운동에 대한 난형낭(卵形囊), 미로소낭(迷路小囊)의 반응도 반규관(반고리관)과 같이 단발성이고, 일정 속도에서의 직선운동은 감지되지 않는다. 비행기가 순항속도로 날고 있을 때, 자신의 운동을 전혀 모르게 되는 이유가 여기에 있다. 자기 직선운동의 감도도 감각이 생성되기까지의 지연 시간에 따라 측정되는데, 약 10 cm/sec^{2}인 것으로 알려져 있다[10].

전정감각계는 속도에 반응하는 지속성 시스템은 아니고, 가속도에 반응하는 단발성 시스템이다. 하등동물에게 가장 중요한 것은 움직임의 시작 · 중지 · 운동의 방향변환이라는 자신의 운동변화에 관한 정보이고, 전정감각계는 이러한 기본적 요구를 충분히 만족시킬 수 있다. 그러나, 사람같은 고등동물의 행동에서는 일정속도로 운동하고 있을 때에도 자기운동을 감각하는 것이 요구된다. 따라서, 지속성 반응을 나타내는 다른 감각계, 특히, 시각계가 큰 역할을 한다. 시각계에 의한 자기운동의 감각, 즉, 시각유도 자기 운동감각(Vection)은 결코 착각이 아니고 자기 운동감각 메카니즘의 필수적인 부분이다. 다른 감각계에서의 정보가 없는 경우 자기 운동감각으로서 중요한 역할을 한다.

6.2 시각계에 의한 자기 운동감각

6.2.1 회전운동에 관한 시각유도 자기 운동감각(Circular Vection)

자기회전운동에는 [그림 6-3]에서와 같이 수직・수평・회선의 3가지 회전축이 있고, 각각의 회전축에 대해서 시각유도 자기 회전 운동감각(Circular Vection)이 존재한다. 그런데, 기존의 시각유도 자기 운동감각 연구의 대부분은 수직축 중심 회전운동(Yaw) 운동에 대해서 수행되어 왔다. 한 가지 이유는 실험장치를 만들기 쉽다는 실제적인 것에 있지 반드시 우리에게 수직축 중심의 회전이 가장 중요하기 때문인 것은 아니다. 수직축 중심의 회전에 대해서 시각유도 자기 운동감각의 자극으로서 자주 사용되는 것은 [그림 6-6]에 나타나 있는 것과 같이 관찰자의 시야를 완전히 덮는 회전드럼이다.

회전드럼의 중앙에 피험자를 배치하고 드럼을 일정 속도로 회전시킨다. 드럼이 회전하기 시작하면, 피험자는 처음에는 드럼이 회전하고 있다고 느끼지만 수 초 경과하면 드럼의 회전에 대한 감각이 약해짐과 동시에 자기가 드럼의 회전 방향과 반대 방향으로 회전하고 있다고 느끼기 시작한다. 시간이 지나면서 자기운동 감각은 서서히 강해져서 마침내 드럼은 정지해 있고 자기만이 회전하고 있는 것처럼 느끼게 된다. [그림 6-7]에 나타나 있듯이 시각유도 자기 운동감각은 그 강도는 변화하지만 드럼이 회전하는 한 계속되는 지속성 반응을 나타낸다.

■ **그림 6-6** 회전드럼, 수직축 중심의 회전에 대한 시각유도 자기 운동감각 자극

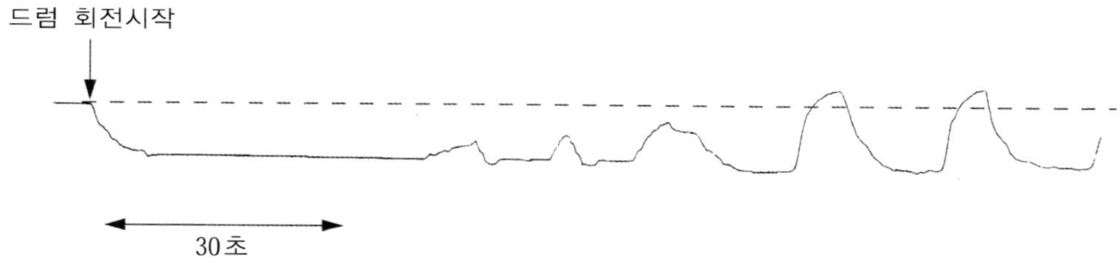

■ **그림 6-7** 수직축 중심의 회전에 대한 시각유도 자기 운동감각

드럼을 5 deg/sec^2 이상의 각 가속도로 회전시키기 시작하면 시각유도 자기운동을 감각할 때까지의 지연 시간이 거의 일정하게 된다[12]. 이 지연 시간은 일정속도의 회전에 의해 전정감각계의 반응이 감소하기까지의 시간과 거의 일치하고, 전정감각계에 의한 정보와 시각계에 의한 정보가 서로 보완하고 있다는 것을 의미한다. 또한, 2 deg/sec에서 100 deg/sec의 범위에서는 드럼 회전속도와 시각유도 자기운동이 지각되는 회전속도 사이에 선형 관계가 있다는 것이 보고되고 있다[13].

갑자기 조명을 끄면 [그림 6-8]에 제시된 것처럼 시각유도 자기운동잔상이 생긴다. 먼저 조명을 켰을 때의 회전 방향과 같은 방향의 양성잔상이 관찰되고 이어서 역방향의 음성잔상이 관찰된다. 잔상의 지속시간은 회전드럼을 관찰한 시간이 증가함에 따라서 증가하지만, 양성잔상은 관찰시간이 1분을 넘으면 별로 증가하지 않아서 충분히 긴 시간 관찰한 후에는 음성잔상 만을 느끼게 된다[11].

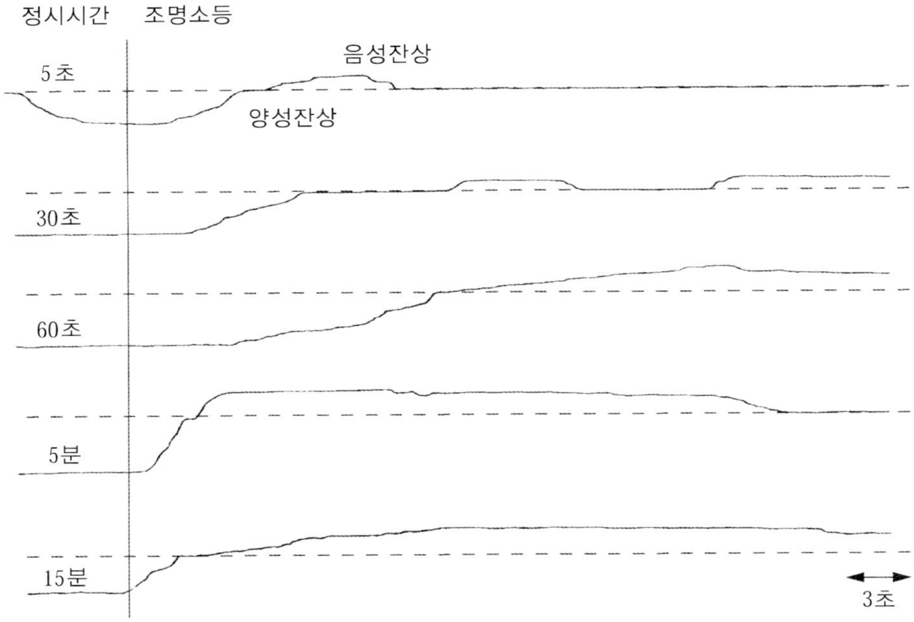

■ **그림 6-8** 수직축 주위의 회전에 대한 시각유도 자기 운동감각의 잔상

상흐림, 휘도, 대비 등의 공간적 요인은 수직축 중심의 회전에 대한 시각유도 자기 운동감각에 영향을 미치지 않는다[14]. 즉, 자기 운동감각을 유도하기 위한 시각계 메카니즘은 대상 물체의 상세한 공간특성을 인식하기 위한 시각계 메커니즘과 달리 낮은 공간 주파수 성분만에 반응해서 작동한다. 상세한 공간특성 인식에는 망막의 중심와가 관여하기 때문에 시각유도 자기 운동감각은 중심와를 필요로 하지 않고 오히려, 망막의 주변부에 주어지는 자극에 대해 반응하는 것으로 생각된다. Brandt등[15]은 시각유도 자기 운동감각의 생성에 망막주변부가 유의미하게 기여한다는 것을 실험을 통하여 검증하였다. 그들은 시야의 일부를 가려서 시각유도 자기 운동감각을 측정하였는데, 중심부를 120°까지 가려도 시각유도 자기 운동감각을 얻을 수 있음에도 불구하고, 중심부 30°만의 자극을 정시한 경우에는 시각유도 자기 운동감각을 거의 획득할 수 없음을 [그림 6-9]에서와 같이 발표하였다. 이 결과는 자기 운동감각을 유도하는 임장감 있는 디스플레이는 망막의 주변부를 자극할 수 있는 광시야 디스플레이가 아니면 안 된다는 오늘날 영상 시스템 설계에서의 디자인 방식에 기초가 되고 있다.

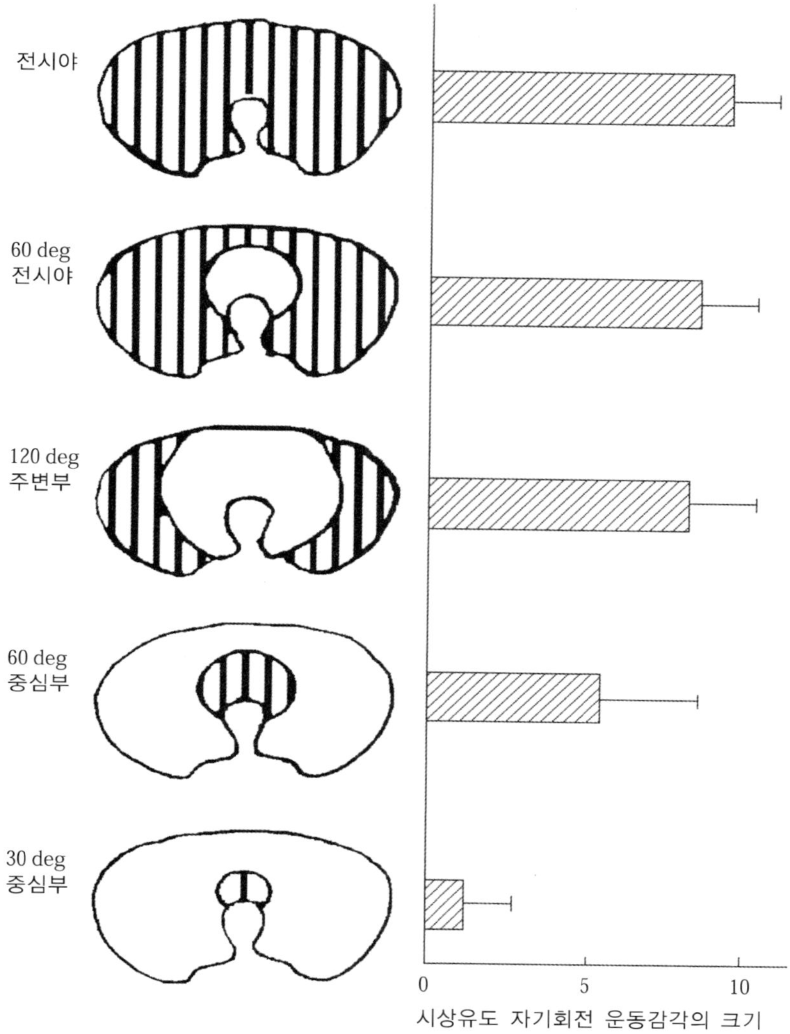

■ **그림 6-9** 시각유도 자기회전 운동감각에서 시야의 효과

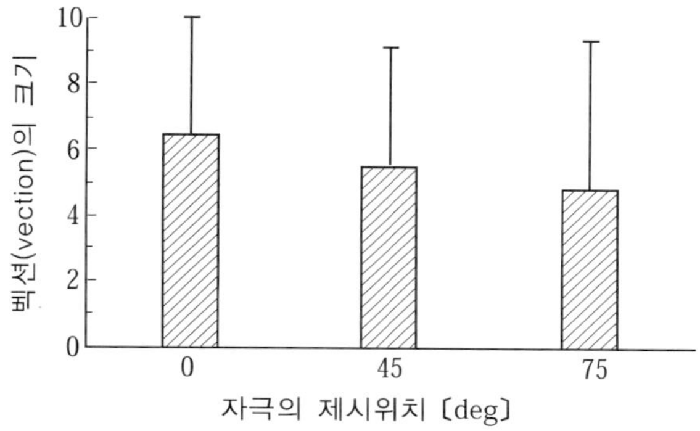

■ **그림 6-10** 시각유도 자기회전 운동에서 망막 위치의 효과

그러나, 이 결과를 일반적인 것으로 받아들이기에는 몇 가지 문제가 있다. 우선, 첫 번째로 Brandt 등의 실험에서는 중심부 자극이 주변부 자극에 비해서 현저하게 작았다. [그림 6-10]에 나타나 있듯이 Post의 연구에 의하면 주변부 75°까지의 범위에서는 자극의 크기가 같으면 피험자에게 어디를 제시하여도 시각유도 자기 운동감각이 동일 한 것이 명확하다[16].

두 번째로 Brandt 등의 실험에서는 차폐판(가림판)을 회전드럼의 앞쪽에 두고 시야의 일부를 덮었기 때문에 운동하는 자극과 가리는 덮개 사이에 깊이감이 생겼다. 따라서, 시각유도 자기 운동감각이 망막의 주변부에 주어진 자극으로 인해 유발된 것이 아니라, 배경으로 제시된 운동하는 자극을 정시한 것으로 인해 유발되었을 가능성이 있다. 실제, 정지자극을 운동자극의 배경에 제시하고 피험자로 하여금 보게하게 하면, 시야유도 자기 운동감각이 억제되는 것이 보고되고 있다[17].

따라서, Ohmi등은 운동자극을 주는 회전드럼의 바로 앞에 제시된 투명한 광시야 정지자극을 피험자로 하여금 관찰하도록 하고, 자극을 한쪽 눈만을 이용하여 보도록 하여 시각유도 자기 운동감각을 측정하였다[18]. 이 자극배치에서는 깊이에 관한 정보가 애매하기 때문에 운동자극과 정지자극 사이의 깊이 관계가 자연스럽게 교체된다. [그림 6-11]에 나타나 있듯이 운동자극이 멀리에 보이고, 배경으로 지각되었을 때에만 시각유도 자기 운동감각이 일어나는 것을 알 수 있다.

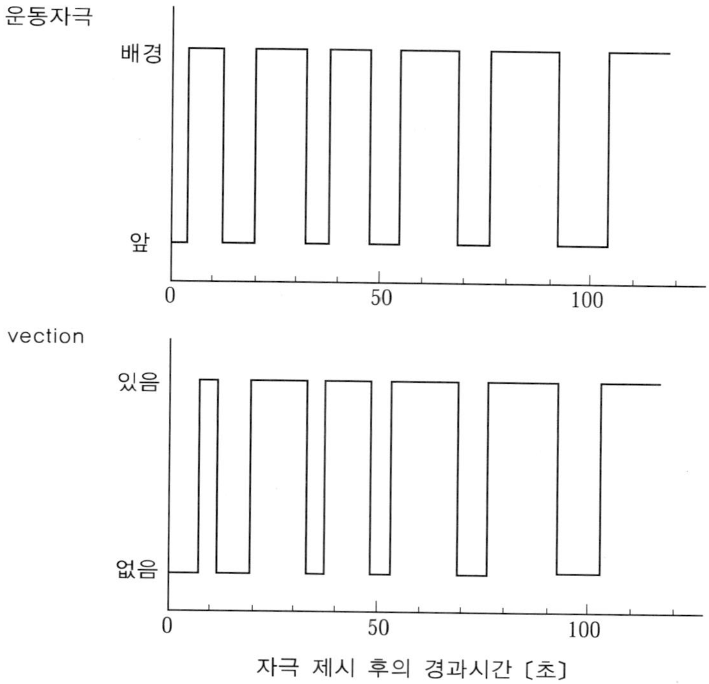

■ **그림 6-11** 깊이감의 교체와 시각유도 자기운동의 관계

이 결과는 망막의 주변부가 자극되는지 여부보다도, 운동자극이 배경으로서 지각되는지가 시각유도 자기 운동감각에 보다 중요하다는 것을 시사한다. 또한, 전경에 정지자극이 전혀 존재하지 않는 경우 전시야자극에 의한 시각유도 자기 운동감각이 현저하게 감소하는 것이 보고되었다[19]. 따라서, 시각유도 자기 운동감각의 생성에서는 시야가 큰 것 보다도 오히려 배경과 전경 사이의 상대운동 지각이 더 중요하다고 생각된다.

이러한 실험 결과는 3차원 영상에 의해 시각유도 자기 운동감각을 일으키기 위해서는 배경이 되는 영상을 운동시키는 것이 중요하다는 결론이 나오지만 망막의 주변부를 자극하는 것이 중요하지 않다는 것은 아니다.

Howard 등은 배경 자극의 우위성과 망막 주변부 우위성 사이의 상호 작용을 검토하기 위해 중심부 자극과 주변부 자극 사이의 깊이 관계를 변화시키면서 시야유도 자기 운동감각을 측정해 [그림 6-12]에 나타나 있는 것과 같은 결과를 얻었다[20].

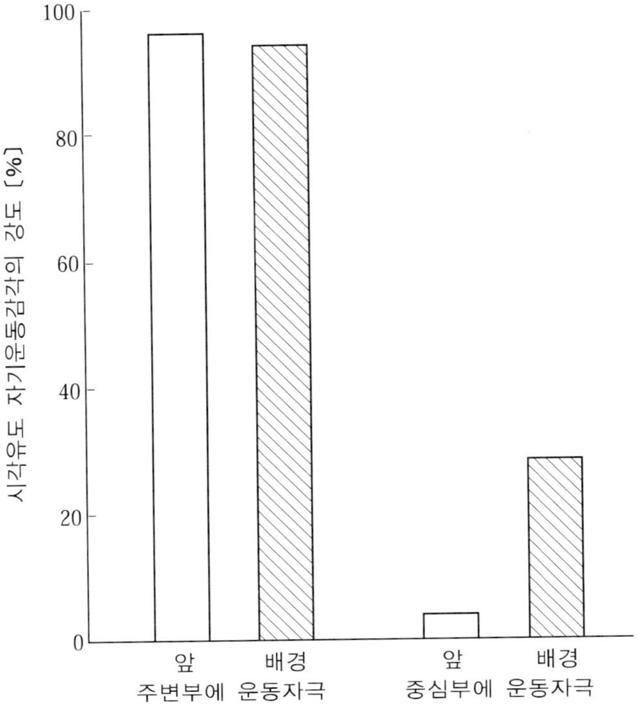

■ **그림 6-12** 시각유도 자기회전운동감각에 미치는 깊이와 시야의 효과

중심부에 정지자극, 주변부에 운동자극이 제시된 경우에는 중심부 자극과 주변부 자극 사이의 깊이 관계에 관계없이 시각유도 자기 운동감각이 생성되고, 망막주변부의 우위성이 확인됐다. 또한, 중심부에 운동자극이, 주변부에 정지자극이 제시된 경우에는, 중심부자극이 주변부자극의 앞쪽에 있는 것으로 보일 때 시각유도 자기 운동감각이 거의 생성되지 않지만 배경에 있는 것으로 보일 때 시각유도 자기 운동감각이 생성되었다.

후자는 자동차나 기차와 같은 이동 물체의 창을 통해서 풍경을 보는 경우와 대응하는 것으로서 시각유도 자기 운동감각이 발생해야 할 상황에 있는 것에 비해, 전자는 실세계에 그 대응하는 현상이 존재하지 않는다. 전자의 경우처럼 실세계에 대응하는 상황인 경우에, 시각유도 자기 운동감각은 실제의 이치에 부합하는 원리에 따라서 유발된다는 것을 시사한다.

회선축 중심의 회전에 대한 시각유도 자기 운동감각에서도 같은 원리가 적용된다. 배경에 정지 자극이 제시되면 시각유도 자기 운동감각이 억제되고, 정지 자극 구성요소의 밀도가 높을수록 억제율이 높다.

특히, 중심부 10도만을 자극하는 것으로도 시각유도 자극운동감각을 유발할 수 있지만, 이때에는 운동자극이 배경으로 지각된다는 것이 보고되었다[21].

수직축 중심의 시각유도 자기회전운동감각에 대해서 주로 연구가 진행되었는데, 이유 중 하나는 중력의 영향과 관계가 있다. 수직축 중심으로 회전해도 중력의 기여는 변화하지 않지만, 수평축이나 회선축 주위에 회전했을 경우에는, 회전각의 여현(余弦)에 비례한 중력의 기여(寄與)가 있고, 난형낭(卵形囊), 미로소낭(迷路小囊)의 응답이 여현상(余弦狀)으로 변화한다. 이에 비해, 수평축이나 회선축 중심으로 자기회전 운동하는 것에 대응하는 시각 자극에 대해서는 난형낭(卵形囊), 미로소낭(迷路小囊)의 응답이 생성되지 않는다.

[그림 6-13]에 나타나 있듯이 수평축이나 회선축 중심으로 회전하는 것에 대한 시각유도 자기 운동감각은 시각 자극의 회전 방향과 역방향으로 15도 정도 신체가 기울어 졌음을 느끼면서, 동시에 시각자극 회전 방향으로 회전 운동을 계속 느끼는 모순된 현상이 보고되었다[22]~[25].

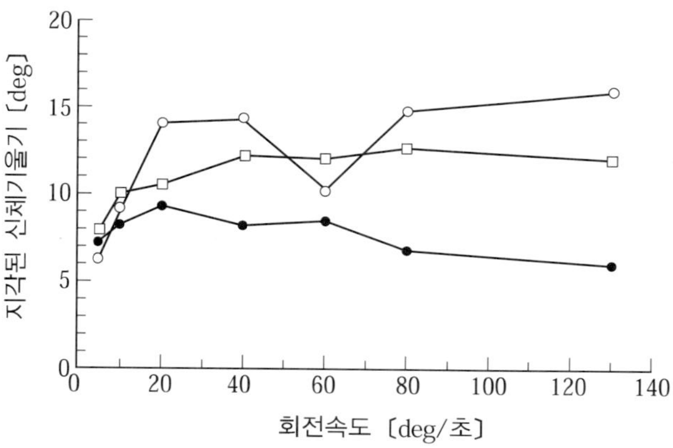

■ **그림 6-13** 시각유도 자기감각에서의 시각계와 난형낭(卵形囊), 미로소낭(迷路小囊)의 상호 작용

또한, 피험자를 눕게함으로써 중력의 기여(寄與)가 변화하지 않도록 하면, 수평축이나 회선축 중심으로 회전하는 것에 대해서도 시각유도 자기 운동감각이 모순없이 계속 나타남이 보고되었다[26].

시각계와 함께 자기 운동감각의 메카니즘에 기여해서 지속적인 감각을 주고 있는 것이 신체감각계이다. 운송체에 타고 수동적으로 움직이게 되는 경우와 자신이 능동적으로 움직이는 경우에 느끼는 자기 운동감각이 다르다는 것은 누구나 경험하는 바이다. 암흑 속에서 회전하는 원반위에 올라서서 능동적인 걷기운동을 하면, 전정감각계의 반응이 소멸한 후에도 자기회전운동감각이 지속된다[8]. 또, 암흑 속에서 팔을 폈을 때 회전드럼에 계속 팔이 닿으면 시각유도 자기 운동감각과 유사한 자기회전운동감각이 지속해서 생성된다.

관찰자가 약간 움직일 가능성이 있다고 생각하게 함에 따라, 시각유도 자기 운동감각이 증가한다는 경험적 사실은 이미 알려져 있고, 유원지의 놀이기구 설계 등에 많이 응용되고 있다[28]. 추상적인 패턴을 이용한 경우보다도 실제의 공간을 시각자극으로 이용한 경우에 시각유도 자기 운동감각이 증가한다[29].

6.2.2 직선운동에 관한 시각유도 자기 운동감각(Linear Vection)

사람의 직선 운동은 좌우·상하·전후의 3가지 방향으로 일어나지만 가장 중요한 것은 전후방향, 특히 앞으로의 이동이다. 우리는 진행 방향을 주시하면서 앞으로 운동하기 때문에, 망막의 중심부에서의 현상은 [그림 6-14(a)]에 나타나 있듯이 확대되고, 그 확대의 중심은 중심와에 대응한다. 이와 달리 망막 주변부에서의 현상은 확대를 포함하지 않고 [그림 6-14(b)]에 나타나 있듯이 약간 운동과 역방향으로 흐른다.

망막의 중심부에 시각자극이 제시된 경우의 자기직선 운동감각은 수직축 중심으로 회전하는 경우와는 달리 주변부의 기여가 적고, 중심와에 가까운 곳이 우위성을 가진다. [그림 6-15]에 나타나 있듯이 시야의 크기가 10도 이상이면 전후방향으로 충분한 자기직선운동 감각이 생성된다[21][30].

이에 비해, 망막의 주변부에 시각 자극이 제시된 경우의 자기직선운동감각에서는 주변부의 우위성이 보이고, 자극 면적의 증가에 따라 지각되는 자기운동감이 증가한다[31][32].

앞 방향으로의 시각유도 자기 운동감각에서도 배경자극의 우위성이 나타난다. [그림 6-16]에 나타나 있듯이 확대 운동자극의 앞쪽에 투명한 정지자극을 제시해도 시각유도 자기 운동감각은 영향을 받지 않지만, 확대하고 있는 자극의 배경에 투명의 정지자극을 제시하면 시각유도 자기 운동감각이 억제된다[33]. 배경 자극의 우위성은 망막 주변부에 시각자극이 제시된 경우에서도 관찰된다[34].

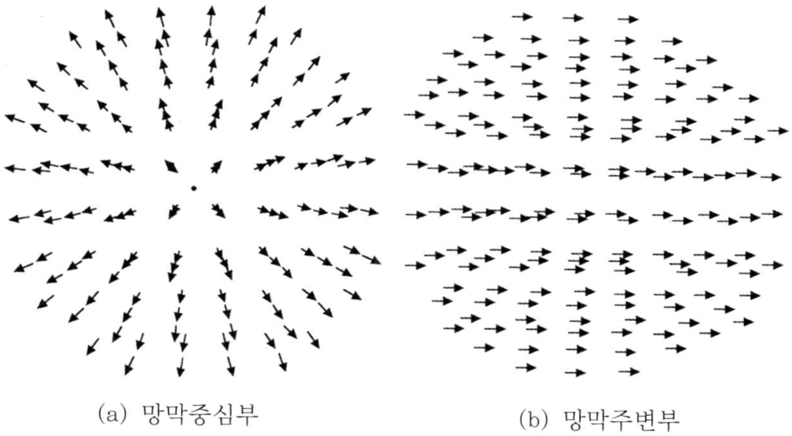

■ **그림 6-14** 앞 방향으로의 직선운동에 따른 시각자극

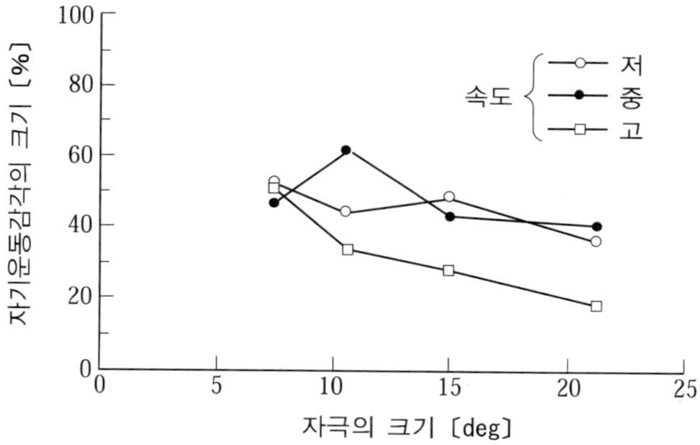

■ **그림 6-15** 앞방향으로의 시각유도 자기 운동감각에서의 시야 크기의 효과

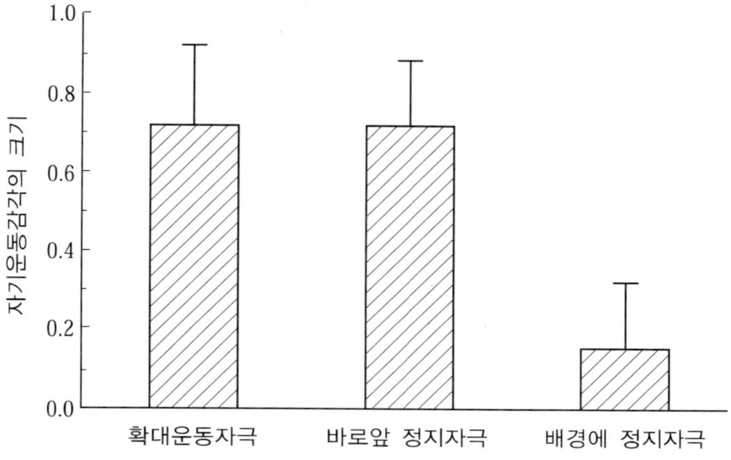

■ **그림 6-16** 앞방향의 시각유도 자기 운동감각에 미치는 오행 효과

앞 방향으로의 운동에 대한 시각유도 자기 운동감각에서는 망막의 중심부에 나타나는 확대운동자극에 대한 주변부의 우위성은 보이지 않지만 배경의 우위성이 관찰된다. 이에 비해, 망막의 주변부로 흐르는 운동자극에 대하여 주변부의 우위성과 배경의 우위성이 모두 관찰된다.

시각유도 자기 운동감각은 자기운동의 방향이나 시각자극의 망막상 부위에 상관없이 배경으로 지각되는 시각자극에 의해 유발 된다고 결론내릴 수 있다. 배경이 정지하고 있으면 자기운동이 감각되지 않고, 배경이 운동하면 그에 상응하는 자기운동이 감각된다. 이 단순한 원리는 실세계의 원리와 일치한다. 우리가 인식하고자 하는 외계는 대상 물체와 배경으로 구성되어 있다. 대상 물체는 우리와 독립적으로 운동하기 때문에 망막상이 움직였을 때 대상 물체가 움직인 경우와 우리가 움직인 경우, 두 가지의 가능성이 있다. 이와 달리 외계에서 배경은 항상 움직이지 않기 때문에 배경이 망막상에서 움직이는 것은 우리가 움직인 경우만이다. 따라서, 자기운동을 지각하기 위해 배경에 관한 정보만을 쓰는 것이 가장 합리적인 판단이라고 할 수 있다. 망막 주변부 또는 자극 면적 크기의 우위성은 망막 중심부에 주어진 확대운동자극에 대해서는 관찰되지 않듯이 항상 성립하는 것은 아니다. 따라서, 자극의 크기는 시각유도 자기 운동감각에 큰 영향을 주는 중요한 변수이긴 하지만 시각유도 자기 운동감각을 결정하는 보편적인 원리로서 작용한다고 결론내릴 수는 없다.

6.2.3 자기 직진운동 방향의 지각

고등동물의 생존을 위해서는 앞방향으로의 자기직진운동의 속도뿐만 아니라, 그 방향도 중요하다. Gibson은 자기직진운동에 의해 생성되는 시각자극이 자기직진운동 방향에 존재하는 확대 중심에서 방사방향으로 퍼져나가는 속도장, 즉, Optical Flow가 되는 것에 주목하였다[35].

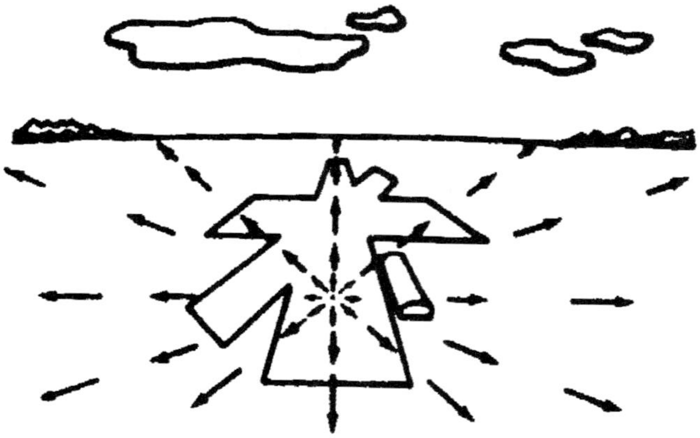

■ **그림 6-17** 자기직진운동에 의해 생성되는 Optical Flow

[그림 6-17]에서와 같이 자기직진운동 방향은 확대 중심에 의해 나타나는 Optical Flow의 원점이다. 자기직진운동의 변화에 따라서 확대 중심과 환경을 구성하는 대상 물체와의 위치 관계가 변화하기 때문에「확대 중심을 장애물의 바깥쪽 또는 개구부의 안쪽에 유지함으로써 우리는 환경 속을 자유롭게 돌아다닐 수 있다」고 Gibson은 주장하였다[36].

Optical Flow에 의한 자기직진운동의 방향에 대한 정보에는 두 가지 특징이 있다. 첫 번째 특징은 자기직진운동의 방향이 국소적인 확대 중심이 아니라 Optical Flow 전체에 의해 결정된다는 것이다. 확대 중심이 보이지 않는 경우에도 자기직진운동 방향에 대한 정보가 Optical Flow의 도처에 포함되어 있기 때문이다[35]. 두 번째 특징은 Optical Flow를 구성하는 요소의 속도 벡터 크기는 환경을 구성하는 대상 물체까지의 거리에 의존하지만, 속도 벡터의 방향은 자기직진운동의 방향만으로 결정된다는 것이다. 따라서 대상물까지의 거리나 형상과는 독립적으로 Optical Flow는 자기직진운동 방향에 관한 정보를 우리에게 제공한다.

실험적 연구에 의하면 Optical Flow에 의한 자기직진운동 방향의 지각 정보 오차가 5～10°인 것으로 나타났다[37]～[39]. 자기직진운동을 안전하게 하기 위해서는 진행 방향을 1도 정도의 오차만 허용해야 하기 때문에 Optical Flow에 의해 자기직진운동의 방향이 지각된다는 Gibson의 주장은 결코 많은 연구자에게 받아들여지지 않았다. 하지만, 최근 이 분야는 자기 운동감각 연구 분야 중에서 가장 활발한 연구 주제 중 하나가 되었다. 이 분야에서의 선도적인 연구는 Warren과 그의 공동연구자에 의해 수행된 일련의 연구에서 확인할 수 있다[40]～[45].

Warren 등은 기존의 실험적 연구에서 자기직진운동이 지각되는 방향이 동일하게 되도록 과제를 부과한 것에 문제가 있다고 지적하고, 그 대신 자기직진운동이 지각되는 방향을 변별하는 과제를 부과했고 3가지의 시각자극을 써서 실험을 수행하였다. 실험에 사용된 3가지 시각자극은, 자기직진운동을 할 때 ① 바닥면, ② 향하고 있는 수직면, ③ 향하고 있는 입체의 가운데에 각각 발생하는 Optical Flow이다. 어떤 Optical Flow에 대해서도 자기직진운동이 지각되는 방향의 변별 정도는 1도 이하이고, 기존의 변별정도가 낮은 실험 결과는 측정 방법이 부적절하기 때문에 발생했던 것으로 판단된다.

Warren 등은 또한, 자기직진운동이 지각되는 방향의 변별 정도가 자기직진운동의 속도나 Optical Flow를 구성하는 요소의 수에 의존하지 않는다는 것을 분명히 하였다. 이와 같은 결과는 Gibson이 Optical Flow에 의한 자기직진운동 방향 지각에서의 특징으로 기술한 것을 실증한 것이고, 전체적인 Optical Flow에 의해 자기직진운동 방향이 지각된다는 Gibson의 주장을 지지한다.

Optical Flow는 구성 요소들의 다양한 속도를 포함하기 때문에 만약 Optical Flow에 의해 자기직진운동 방향이 지각되면, 그것을 구성하는 요소의 지속 시간을 제한하는 순간 속도장을 제시해도 자기직진운동 방향 변별 정도는 저하하지 않을 것이다. 이러한 가정이 실험적으로 증명되었는데, Optical Flow각각의 요소에 대해서 운동방향에 관한 정보를 유지한 채 운동 속도를 랜덤으로 변화시킨 경우에는 자기직진운동 방향 변별 정도가 저하하지 않지만, 반대로 운동 속도에 관한 정보를 유지한 채 운동 방향을 랜덤으로 변화시킨 경우에는 방향을 변별 할 수 없다는 것이 보고되었다[40]. 자기직선운동 속도 지각과 마찬가지로 방향 지각에서 망막 중심부의 기여가 크고, 확대 중심의 제시 위치를 중심와에서 멀어지게 하면 자기직진운동 방향의 확대 정도가 서서히 저하된다[43]. 이러한 결과도 전체적인 Optical Flow에 의해 자기직진운동 방향이 지각된다는 Gibson의 주장을 지지하는 것이다.

6.2.4 자기 운동감각에서의 시각정보와 기타 감각 정보의 통합

우리가 나아가는 방향을 항상 계속해서 볼 수 있으면, Optical Flow의 확대중심을 바로 보게된다. 따라서 응시점, Optical Flow의 확대 중심, 자기운동의 방향이 일치하게 되어 안전하게 앞 방향으로 나아갈 수 있다.

그런데, 현실 세계에서는 우리와 독립적으로 운동하는 대상 물체가 여러 가지 위치에 존재하고, 이들을 인식하기 위해서는 추적안구운동을 해서 대상 물체를 중심와에 오도록 해야 한다. 안구운동은 망막상에 Optical Flow를 유발하기 때문에 자기 직진운동을 하면서 추적안구운동을 하면 [그림 6-18]에 나타난 것과 같은 Optical Flow가 생성된다[41].

[그림 6-18]을 보면, 본래 자기운동의 방향에 존재하고 있던 확대 중심이 소멸하고, 응시점 주변부에 나타나는 소용돌이 상에 새로운 확대 중심이 생긴다. 따라서, 확대중심에만 의존한다면, 대상 물체를 중심와에 놓기 위한 안구운동을 할 때마다 자기운동의 방향을 지각할 수 없는 문제가 생긴다. 이 「안구운동문제」가 Gibson의 주장에 의문을 제기하는 하나의 이유이기도 하다[46].

우리의 시각계가 「안구운동문제」를 어떻게 해결하고 있는지에 대해서 제안되어 있는 가설의 하나로, 우리의 시각체계가 추적안구운동을 일으키기 위해 발생하는 안구운동신호를 이용해서 안구운동에 수반되어 나타난 Optical Flow요소를 제거한다는 의견이 있다. 이 가설을 검토하기 위해 Warren등은 자기직진운동에 대응하는 확대 Optical Flow를 제시하는 동안에 추적안구운동을 시킨 경우와, 안구운동을 시키지 않고 추적 안구운동에 이해 유발되었을 Optical Flow를 단순히 더한 경우에서 각 각 자기운동의 방향을 변별하도록 피험자에게 요구하고 두 조건에서의 수행을 비교하였다[41][42].

■ 그림 6-18 수평면과 평행하게 자기직진운동을 하면서 추적안구운동을 한 경우의 Optical Flow

추적안구운동을 시킨 경우에는 확대 중심을 똑 바로 응시하게 한 경우와 유사한 변별정도를 얻었다. 추적 운동의 결과로 나타나는 Opticla Flow를 더한 경우에도, 향하고 있는 수직면에 생기는 Optical Flow를 시각 자극으로 했을 때 방향 변별이 불가능하게 된 것을 제외하고는 확대 중심을 바로 응시하게 한 경우와 같은 변별 정도를 얻었다. 우리가 향하고 있는 수직면에 생기는 Optical Flow에는 외계의 오행에 대한 근거가 결여되어 있기 때문에 Warren등은 3차원 정보가 주어지는 경우에 안구운동신경을 사용하지 않고 시각정보만을 사용해서 「안구운동문제」가 해결된다고 주장하였다.

하지만, 추적 눈운동 없이 추적 눈 운동에 의해 유발될 수 있는 Optical Flow를 단순히 보태는 경우에 Optical Flow의 속도를 Warren등의 경우보다 증가시키면, 바닥면의 Optical Flow에 의한 자기직진운동의 방향 변별 정도가 눈에 띄게 저하되고, 곡선로를 따라가는 자기곡선운동이 지각되는 것으로 나타났다[47]~[49].

또, 확대 Optical Flow 요소의 운동방향으로 잡음 더한 것에 대한 내성은 추적 안구운동을 직접 하도록 한 경우가 단순히 추적 안구 운동 없이 그에 대응하는 Optical Flow를 더한 경우보다도 높다[50]. 또한 확대 Optical Flow의 추적안구운동에 수반되는 Optical Flow를 여러 가지 비율로 더하면, 안구운동만을 더한 경우에 자기운동의 방향 변별 정도가 가장 높았다[51]. 이와 같은 결과는 Warren 등의 주장과는 반대로 자기운동 방향의 지각에서 안구운동신경의 중요성을 시사한다.

시각계에서 운동정보는 1차 시각 영역, MT영역, 그리고 MST영역을 경유해 처리된다. 1차 시각 영역에서 MT영역, MST영역으로 처리되어 감에 따라 뉴런의 수용장 크기가 증가하는데, 전체적인 Optical Flow는 MST영역에서 처리된다고 생각되고 있다. 실제로 MST영역에서 확대하는 Optical Flow에 특정적으로 응답하는 뉴런이 발견되고 있다[52]~[54]. 이들 뉴런의 활동은 추적안구운동에 따라 바뀌는 것으로 나타나고 있는데[55], 이것은 안구운동신경에 의해 「안구운동문제」가 해결되고 있음을 신경생리학적으로 지지하는 것이다.

「안구운동문제」 해결 메카니즘에 대한 또 하나의 가설은 외계에서 깊이감 불연속으로 변화하는 곳에서 확대 Optical Flow는 불연속하게 되지만, 추적안구운동과 연동된 Optical Flow는 연속한다는 사실을 시각체계가 이용한다는 것이다[56]. 이 가설은 간단한 초기 운동정보만으로 대상 물체의 경계도 동시에 분리해 낼 수 있다는 이점이 있지만, 관찰자의 움직임과 독립적으로 움직이는 대상 물체가 있는 경우나 Optical Flow의 구성 요소가 작은 경우에는 적절하지 않다는 단점이 있다[57].

한편, 투시정보에 의한 깊이 단서에 근거하여 찾아낸 가장 먼 지점에 연동해서 나타나는 Optical Flow의 크기를 추정하는 것으로 확대 Optical Flow를 분리 해 낼 수 있다는 연구보고가 있다[58]. 이 가설은 깊이에 관한 정보를 가지고 있는 경우에는 시각 정보만을 사용하여 「안구운동문제」가 해결될 수 있다는 것을 나타내는 것이고 Warren 등의 실험 결과[41][42]와도 일치한다.

「안구운동문제」가 어떤 메카니즘에 의해 해결되고 있다고 해도 우리는 일상의 생활에서 안구운동에 대한 정보가 없는 경우에도 Optical Flow 전체에 주목함으로써 자기직선운동을 하는 중에 추적안구운동을 하는지 아니면 구부러진 곡선도에 따른 자기곡선운동을 하고 있는지의 구별을 할 수 있다[59]. 또, 확대 Optical Flow에 운동시차정보가 부가되면 곡선도에 대한 정보가 없어도 자기곡선운동의 방향을 지각할 수 있는 것으로 알려져 있다[60].

자기 운동감각 메카니즘은 다양한 종류의 정보를 사용하고 그것들을 통합해서 「안구운동문제」를 해결하고 있는 것으로 판단된다. 자기운동의 감각에는 시각과 전정감각뿐만 아니라 신체운동 감각의 기여가 크다. 시각에 의한 자기운동의 방향정보와 신체운동 감각에 의한 자기운동 방향정보가 다른 경우에는 각각의 감각에 의한 운동방향의 중간 방향으로 지각되고, 시각과 전정감각 자극이 조화된 상황에서는 시각에 의한 운동방향이 지각되는 것으로 알려져 있다[61]. 또, 시각에 의한 자기운동의 방향과 전정감각에 의한 자기운동의 방향이 반대인 경우는 자기 운동감각이 상쇄된다는 보고도 있다[62].

자기 운동감각에서 여러 가지 감각의 기여도를 검토하기 위한 매력적인 방법의 하나는 Space Shuttle 또는 파라볼릭 비행에 의한 저중력 상태에서의 실험이다[63][64]. 가까운 미래에 저중력 상태에서의 실험이 자기 운동감각에서 감각 통합 메카니즘의 해명에 기여할 것으로 기대된다.

6.3 시각 유도성 자세변동

6.3.1 자세변동의 측정방법

(1) 여러가지 측정방법

사람의 직립자세는 시각계, 이석과 세반고리관을 감각수용기로 하는 전정미로계, 그리고 근육이나 관절 등의 체성감각 등에 의해 유지되고 있다. 따라서 이것들 중 각각의 감각기에 대응하는 정보가 입력되면, 직립 자세 유지를 위해 근육 운동계가 활동을 한다. 지상의 중력 1G 환경에서의 자세 유지에 관해서는, 중심선이 발관절의 약간 앞쪽에 있기 때문에 사람의 신체 축은 앞으로 기울기 쉽다. 따라서, 중력 근육 활동은 [그림 6-19]에 나타낸 하퇴부 후면의 근육[65]이 수축하는 것으로 자세 유지가 된다.

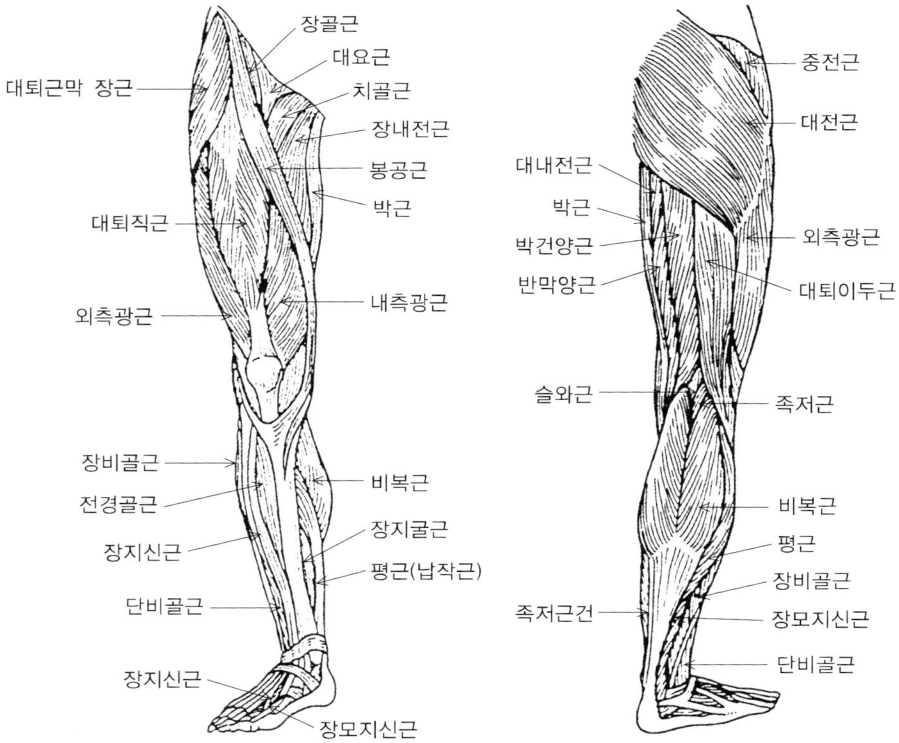

(a) 전면 (b) 후면

■ 그림 6-19 다리의 근육

이것은 그림에서 하퇴부의 내외측 장단지 근육, 정강이 근육에서 하퇴 삼두근의 근육으로 부하 레벨이 EMG(electromyogram)의 측정에 따르면 크다는 것으로 알려져 있다. 그리고 직립에서 전후로 중심이 움직이면, 하퇴부에서는 하퇴 삼두근의 팽팽한 근육(拮抗筋 159-6)인 전경골 근육의 부하 레벨도 커진다. 따라서, 근육의 EMG를 측정함으로써 자세변동을 측정하고 있다. 한편, EMG로 근육의 활동만을 측정하는 것이 아니라 자세변화의 대상으로 머리, 어깨, 허리등 신체 각부의 물리적인 변위, 또는 중심 위치의 변동 그 자체를 측정하는 연구가 시도되었다. 자세변동을 측정하는 방법은 기술의 진보에 따라 센서의 소형화, 고감도화 또는 측정 프로브의 다채널화, 데이터 샘플링의 고속화, 측정 대상의 다차원화가 진행되고 있다[65]. 측정 방법은 관절 각부에 포텐셜 미터를 붙이는 방법, 또는 텔레비전 카메라와 컴퓨터로 측정하는 방법 등이 개발되고 있다.

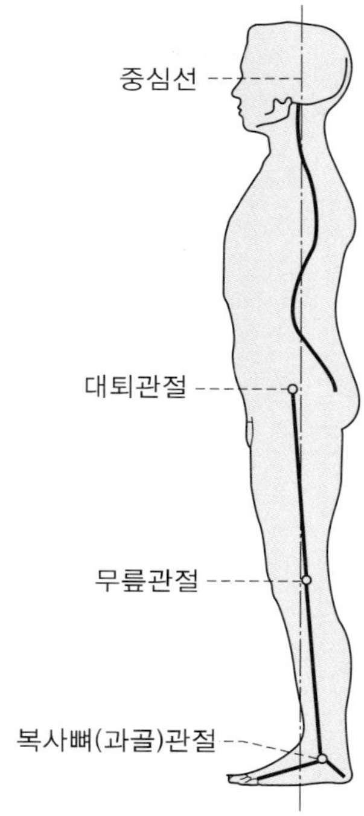

■ **그림 6-20** 직립 자세와 중심선

특히, 최근에는 컴퓨터와 영상 획득 장치를 연결해 고속, 고정밀로 측정하는 방법이 개발되고 있다. 자세변동을 신체 각부의 변위에서 구하는 것이 아니라 신체 전체로서의 변동 결과를 측정하고 평가하여 신체 중심의 변화를 측정하려는 시도도 오래전부터 있어 왔다.

Joseph에 의하면 사람의 중심위치는 직립자세의 지지면에서 신장의 55～57 % 높이에 있고, [그림 6-20]과 같이 중심선은 척추를 세 점에서 종단하고, 복사뼈에서 전방 4.93 ± 1.95 cm의 부분을 연결한다[66]. 즉, 중심위치의 변동은 기본적으로 지지면에 투영한 2차원 면의 좌표에서 측정 평가되는 경우가 많다. 따라서 일반적으로 이 2차원 좌표축에서 나타낸 값의 변동을 신체 중심의 변화라고 통칭하는 경우가 많다. 더 나아가 신체 중심 움직임의 해석은 제시한 자극의 움직임 방향을 고려해 2차원 면이 아니라 1차원, 즉, 중심에서의 흔들림 방향만을 신체 중심의 움직임 성분으로 해석하는 경우도 많다.

(2) 신체 중심의 움직임의 측정

중심에 관한 연구로서는 Boreli에 의해 17세기에 중심위치의 측정을 시도 한 것이 최초라고 한다. 그 후, 자세변동의 측정방법에 관한 연구 초기에는 다양한 방법으로 머리의 움직임을 기록하는 것으로 자세변동을 측정하는 시도가 많이 보인다. 또, 측정방법이 명확한 것은 아니지만 그 원리는 지금의 방법과 차이가 없는 방법도 제안되었다. 1900년에는 du Bois Reymond가 지레의 원리를 이용한 중심 측정 장치를 발표한 이후 다른 연구에 큰 영향을 주었다.

1930년대 후반에는, 현재 일반적으로 쓰이는 플랫폼을 이용해 피험자의 전후 좌우에 대한 중심 움직임을 전기적으로 검출하려 하는 측정방법이 제안되었고, 이것이 이후 연구들의 주된 방법이 되고 있다.

Baron은 처음으로 완성한 전기적 2차원 신체 중심의 움직임 기구를 발표했다. 또 측정방법은 아니지만 피험자 자신의 직립 방법에 관해서도 맨, 론벨그 직립 등의 방법이 검토되고 있다[67].

(3) 신체 중심의 움직임의 측정원리

신체 중심의 움직임의 1차원적인 측정원리[68]가 [그림 6-21(a)]에 제시되어 있다. 그림에서 중심의 변동값을 Δl, 체중을 W로 하고, 각각 l 만큼 떨어져서 센서 P_1, P_2로 감지하면,

$$2lP_1 = (l - \Delta l)W \qquad (6 \cdot 3)$$

$$2lP_2 = (l + \Delta l)W \qquad (6 \cdot 4)$$

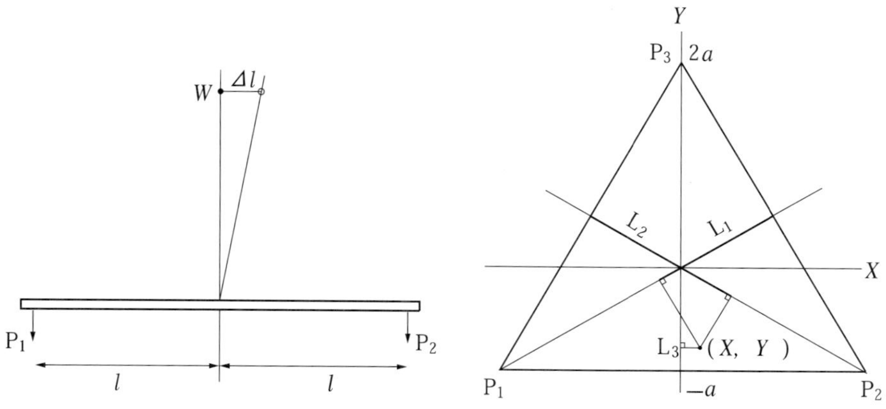

(a) 1차원 중심동요 (b) 2차원 중심동요

■ **그림 6-21** 신체 중심의 움직임 측정원리

이 성립된다. 따라서, 중심의 변동값 Δl은,

$$\Delta l = (P_2 - P_1)l / W \qquad (6 \cdot 5)$$

로 구할 수 있다. 중심위치를 지지면으로 투영한 2차원 좌표상에서의 변동은 위 방법을 2차원 좌표 평면에서 수평 수직의 조합으로 하여 검출할 수 있지만 검출해야 할 변동값이 x, y 좌표치 두 개이기 때문에, 평면상에 3개의 센서를 두는 것으로 검출이 가능하다. 측정원리가 [그림 6-21(b)]에 나타나 있다.

정삼각형의 각 정점에 배치된 센서 P_1, P_2, P_3에 관해서는 전술한 경우와 같이,

$$3aP_1 = l_1 W \qquad (6 \cdot 6)$$

$$3aP_2 = l_2 W \qquad (6 \cdot 7)$$

$$3aP_3 = l_3 W \qquad (6 \cdot 8)$$

이 성립된다.

l_2, l_3에 대하여 설명하면 l_2에 대해서는 (x, y) 좌표를 30° 회전, l_3에 대해서는 150° 회전한 결과를 좌표축에서 x축의 값을 참조하는 것으로,

$$3aP_1 = \{a - 1/2(\sqrt{3}X + Y)\}W \qquad (6 \cdot 9)$$

$$3aP_2 = \{a + 1/2(\sqrt{3}X - Y)\}W \qquad (6 \cdot 10)$$

$$3aP_3 = (a + Y)W \qquad (6 \cdot 11)$$

를 얻게 된다. 그 결과 2차원 평면에 투영된 중심 변동값 (X, Y)는 다음 식이 된다.

$$X = \sqrt{3}a(P_2 - P_1)/W \qquad (6 \cdot 12)$$

$$Y = 2a - 3a(P_1 + P_2)/W \qquad (6 \cdot 13)$$

이 결과로부터 신체 중심의 움직임 (X, Y)의 값을 구하게 된다.

6.3.2 자세변동의 시공간 특성

(1) 자세변동과 벡션(Vection)

자세변동에 관해서 시각정보처리기능과도 깊은 관계가 있는 신체 중심의 움직임의 특징을 말하고, 자세제어에 관여하고 있는 시각계의 역할에 대한 전반적인 설명을 기술하겠다.

직립자세의 변동에 관해서는 Travis(1945), Edwards(1946)들이 명확하게 했듯이, 신체 중심의 흔들림이 눈을 뜨고 있을 때에 비해 눈을 감고 있을 때 커지는 것이 잘 알려져 있다. 이 사실로서도 시각정보가 자세를 유지하는 데 중요한 역할을 담당한다는 것을 시사하고 있다.

움직이는 시각 자극이 시각계를 통해 사람의 자세제어에 영향을 주는 것을 명확한 신체반응의 실험으로 보여준 것이 Lee 등이 사용한 "흔들리는 방(Swinging Room)"의 연구결과이다[69]. 보행훈련을 하고 있는 유아의 경우 시각정보의 변화에 따라

넘어지는 등 약 80 %가 자세의 변화를 일으켰다고 한다. 또 Dichgans들은 시선방향 주위를 원반이 회전할 때 유도되는 Roll Vection에 의해 자세의 혼란을 평가하고 있다[70].

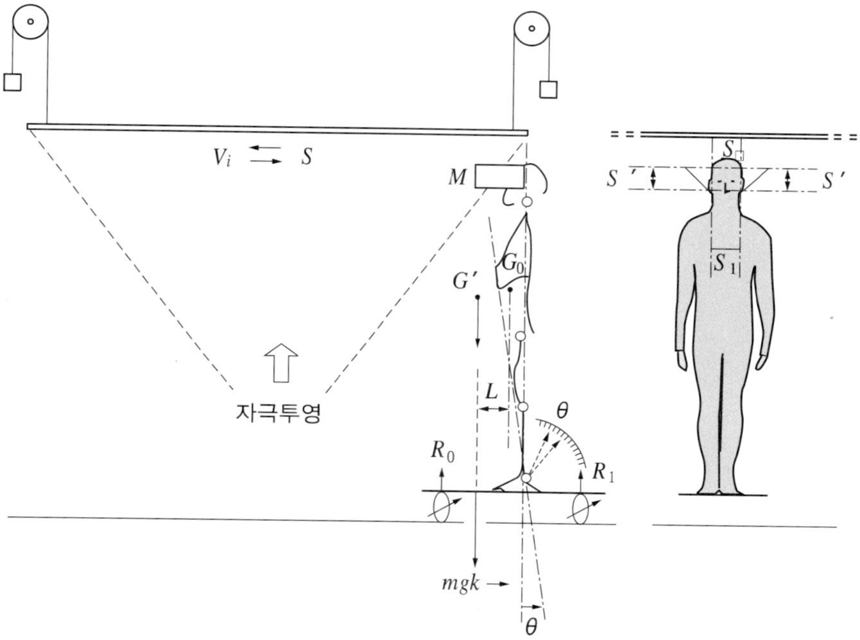

■ **그림 6-22** Linear Vection에 의한 자세변동

Listienne등에 의해, Linear Vection에서의 자세제어가 [그림 6-22]에 제시된 실험장치로 상세히 검토되었다[71]. 이 결과에 따르면, [그림 6-23]과 같이 시 자극이 전방으로 나아가는 경우에는 피험자의 자세가 앞으로 기울고, 시자극이 정지하면 자세가 뒤로 기운다. 이 결과에서, 발 머리의 변동을 살펴보면 시자극이 앞으로 운동함에 따라 1.2초±0.3초 정도 후에 자세가 앞으로 기우는 변화가 시작되며 그 후 3.4초 ± 1.6초 후에 자세가 앞으로 기우는 변화가 커진 후, 거의 정상치로 되는 것이 나타나 있다. 한편, 시 자극의 움직임이 정지한 경우에는 1.0 ± 0.4초에 앞으로 기우는 자세에서 통상의 자세로의 변동이 시작되어 5.2 ± 2.3초에 통상의 자세로 복귀하는 것으로 나타나고 있다.

또한, 신체 중심 움직임의 파워 스펙트럼을 살펴보면, 신체 중심의 움직임은 감각수용기에서 특별한 외부 혼란이 없는 한 $1/f$의 특성을 나타내는 것으로 알려져 있다.

한편, Listienne등은 사람이 시각정보에서 영향을 받는 경우, 즉, 자세가 앞으로 기울었을 때 전후 방향에 대한 신체 중심의 움직임의 파워 스펙트럼을 구했는데 그 결과가 [그림 6-24]에 나타나 있다.

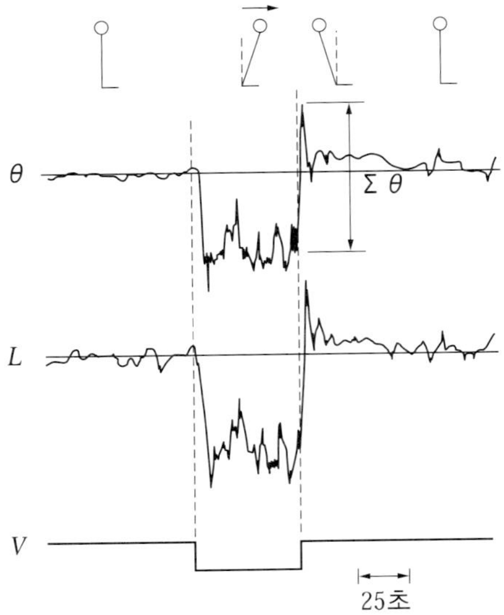

■ 그림 6-23 시 자극의 움직임과 자세변동과의 관계(θ : 발목의 각도, L : 중심위치의 수평편이, V : 시자극의 이동속도)

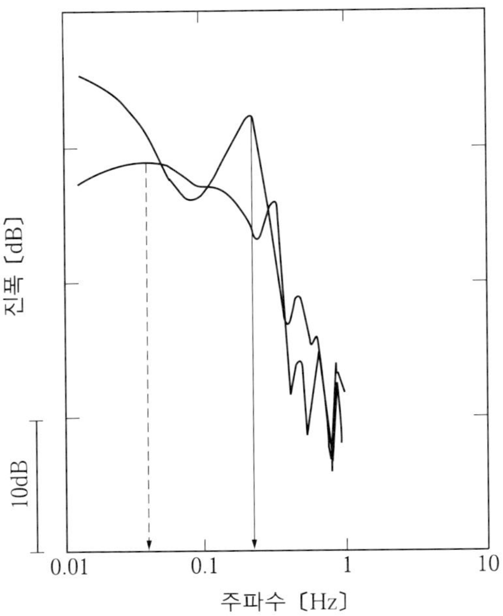

■ 그림 6-24 신체 중심 움직임의 파워 스펙트럼

의 역할은 운동을 예측하여 제어하는 Feed Forword계의 성질을 나타낸다고 생각되고 있다.
이러한 결과는 Brookhart등이 연구한 개(dog)의 주립자세(멈춰선 자세) 조절기구의 연구결과와 일치한다[77]. 이 연구에서는 개의 각 감각기관으로 구심성 신호를 생리학적으로 차단한 실험을 했고 체성감각은 Feed Back계, 시각계 그리고 전정미로계는 Feed Forword적으로 작용한다고 추측하고 있다.
최근에는 컴퓨터 기술의 발달에 의해 신체 중심 움직임의 시계열 데이터로서 수리해석 또는 비선형해석, 자세제어의 수리모델화 등의 연구도 진행되고 있다. 응용면에서는 광시야의 영상, 또는 양안 융합방식의 입체 영상을 제시한 동영상에 의한 신체 중심의 움직임을 영상시스템의 설계를 위한 객관적인 기초데이터로 이용하려는 시도가 있다.

6.3.3 3차원 영상에 대한 자세제어의 평가

(1) 자기정위

사람의 자세제어는 자기 자신의 환경 속에서 자신의 위치나 움직임 등을 아는 기능인 자기정위 기능의 하나로 나타난다. 자기 정위의 가장 기본적인 기능의 하나는 직립자세의 제어이고 이 기능은 시각수용계, 전정미로계 및 체성감각에 의해 유지되고 있다. 즉 자기정위 기능중 하나인 자세변동을 평가하는 것은 자기 자신이 어떤 상태로 있는지를 평가하는 것이다. 자기 자신이 어떤 상태인지를 평가하는 것은 「움직이고 있는지」, 「어느 쪽으로 향하고 있는지」 등을 아는 것이다. 즉 받은 정보 중에 자기 자신이 어떻게 하고 있는지를 다각적으로 평가하는 것이고, 자기가 어떻게 하고 있는지는 그야말로 정보가 가져온 「임장감」을 평가하는 것에 다름없다고 생각된다. 시각정보뿐만 아니라 자기정위를 맡는 감각기에 해당하는 여러 종류의 정보들이 있다.
이 감각기관들 중에서 시각수용계에 관한 정보와 자세변동을 살펴보면 일반적으로 시각정보인 영상이 제시되는 화각이 클수록 관찰자에게 주어지는 「임장감」의 효과가 크게 나타난다. 따라서, 움직임이 있는 광시야 영상 등에서는 관찰자의 자세변동이 크게 유도된다. 즉, 시각 수용계만의 정보를 이용하여 자세변동을 측정함으로써 제시된 영상의 「임장감」의 정도를 알 수 있고, 영상 제시와 관련된 기초적인 변수 등에 관한 지식을 얻을 수 있다.

제시된 화각이나 영상과 「깊이감」과의 관계는 주관적인 평가실험[78]에서도 명확하게 나타났지만 자세제어와 관계가 깊은 신체 중심의 움직임을 측정 평가하는 것으로 객관적인 결과를 얻을 수 있다.

(2) 입체 영상에 대한 신체 중심의 움직임

특히, 광시야 입체 영상에 관해서는 평가가 자세제어의 기능을 이용하여 구현된 실험 예에 대해서 소개한다. 실험에 이용된 영상의 표시장치가 [그림 6-26]에 제시되어 있다. 광시야의 영상 표시 장치에는 직경 3 m 반구형 돔 스크린이 사용되고 있다. 입체 영상은 4×5인치 2대의 슬라이드 프로젝터를 사용하고 있으며, 2매의 슬라이드 영상을 반거울(Half Mirror)로 합성해서, 어안렌즈를 통해 반거울에 투영하고 있다. 입체 영상은 랜덤 도트 스테레오그램으로 된 구형 패턴이 전후로 지각되고, 평면 영상은 점만 지각된다. 모든 위치의 제시 화각은 10°에서 150°까지 변하고, 구형을 중심으로 하여 좌우로 약 11°, 0.23 Hz에서 왕복 회전운동을 한다. 피검자는 론 벨그의 정위에 위치한다. 결과가 [그림 6-27]에 나타나 있다.

■ **그림 6-26** 반구 돔 스크린 입체 영상 표시장치

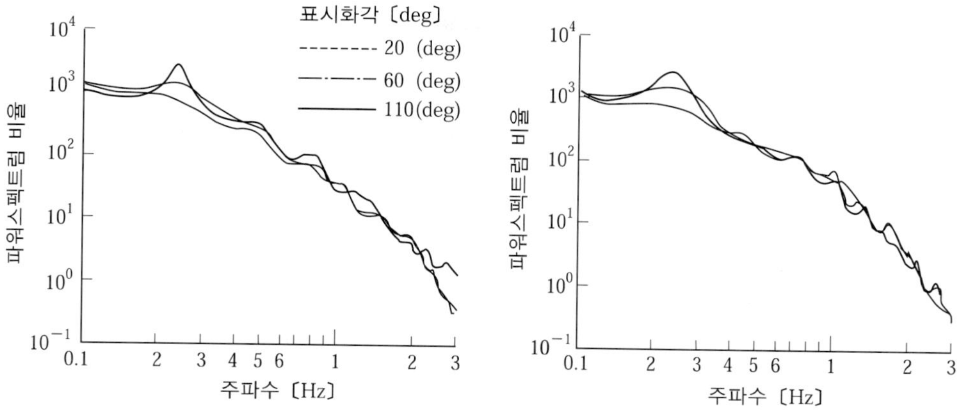

■ **그림 6-27** 왕복 회전운동하는 영상에 의한 신체 중심의 움직임

[그림 6-27]은 영상을 왕복회전 운동시킨 뒤 관찰자의 신체 중심의 움직임 중 좌우 방향 성분에 대한 파워 스펙트럼을 구한 것이다. 파워 스펙트럼의 추정은 최대 엔트로피법에 의해서 구했으며 그 결과는 화각 20, 60, 110도에서 얻어졌다. 제시화각 110°에서는 평면, 입체 영상 모두 0.2에서 0.3 Hz의 대역에서 현저한 로컬 피크가 보인다. 또, 광시야에서 평면, 입체 영상의 경우를 비교하면, 입체 영상의 경우가 로컬 피크의 형이 약간 날카롭고, 최대치는 평면 영상의 약 1.2배가 되고 있다. 이 로컬 피크는 40° 정도에서 생기기 시작하여 70° 이상에서는 확실히 나타난다. 이러한 결과는 광시야의 영상에서 추측한 바와 같이 자세제어에 유도효과가 크다는 것을 보여주며, 그 효과는 입체 영상이 평면 영상보다 크다. 또, 이 유도효과는 영상의 움직임에 의해 생기기 때문에 마치 그 곳에 있는 것 같은 감각, 즉 「임장감」이 생기고, 피험자는 영상의 왕복 회전운동에 의해 자세가 변동하고, 그 결과가 신체 중심의 움직임으로 나타난 것으로 추정된다. 그리고 제시화각 40° 정도에서 입체 영상의 움직임에 따라 자세제어가 유도되는 것이 나타나고 있다. 이 효과는 제시화각 40° 정도에서 생기는 것으로 판단된다.

(3) 「깊이 방향의 운동감」에 의한 신체 중심의 움직임

입체 영상은 「깊이 방향의 운동」을 제시할 수 있기 때문에 큰 임장감을 제시할 가능성이 있음이 실험적으로 나타나고 있다[80].

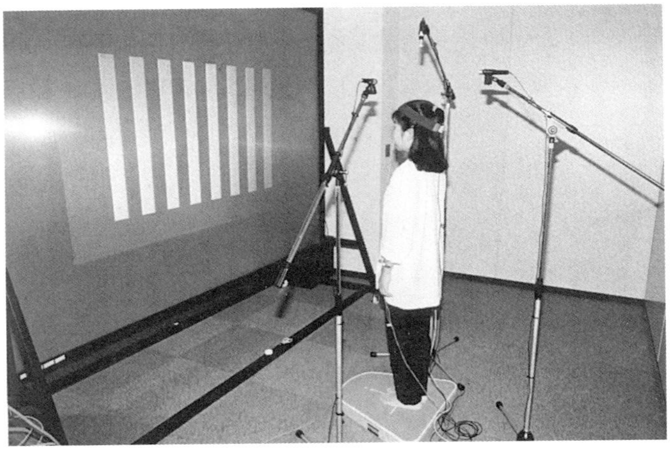

■ **그림 6-28** 광시야 입체 영상 제시장치

실험은 [그림 6-28]과 같이, 영상의 제시화각이 90°인 스크린에 2대의 비디오 프로젝터를 사용하여 사각형의 주기영상을 제시하고, 유도변동에 따른 신체 중심의 움직임을 측정해서 영상에서의 효과를 살펴본다. 실험에서는 2가지 종류의 구형 주기영상을 쓰고, 구형의 일부분을 좌우로 왕복운동 시키고 있다. 이때, 구형패턴의 주기를 하나 걸러 정지패턴과 움직임패턴으로 배치하고, 구형의 움직임 패턴에 관해서는 양안시차를 주고, 스크린의 앞, 스크린 위치(시차가 제로), 스크린 보다 안쪽의 3가지 상태에서 시험을 하고 있다. 정지 구형패턴은 항상 스크린 위에 있다. 결과의 한 예가 [그림 6-29]에 나타나 있다. 그림에서 x축은 준시차량, y축은 그때 대응하는 신체 중심 움직임의 총궤적 거리를 나타내고 있다. 그림에서는 시차가 제로, 즉, 정지 구형패턴과 움직임 구형패턴이 모두 스크린 위에 있는 경우 신체 중심 움직임의 총궤적 거리가 가장 작고, 정지 구형패턴이 스크린 위에 있는 것보다도 움직임 구형패턴이 스크린의 전후에 있는 경우가 크다. 신체 중심의 움직임에 대한 총궤적 거리의 증대는 유도변동에 따른 것으로 추측된다. 이 경우, 정지 스크린의 앞쪽에 움직임 구형패턴이 있는 경우보다도 정지패턴의 뒤쪽에 움직임 패턴이 있는 경우가 궤적 거리가 의미있으며 크게 나타난다. 이 사실은, 정지패턴의 앞을 패턴이 움직이는 경우 정지한 배경의 앞에 있는 자극이 움직이는 것이고, 자기는 움직이지 않는다고 지각하는 것이 가능하다고 생각된다.

한편, 정지패턴 뒤쪽에 움직임 패턴이 있는 경우는 정지패턴 뒤쪽이 움직이고 있기 때문에 배경이 움직이고 있다고 지각된다. 그러나, 배경은 움직일 수가 없기 때문에 배경이 움직인다는 것은 자기가 움직인다고 생각할 수 밖에 없다. 자기가 움직인다고 지각하고 있기 때문에 유도의 변동이 생기고, 신체 중심 움직임의 총궤적 거리가 커졌다고 생각된다.

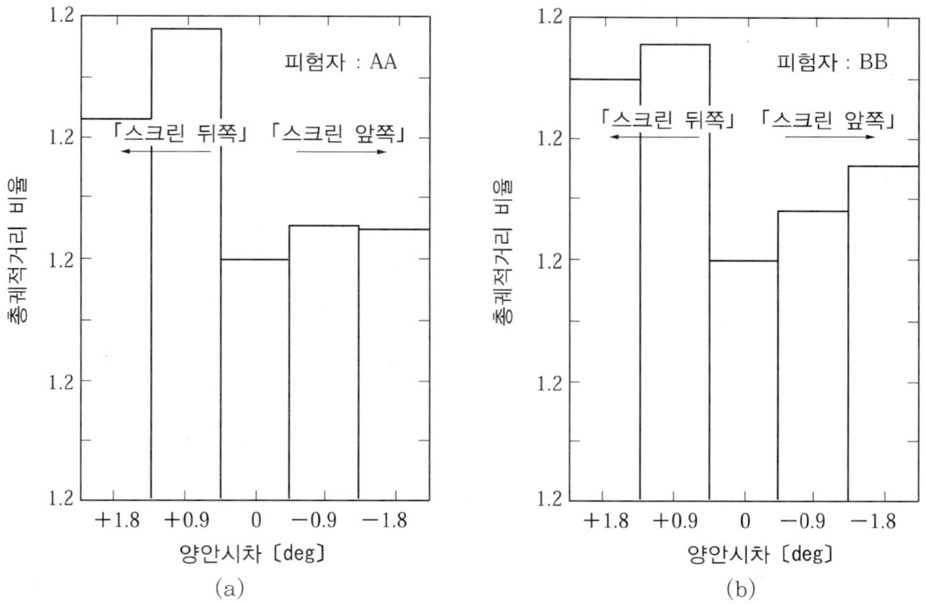

■ **그림 6-29** 다른 시차의 정지 · 움직임 패턴에 대한 신체 중심의 움직임

이 사실로부터 이전의 광시야 디스플레이는 스크린 위에 있는 영상만을 제시하였지만 입체 영상으로 제시하면 더 큰 「임장감」을 제시할 수 있는 가능성이 있다는 것을 알 수 있다.

(4) 전정미로계와 시각수용계에 의한 방향지각

지금까지는 시각수용계에 광시야의 영상을 주는 경우에 대해서 말했지만, 자기정위는 시각수용계, 전정미로계, 체성감각계에서 주어진 정보들의 통합에 의해 이루어진다. 시각수용계만의 광화각 영상제시로도 「임장감」의 제공이 가능하지만 이 경우 「임장감」의 정보는 시각수용계 만에 의한 것이고 전정미로계, 체성감각계에서의 정보가 결여되어 있다. 따라서, 다른 감각정보를 더 부여하면 「임장감」은 어떻게 수용·생성되는 것인가 하는 것과 다른 감각정보가 없이 시각수용계 정보만 제시해도 문제는 없는 것인가 하는 문제가 생긴다. 전자에 대해서는 시각수용계, 전정미로계, 체성감각계의 감각 통합 문제로서 검토를 하고 있다[81].

여기에서는 방향 인지를 지표로 시각수용계, 전정미로계의 기능을 실험적으로 검토하고 있는 예를 설명한다[82].

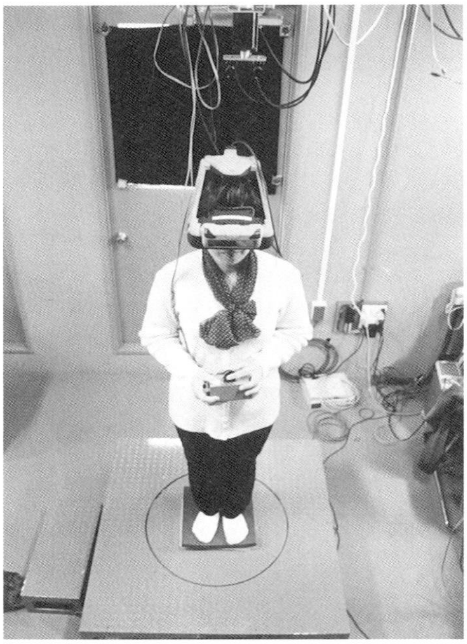

■ **그림 6-30** 시각수용계 · 전정미로계에서의 방향지각

전정미로계의 실험은 [그림 6-30]과 같다. 이 경우는 반고리관 계에 Turn Table에 의해 각 가(감)속도를 자극으로 준다. 이 각 가속도를 감지해서 자기의 회전 방향을 안다. 한편, 시각계에서는 머리에 설치된 입체카메라를 돌린다. 카메라에서 영상이 Head Mount Display에 제시되고 함께 이 영상에서 자기 회전의 방향을 안다. 이 회전 방향은 포텐셜 미터의 조작으로 기록된다. 영상을 얻는 입체 카메라와 회전 각 가속도를 주는 Turn Table은 같은 방향, 또는 역방향으로 돈다. 그리고 각 가속도는 전정미로계(반고리관)의 감지 역치 이상으로 설정하고 있다.

결과의 한 예를 [그림 6-31]에 나타냈다. 그림에서 y축이 Turn Table의 회전방향, 따라서, 자기의 회전방향이다. x축은 각 가(감)속도를 나타내고 있다. 그림 (a)에서 제 4 사분면은 카메라와 Turn Table의 회전 방향이 같다. 다만, 카메라는 항상 반시계 방향으로 돌려서 210°까지 회전하고 있다. 제 1 사분면에서는 역방향이다. 그림 (b)에서는 카메라, Turn Table의 움직임이 그림 (a)와 거꾸로 된다. 이 그림에는 전정미로계와 시각 정보가 다른 경우는 시각이 상당히 우위하게 작용하는 것으로 나타나고 있다. 또 전정미로계와 시각수용계가 같은 방향인 경우 시각정보를 보다 크게 받으면 전정미로계의 정보도 약간 과대 평가되는 것으로 이해된다.

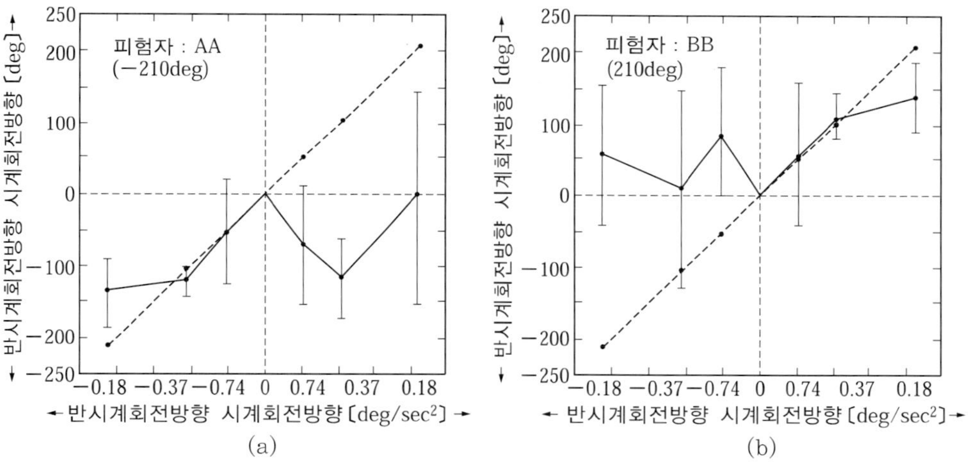

■ **그림 6-31** 시각수용계 · 전정미로계의 협조 · 경합 과정에서의 방향지각

이와 같이, 자기정위 기능에는 시각수용계 뿐만 아니라 다른 감각기관에서의 정보도 기여하고 있는 것이 나타나고 있다. 「임장감」을 생각하기 위해서 이러한 구조는 충분히 해명될 필요가 있다고 생각된다.

6.4 동요병(Motion Sickness)

6.4.1 동요병의 메카니즘

동요병이란 여러 가지 감각계를 통해서 자기운동자극에 의해 일으키게 되는 불유쾌한 증상이고, 구역질이나 구토를 포함한다. 많은 척추동물이 동요병에 걸리지만, 동요병을 일으킬 것 같은 운동자극은 진화과정에서 존재하지 않는 것이었다. 따라서, 동요병의 메카니즘은 운동자극에 대한 적응의 결과로서 진화 과정에서 선택되어 왔던 것은 아니다. 그런데도 불구하고 많은 척추동물에서 그것이 보인다는 것은 동요병의 메카니즘이 무엇인가 우연히 발생하는 것처럼 무의미하게 존재해 온 것이 아니라 동물의 생존을 위해 불가결(不可欠)한 것이라는 것을 의미한다. 동요병의 기능인 구토는 자기운동자극에 대한 반응으로 일어나는 것이 아니라, 위에 들어간 독물을 빠르게 제거하기 위해 일어나는 것이라고 정해야 할 것이다.

자기운동자극이 이 기능에 있어서 우연히 적합한 자극이었기 때문에 동요병을 일으키게 된다고 이해할 수 있다[83].

구토는 독물의 흡수에 의해 생기는 초기의 생리적 방해에 반응하는 메카니즘으로 인해 일으키게 되고, 동요병을 일으키는 자기운동자극은 이 메카니즘에 작용한다고 생각되고 있다[83]. 자기운동의 감각은 시각계, 전정감각계, 신체운동감각계에서의 정보 통합을 통해서 처리된다. 독물의 흡수로 이 처리가 방해되지만, 감각정보에 의한 같은 방해의 발생이 동요병을 일으킨다고 하는 것이 동요병의 메카니즘이다. 그런데, 전정감각기관이 제거된 인간이나 동물이 결코 동요병에 걸리지 않으며 [84], 당사자의 전정감각기관만을 자극하는 것으로 동요병이 일으키게 된다[85]. 한편, 전정감각기관을 제거하면 독물의 흡수에 의한 구토가 일어나기 어려워진다[86]. 이와 같은 결과는 동요병이 자기운동자극에 의한 전정감각계에서의 정보가 위에 들어간 독물을 빨리 제거하기 위한 메카니즘을 자극하는 것으로 일으키게 된다는 생각과 일치한다.

동요병을 일으키는 것 같은 운동자극은 자기 운동감각 메카니즘에 있어서 모순자극이라고 생각하는 것이 「감각모순설」이다[87][88]. 일반적으로 동요병을 일으킬 것 같은 전정감각계 운동자극의 강도는 전정감각기관의 작동범위를 넘어서 있는 것이 많다. 이 경우, 전정감각계에서의 입력이 정지해 버리는 데도 불구하고,

시각계나 신체운동감각계에서의 입력이 있기 때문에 모순이 생기고 동요병을 일으키게 된다고 설명하는 것이다.

그러나, 우리의 자기 운동감각 메카니즘은 여러 가지 감각 시스템에서의 정보를 통합함으로 처리를 하고 있다. 각각 시스템의 시공간 생성이 다르기 때문에 모든 시스템이 동시에 반응하는 것은 매우 드물게 일어난다. 또, 전정감각계만 자극된 경우에도 2개의 축을 동시에 자극하는 코리올리 자극에 대해서는 강한 동요병이 생기는 것으로 알려져 있다[1]. 따라서, 「감각모순설」은 반드시 맞다고는 할 수 없고, 감각자극에 대한 수동적인 반응의 조합 보다는 오히려 관찰자의 능동적인 운동에 기인해서 동요병을 일으키게 된다는 설도 제시되고 있다[89][90].

인간의 동요병 측정을 위해 대부분은 앙케이트 법을 이용하고 있다. 가장 잘 쓰이는 앙케이트로는 과거의 동요병 체감에 따라 동요병 발생이 쉬운지 아닌지를 평가하기 위한 Motion History Questionnaire[91]와 동요병의 증상을 평가하기 위한 Motion Sickness Questionnaire[92]가 있다. 한편, 동요병의 생리적 측정법으로서 위전도 측정이 있고, 동요병 생성과 위전위 변화의 상관관계를 제시하고 있다[93].

6.4.2 시각자극에 의한 동요병

시각자극에 의한 동요병은 자기운동을 유도하는 것 같은 운동자극의 관찰에 의해 일어나게 된다. 시각자극에 의해 유도된 자기운동의 감각만으로 일반적인 동요병과 같은 증상이 일어나는 것이 알려져 있다. 시각운동자극에 의해 동요병이 일어나는 것, 특히 시각운동자극의 관찰 중에 머리를 기울이는 것으로 실제의 코리올리 자극에 의한 것과 같은 강도의 동요병이 일어난다[94]. 시각자극에 의한 동요병을 「감각모순설」만으로 설명하는 것은 곤란하다. 왜냐하면 「감각모순설」에 의하면, 시각유도 자기 운동감각이 생길 때에는 언제나 동요병이 생기는 것으로 되어 버리기 때문이다.

시각자극에 의한 동요병에 처음으로 관심을 갖게 된 것은 비행사 훈련용의 군용비행 시뮬레이터에 의한 동요병 발생이었다. 시뮬레이터의 성능이 향상되어 현실감이 증가함에 따라 동요병이 발생하고, 더구나 숙련된 비행사일수록 동요병이 오기 쉽다는 표면적인 현상이 일어나고, 시뮬레이터 병(sickness)라고 불렀다. 시뮬레이터 병은 본래의 동요병과 비슷한 증상을 나타냈지만, 구토까지 이르는 것은 드물고, 창백, 발한(식은땀), 타액분비 등을 일으키는 것이 많았다. 또, 시뮬레이터에 의한 훈련을 종료한 후에도 증상이 계속한다는 특징이 있었다. 시뮬레이터 병의 원인 중에는 시뮬레이터의 진동 주파수, 시각자극제시의 지연 시야의 비뚤어짐 등 장치의 개량이나 사용상 가이드라인의 확립에 의해 해결할 수 있는 것도 많다[95]. 그러나, 현실감의 향상이 동요병을 일으킨다는 문제를 해결하는 것은 그것이 우리의 자기 운동감각 메카니즘 근간에 관한 문제인 만큼 용이하지 않다.

요즘의 디스플레이 장치의 발달은 TV나 게임기와 같은 가정용 디스플레이의 성능을 눈에 띄게 향상시켰다. 이전에 비행 시뮬레이터의 성능 향상이 군대의 비행사에게 생각지도 않았던 시뮬레이터 병을 가져왔다. 차세대 가정용 디스플레이의 하나로서 3차원 영상 도입이 기술적으로 가능하게 된 요즘 미리 과학적 검토를 충분히 한 후 가이드라인을 확립하는 것이 긴급한 과제이다.

Chapter

07

3차원 영상과 감각 통합

인간은 오감을 사용하여 외부 환경과 의사소통을 하고 있으며, 이 과정에서 각 감각 정보들은 독립적으로 작용하고 있는 것이 아니라 서로가 영향을 주고 받고 있다. 인간은 주로 눈을 통해 외부 환경의 3차원 정보를 획득하지만, 시각 외의 감각 기관도 외부 환경의 3차원 정보를 획득하는데 관여를 많이 하고 있다. 더 나아가 각 감각 기관들은 독립적으로 3차원 정보를 포착하는 것이 아니라, 서로 상호 작용하면서 3차원 세계를 재구축하고 있는 것이다.

시각 이외에 3차원 정보를 획득할 수 있는 감각으로서 청각정보, 촉각정보 그리고 전정감각이 있다. 또, 외부 환경의 3차원 정보를 획득하기 위해서 물건을 손으로 만지는 것 이외에도 인간은 능동적으로 움직이기도 한다. 예를 들면 머리를 움직일 때 발생하는 운동시차로부터 물체까지의 거리를 추정하기도 한다.

본장에서는 3차원 정보 획득을 위해 시각정보, 청각정보, 촉각정보, 체성감각계, 행동제어계 등이 어떻게 작용하고 있는지를 설명할 것이다.

7.1 감성간의 상호 작용

생물은 외부 환경의 상황을 알아차리고 이에 반응하는 능력을 가지고 있다. 외부 환경 정보를 받아들이는 기능이 바로 감각이다. 외부 환경의 물리적인 에너지나 화학적인 자극은 감각수용기로 받아들이게 되고 그 정보는 감각신경에 의해 대뇌의 감각야(感覺野)로 전달되게 된다. 감각야로 전달되어진 감각정보는 다음 연합야(連合野)로 전달되고 최종적으로 외부 환경이 인지된다. 연합야에서는 각각의 감각정보가 통합되고 처리된다. 예를 들면, 두정부(정수리)에서는 시각, 청각, 체성감각 등의 감각정보나 안구운동, 신체운동 등의 운동정보가 통합되고, 외부 환경과 자기의 공간적 위치관계가 인지된다.

빛에너지는 시각을 통해서, 소리의 에너지는 청각을 통해서 대뇌에 전달되고 각각은 상이한 감각 경험을 발생시킨다. 이러한 차이를 감각 양상(modality)이라고 부르는데, 과거에는 서로 다른 감각 사이에 아무런 관련이 없이 독립되어 있다고 생각되었다. 그러나 최근 감각 양상 간에 관련성이 있다고 생각하게 되었는데, 연합야에서 다른 감각정보가 통합되는 과정을 생각하면 감각 양상 간에 관련성이 존재하는 것도 이해할 수 있을 것이다.

「놀란 소리」나 「차가운 색」 같은 표현은 시각과 청각 또는 피부감각과 시각 사이에 관련성이 있음을 보여주는 예이다. 이러한, 공통성이나 대응성은 「양상 간 현상」이라고 한다. 그 외에도 「굵다」, 「거칠다」 등은 시각 · 청각 · 촉각의 모든 감각에 공통하고 있다. 이렇게, 양상 간에 공통하는 성질이 존재하는 것을 통양상성(通樣相性)라고도 부른다.

일반적으로 소리라는 물리적인 진동은 청각 정보로 들어오게 되어 소리로 느끼게 되지만, 소리를 들을 때 색을 지각하지는 않는다. 그러나 어떤 음정의 소리를 들으며 어떤 색이 동시에 보인다는 특이한 현상이 있고, 이것을 색청이라고 부른다. 유리를 손톱으로 할퀴거나, 흑판에 분필을 세워서 쓰거나 했을 때 발생하는 끼익끼익 하는 소리로 소름이 생기는 것은 누구나 경험한 일일 것이다. 이 현상도 소리를 온도의 감각으로 받아들이고 있다. 이와 같이 어떤 자극이 해당 감각 양상 이외에 다른 감각 양상에 영향을 미치는 것을 공감각이라고 부른다. 색청 현상도 공감각의 하나이다. 감각이 단일인 상태에서 분화, 파생한 것이라는 발생론적 관점에서 색청 현상도 감각의 미분화라고 보면 이상한 것은 아니다.

감성간의 상호 작용에 의해 감각기관의 역치가 변화될 때가 있다. 예를 들면 중간 정도 강도의 소리는 시각의 민감도를 높여 시각의 역치를 저하시키고, 아주 큰 소리는 시각의 민감도를 낮추고 그 역치를 상승시킨다. 거꾸로 청각 검사를 밝은 조명 밑에서 하면 청력은 증가한다. 또한, 백색광이나 녹색광 아래에서 청각 영역은 저하되며 적색광 아래에서는 감소한다.

시각정보와 그 외의 감각정보가 서로 상충되는 경우, 「시각우위」가 될 때가 많다. 음원의 방향이 시각정보에 따라 끌려가는 현상은 복화술 등에서 경험하는 것이다. 또한, 렌즈 등을 써서 물체가 실제보다도 작게 보이게 한 상태에서 그 물체를 손으로 잡아 크기를 평가하도록 하면 실제의 크기 보다도 작게 평가하는 경향이 있다. 그리고 평형감각을 담당하는 체성감각이나 전정미로계 보다도 시각이 실행하는 역할이 큰 것은, 창의 바깥에 보이는 기차의 움직임을 보기만 해서는 자기가 타고 있는 기차가 움직이기 시작했는지 밖의 기차가 움직이기 시작했는지를 모르게 된다는 경험에서 알 수 있다.

7.2 시청각의 상호 작용

오감 중에서도 시각과 청각의 상호 작용은 크고, 프리젠테이션에서 슬라이드 등을 이용하여 시각 정보를 제공하면 효과적이라는 것은 누구나 인정할 것이다. 우리가 이야기를 나눌 때 얼굴을 보면서 말할 때가 많고, 특히 잡음이 많은 환경에서는 입술의 움직임에서 음성정보를 보완하려고 한다. 또 여러 대의 전화기중 한대의 전화기가 울릴 때 어느 전화기가 올리고 있는지를 순간적으로 판단 못 할 때가 있다. 청각정보가 시각정보에 의해 영향을 받고 있다는 증거이다. 이와 같은 예에서 알 수 있듯이 시각정보와 청각정보는 서로 영향을 주면서 지각된다.

7.2.1 시각정보와 발화음성의 지각

사람이 이야기를 나눌 때 잡음이 많은 환경에서도 상대의 얼굴이나 입술의 움직임으로 청각 정보를 보완해 음운을 지각하고 있다. 그 효과는 크고 최대 18 dB의 S/N비 개선에 해당한다고 한다. 잡음이 있는 단어를 피험자에게 들려 준 뒤 그 단어가 무엇이었는지를 보고하도록 하는 실험에서 단어의 S/N비를 변화시켜 가면서 화자의 얼굴을 보여준 조건과 보여주지 않은 조건에서 단어를 정확히 보고하는 비율을 비교하였다. S/N이 −12 dB(부호는 잡음이 신호보다도 큰 것을 나타낸다)일 때, 음성만 제시한 조건의 정답율은 약 70 %였지만, 화자의 얼굴을 제시했을 때는 약 95 %로 나타났다.

잡음을 크게 하여 S/N이 −18 dB인 음성 정보를 제시하면, 음성만 제시한 조건에서는 정답율이 약 40 %로 감소하였지만 얼굴이 제시된 조건에서는 정답율이 95 %로 변화가 없었다. 더욱이 S/N이 −24 dB인 경우 음성만으로 정답율이 약 25 %까지 떨어졌지만 얼굴을 제시하면 95% 그대로 였다[1].

이와 같이, 시각 정보가 청각 정보를 보완해서 정답율을 상승시키고 있다. 이것은 단어 음성의 인식에서 시각 정보와 청각 정보가 통합된 결과라고 할 수 있다.

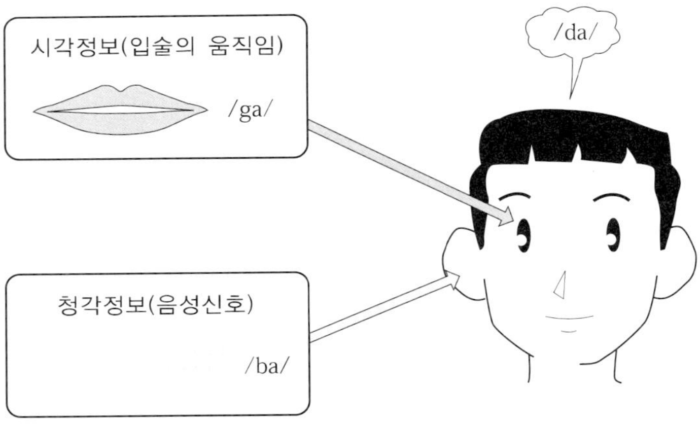

■ 그림 7-1 McGurk 효과

얼굴의 움직임과 음성이 일치하지 않았을 때, 시각 정보와 청각 정보의 통합으로 인해 다른 음성으로 들릴 때가 있다. 1976년에 McGurk등이 『Nature』에 이 현상을 보고한 후 이 현상을 McGurk 효과라 부른다[2]. 예를 들면 [그림 7-1]에서와 같이 시각자극으로서 / ga-ga /라는 입술 모양을 보여주고 청각 정보로서 / ba-ba /라는 음성을 주었을 때 이것을 들은 피험자의 대부분은 / ga-ga /도 / ba-ba /도 아닌 / da-da /라는 음성으로 듣게 되는 현상이다. / ga-ga /는 입술을 연 채로 발음하는 비순음이고, / ba-ba /는 입술을 일단 닫은 다음 파열시키는 순음이다. 시각 정보가 비순음이고 청각 정보가 순음인 경우 융합 반응을 보이지만, 시각 자극과 청각 자극의 조합을 반대로 하여 시각 정보가 순음이고 청각 정보가 비순음인 경우는 융합 반응이 아니라 / bagba /나 / gabga /와 같이 복합 반응을 많이 보인다.

이러한 McGurk 효과가 생기는 이유에 대해서 McGurk등은 다음과 같이 생각했다 [3]. 시각 자극이 비순음 / ga /고 청각 자극이 순음 / ba /인 경우, 시각에서는 입술을 열고 있는 정보가 피험자에게 제공된다. / ga /와 / da /에서는 혀의 움직임은 다르지만 입술의 움직임은 같기 때문에 시각 정보로서 / ga /와 / da /의 구별을 할 수 없다. 한편, 음성적으로는 / da /의 포먼트는/ga /보다도 / ba /에 가깝기 때문에 청각 정보로는 / ba와 /da /를 구별하기 어렵다. 따라서 시각 정보와 청각 정보에서 공통으로 보유하고 있는 /da /가 지각된다. 그러나 시청각의 자극의 조합이 이와 반대인 경우에는 시각적으로 / ba /와 /da /는 공통되는 부분이 없으며, 청각적으로도 /ga /와 /da /는 구분되기 때문에 융합 반응은 생기기 어렵다.

얼굴 어느 부분의 시각 정보가 청각 정보에 영향을 미치게 하는 것일까? 얼굴의 방향을 변화시켰을 때, McGurk 효과의 발생율이 [그림 7-2]에 나타나 있다[4]. 얼굴의 방향이 0도일 때가 정면이고 90도일 때가 옆방향이다.

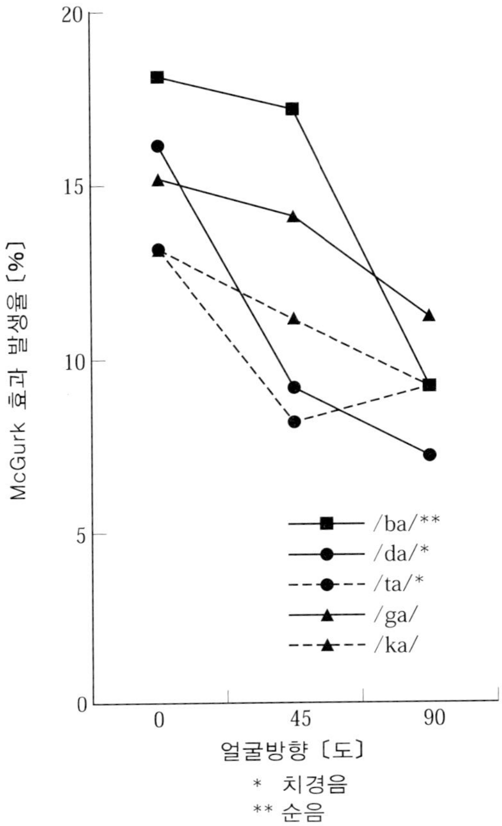

■ **그림 7-2** 열굴 방향을 변화시켰을 때의 McGurk 효과의 발생율

McGurk 효과의 발생율은 얼굴의 시각자극에 의해 발화된 음운과 다른 지각을 하는 비율이다. /ga/나 /ka/ 등 구개음을 발화하는 얼굴자극인 경우, McGurk 효과는 얼굴이 어느 방향에 있어도 같은 강도로 생긴다. 그림에서는 얼굴이 옆방향이 되면 McGurk 효과의 발생율이 내려가지만 유의도 수준 5%에서 검정한 결과 얼굴 방향에 따른 차이는 없었다. 이것은 옆 방향에서도 관찰이 가능한 입의 개폐가 McGurk 효과를 발생시키는 시각정보로 이용되고 있다. 한편 정면과 경사면에서 McGurk 효과가 생기기 쉽고 옆방향의 얼굴에서는 그 효과가 약하다. 이것은 입술이나 구강의 형태가 중요한 정보로 되고 있음을 보여준다. 또, /da/나 /ta/ 등의 치경음을 발화하는 얼굴인 경우, McGurk 효과는 정면인 경우에만 강하고 기울어진 얼굴이거나 옆 얼굴에서는 그 효과가 약하게 나타난다. 이것은 정면에서만 관찰 가능한 구강내의 정보가 영향을 주고 있기 때문이다.

McGurk 효과는 영상 신호의 프레임 속도에 의해서도 영향을 받는다. 일반적으로 음성과 영상이 모순되지 않는 조합에서는 프레임 속도가 바뀌어도 잘못 알아듣는 빈도에서는 변화가 없지만, 음성과 영상이 모순되는 조합일 경우 프레임 속도가 올라감에 따라 정확히 듣는 비율은 낮아진다[5]. 다만 예외가 있는데 음성이 / pa /고 영상이 / ka /인 조합에서는 프레임 속도가 올라감에 따라 정확히 듣는 비율이 약간 상승한다. 또 음성도 영상도 모두 / pa /인 모순되지 않는 조합에서 프레임 속도가 낮으면 잘못 듣는 비율이 눈에 띄게 증가한다. 이 경우 / ka /로 잘못 들을 때가 많고 프레임 속도가 낮을 때에는 입술의 움직임이 적기 때문에 McGurk 효과가 나타난 것으로 생각된다.

대화를 나눌 때 상대방 얼굴을 잘 보지 않는 일본인에게는 McGurk 효과가 약하다는 것도 확인되고 있다[6]. 그러나 일본인의 독해 능력이 뒤떨어져 있는 것이 아니라 일본인이 시각 정보와 청각 정보를 융합하지 않고 분리해서 지각하는 경향이 있기 때문이라고 추정된다.

7.2.2 영상과 음성의 상호 작용

드라마나 영화를 시청하고 있을 때 무의식중에 음량을 올려버리게 된다. 이것은 임장감을 얻기 위해서라고 해석되지만 영상의 내용에 따라서도 사람은 음량을 변화시키기도 한다.

마루야마 등은 프로그램의 내용, 시거리, 화면사이즈, 스테레오와 모노의 차이, 영상의 유무에 대해서 시청자가 설정하는 최적 음량에 변화가 있음을 발견하였다. 즉, 만담, 다큐멘터리, 가요곡 프로 중에서는 만담의 최적 음량이 가장 낮고 가요곡의 최적 음량이 가장 높았다([그림 7-3]). 이 사실은 보다 임장감을 원하는 프로 일수록 음량을 크게 하려는 경향이 있음을 보여준다고 할 수 있다. 또, 시청자는 화면사이즈가 커질수록 최적 음량을 높게 설정하고 있다([그림 7-4]). 이 실험에서는 화면사이즈가 변화 되었을 때 시야각이 같게 될 수 있게 시거리를 변화시키고 있다. 또한 모노와 스테레오에서는 스테레오 조건에서 음량을 크게 설정하는 경향이 있다([그림 7-5]). 그러나 시거리와 영상의 유무에 대해서는 최적 음량에 의미가 있는 차이의 실험 결과가 아직 확인되지 않았다.

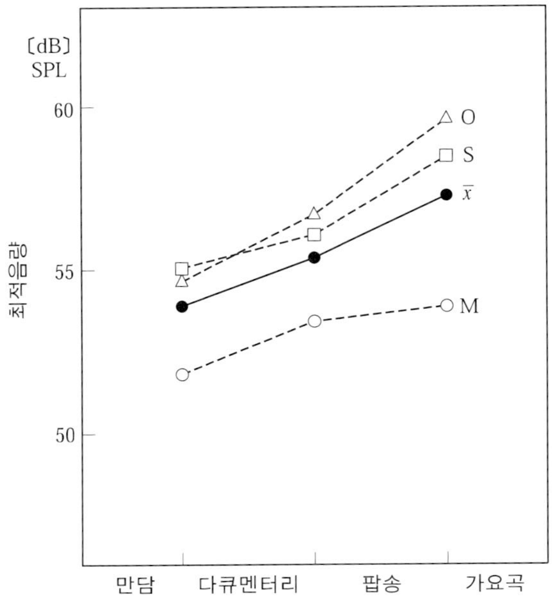

■ **그림 7-3** 프로그램 차이에 따른 최적음량($\bar{x}$: 피험자의 평균치, O, S, M : 각 피험자)

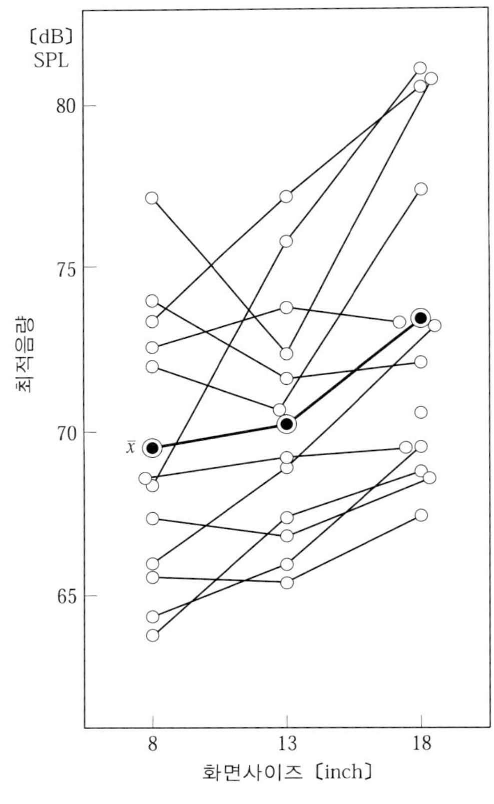

■ **그림 7-4** 화면사이즈 차이에 따른 최적음량($\bar{x}$: 피험자의 평균치)

영상과 음성의 상승효과에 의해 프로그램을 보다 풍부하게 하는 것이 가능하다. 이와미야는 시판되는 레이저 디스크의 프로그램을 사용하여 영상과 음성 조합의 조화도가 시각과 청각의 상호 작용에 미치게 하는 영향을 연구했다[8]. 시판되는 음악의 일부를 다른 음악으로 바꿔 넣어 의도적으로 영상과 음성의 조화를 떨어드리는 경우와 영상과 음성의 동기를 엇갈리게 한 경우를 보여주고 피험자에게 영상과 음성의 인상을 평가하게 했다. 영상과 음성 조화도의 평정척도치(評定尺度値)(7단계)는 원래의 경우가 평균 6.1이었지만, 음성을 바꿔 넣은 조합의 경우에서는 평균 3.9로 감소했다. 이 차는 유의도 수준 1 %에서 통계적으로 유의한 것이었다. 이 결과에서 보듯이 영상에 다른 음성이 중첩되는 것으로 프로그램의 인상이 변화한다. 이와 같은 시각과 청각의 상승효과를 공명현상이라고 부른다.

주관적 평가에 의한 측정 결과뿐만 아니라 생리적인 측정치에서도 이와 같은 결과를 보여주는 예가 있다.

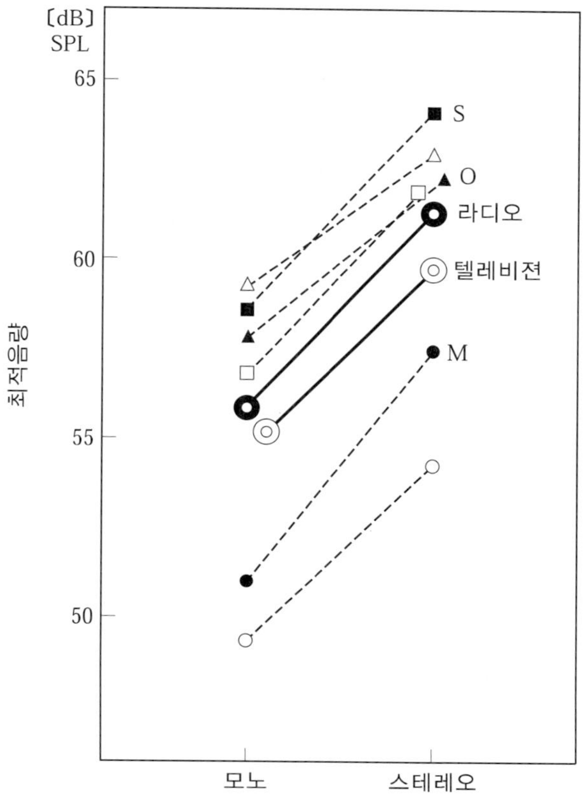

■ **그림 7-5** 모노·스테레오 차이에 따른 최적음량
($\bar{x}$: 피험자의 평균치, S, O, M : 각 피험자)

오오하시 등은 음이 포함된 영상과 음이 포함되지 않은 영상을 제공한 후 α-EEG(ElectroEncephaloGram) 전위를 측정했다[9]. [그림 7-6]에 나타나 있듯이 음이 제공된 영상의 경우 음이 제공되지 않은 영상보다 더 높은 값의 α-EEG 전위가 나타남을 보여주고 있다. 음이 제공된 경우에서도 HCS(High Cut Sound)보다도 FRS(Full Range Sound)가 α-EEG 전위 값이 크다. HCS란 인간의 가청역의 상한계인 20 kHz로 대역을 제한한 음성이고, FRS는 대역을 제한하지 않는 음성신호를 의미한다. 오오하시는「가청역을 넘는 고주파 성분을 풍부하게 포함한 음에 의한 생리적・감성적인 양성 효과」로서「극초음 효과(Hyper Sonic Effect)」가 발생됨을 확인했다. 또, 오오하시는「영상을 보고 있지만 소리가 나지 않는 경우는 자연 상태와 시청각 정보 구조가 크게 다르기 때문에 뇌에 있어서 상당한 부담이 될 가능성이 시사된다」고 기술하고 있다.

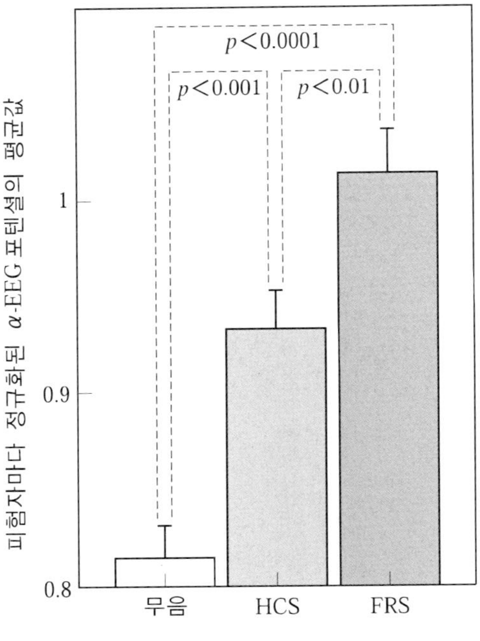

■ **그림 7-6** 음의 조건 차이가 α-EEG 전위에 미치는 영향(HCS : 음성신호의 대역을 20kHz로 제한한 경우, FRS : 음성신호를 대역을 제한하지 않는 경우)

7.2.3 시각 정보와 음원의 정위

음원의 방향에서 수평 방향은 매우 정확하게 추측할 수 있다. 예를 들면 정면에 음원이 있는 경우 300 Hz ~ 10 kHz의 주파수대에 음의 방향 차이를 알 수 있는 최소의 각도차를 나타내는 최소 변별각도는 1도에서 최대 3°이다[10]. 음원이 정면에서 60° 방향에 있을 때도 300 Hz ~ 1 kHz에서 최소 변별각도는 약 3°이다.

그러나 복화술의 예에서 알 수 있듯이 지각되는 음원의 방향은 시각 정보에 따라 영향을 받는다. 그렇다면 음원의 방향은 영상에 의해 어느 정도 영향을 받는 것일까? 영상을 고정한 채 음성을 수평 방향으로 이동하면서 지각되는 음원의 방향을 측정한 결과가 [그림 7-7]에 나타나 있다[11]. 실험에서는 실제 음원을 움직인 것이 아니라, 2대의 스피커에서 출력되는 음압을 제어함으로써 음성의 위치를 제어하는 레벨차 정위법을 통해서 음원의 위치를 결정하였다. 피험자는 아나운서가 원고를 읽고 있는 영상을 보면서 음원의 방향을 지적하였다. 이 실험의 결과에서 나카바야시는 다음과 같이 고찰하고 있다.

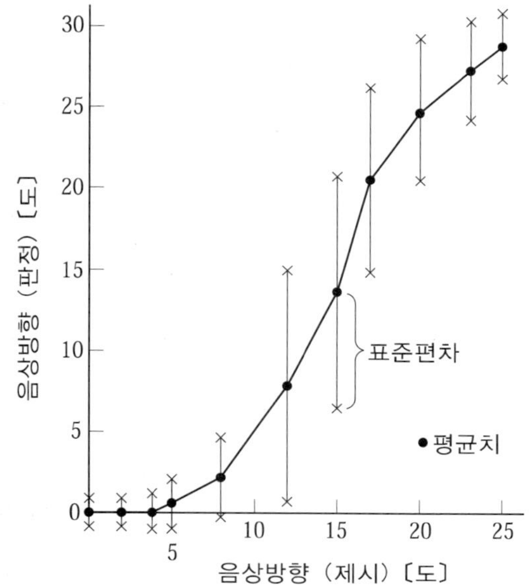

■ **그림 7-7** 소리의 방향을 변화시켰을 때 지각되는 음원의 방향

영상과 음상의 방향차가 0 ~ 10°인 경우는 영상지배영역으로 영상이 음상을 강하게 끌어당기게 된다. 특히 0 ~ 5°에서는 음상의 방향은 영상의 방향과 일치한다. 영상과 음상의 방향차가 10 ~ 20°에서는 음상의 판단 방향이 흐려지고, 영상이 음

상을 끌어당기게 되는 경우와 거의 끌어당기게 되지 않은 경우 양극단의 두 경우로 나누어진다. 이 영역을 영상·음상경합영역이라고 부른다. 영상과 음상의 방향차가 더 큰 20~30° 영역에서는 영상에 의한 음상의 방향지배 정도가 감소하는 음상독립영역이 된다.

시각 정보로서 입력되는 영상의 크기는 실물을 보는 경우와 달리 카메라 렌즈의 초점거리(Zoom)나 모니터의 크기에 따라 변화한다. 영상의 크기에 따라서 음상을 끌어당기게 되는 방법에 차이가 있는지 없는지를 알아본 결과, 0~10°의 영상지배영역에서 영상이 클수록 음상을 끌어당기게 된다.

영상의 방향과 음의 방향에 차이가 있을 때, 가끔 영상의 방향과 음의 방향의 차이가 마음에 걸려서 위화감을 느낄 때가 있다. 따라서 영상과 음의 방향차이가 어느 정도까지 허용할 수 있는지를 측정하고 있다[12].

실험은 [그림 7-8]과 같이 영상 모니터를 정면에 놓고 스피커를 피험자의 주위에 배치하였으며 음성은 이 중 하나의 스피커에서 나오게 만들었다. 피험자는 일반인과 음악기술자 두 개의 그룹이었으며 [그림 7-9]에 그 결과가 제시되어 있다.

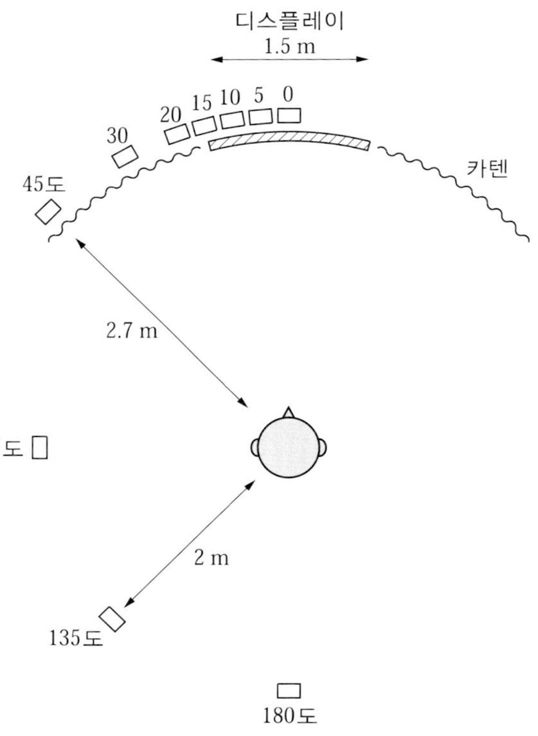

■ **그림 7-8** 영상과 음의 방향차이에 대한 허용한계를 측정하기 위한 실험

이 결과에서 영상과 음의 방향의 차이가 일반인에게서 약 20°, 음악기술자에게서 약 11° 이하이면 반수 이상의 비율에서 허용 할 수 있다.

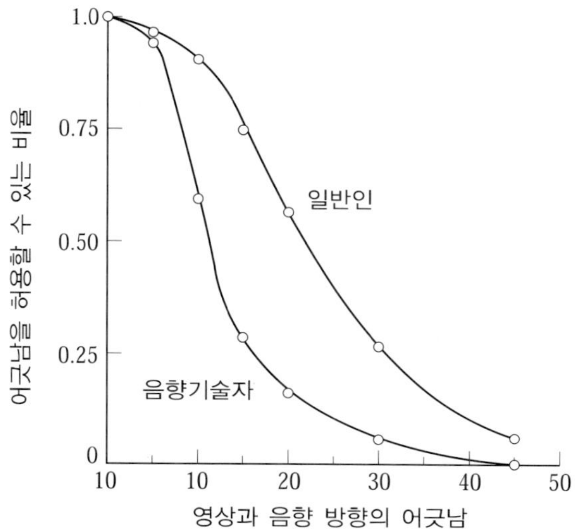

■ **그림 7-9** 영상과 음향 차의 허용 비율

음의 방향을 추정하기 위해서 일반적으로 양 귀에서의 음압차이와 위상차를 이용하고 있다. 이 정보들만으로는 수평 방향만 변별할 수 있으며, 그 변별 정도는 낮지만 음원의 방향이 상하인 경우에도 방향 추정이 가능하다. 상하방향인 경우는 음색의 변화를 근거로 판단하는 경우가 많기 때문에 순음이 주어지면 음원의 방향을 추정하는 것이 쉽지 않다. 백색 잡음을 음원으로 쓴 경우 상하 방향에 대한 음의 방향 차이를 알 수 있는 최소의 각도는 음원이 정면에 있는 경우는 3～4°, 음원이 위에 있는 경우는 12～15°, 음원이 바로 뒤에 있는 경우는 4～5°이다.

영상과 음원을 수직 상하 방향으로 움직였을 때도 지각되는 음상은 영상의 영향을 받고, 영상이 음상을 끌어당기게 된다. 영상이 없는 경우 수직 방향의 음상은 실제의 음원보다도 위쪽 방향으로 0～20°까지 불규칙함이 크지만 평균적으로 약 10도 정도 위쪽 방향에 정위한다[13]. 스피커의 위치를 고정하고, 영상을 상하에 배치한 경우에 지각되는 음상의 방향을 측정한 결과가 [그림 7-10]에 나타나 있다.

음상의 위치가 영상의 수직 방향의 위치에 의해 영향 받고 있음을 볼 수 있다[14]. 수평 방향보다는 수직 방향으로 변화되는 음원의 위치가 영상의 위치에 더 많이 영향을 받는다는 사실은 음원의 수평 방향의 이동은 양귀의 음압차나 위상차에 의해 방향을 판단할 수 있는 것에 비해 수직 방향의 이동에 대한 단서가 부족하기 때문에 발생한다. 또, 좌우 음압을 변화시켜 음성을 수평 방향으로 움직이는 경우에도 수직 방향의 영상에 의한 영향은 차이가 없다.

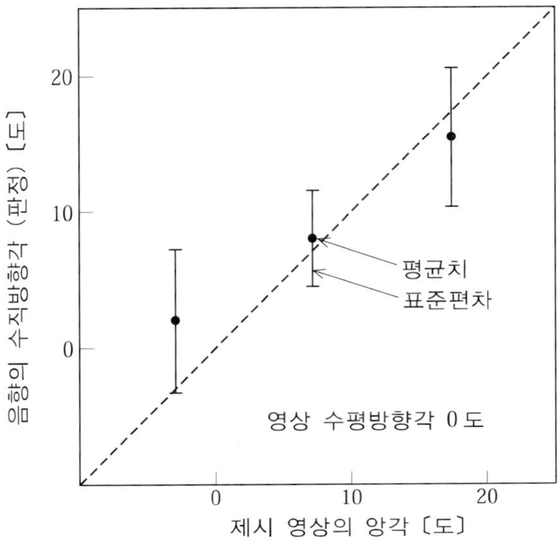

■ **그림 7-10** 제시 영상의 앙각(仰角)과 지각되는 음향 앙각(仰角)의 관계

음의 거리지각은 음의 크기에 의존하고 있다. 작은 음은 멀리에, 큰 음은 가까이에 느껴진다. 그러나, 음의 거리지각은 음의 크기뿐만 아니라, 음색의 변화, 직접음과 간접음과의 혼합비등이 관련되어 있다. 스피커를 피험자에게서 3 m와 9 m에 배치하고 피험자에게 음을 듣게 한 다음 음향의 거리를 대답하게 했을 때, 피험자 귀의 음압이 같으면 실제의 음원의 거리에 관계없이 음상거리는 거의 같게 된다. 또한 음압과 음상거리의 관계가 명확하고 피험자 귀의 음압이 클수록 음향의 거리가 가까이에 느껴진다. 실제로 음원거리가 반이 되면 음압이 6 dB 올라가지만, 실험에서 얻게 된 결과에서는 음향 거리가 반으로 느껴지기 위해서는 약 20 dB의 차이가 필요하다[15].

그 외에 음원이 가까울수록 음원이 가로 방향에 있을수록 음원까지의 거리를 잘 변별할 수 있다[16]. 한편 음의 의미를 이해하고 심리적으로 거리를 추정하는 경우가 있다. 예를 들면 「속삭임」, 「대화」, 「외치는 목소리」로 음원 거리와 음상 거리를 측정한 결과 「속삭임」에서는 음원거리 보다도 음상거리가 가깝게 느껴졌다. 또한 「외치는 목소리」는 음압을 크게 하여도 실제 음원보다도 멀게 느껴진다[15].

음의 거리 지각에서도 시각 정보의 영향을 받는다. 예를 들면 근접영상효과(Proximity Image Effect)라고 부르는 현상이 있다. 몇 가지 음을 내는 물체를 늘어놓았을 때 피험자는 실제의 음원이아니라 가장 가까이 있는 물체에서 소리가 나는 것 같이 느낀다[17]. 또 실제로는 음이 나오지 않는 스피커이지만 이 스피커까지의 거리를 멀리하면 소리가 더 큰 것처럼 들린다는 보고가 있다[18]. 이 실험에서 실제의 음은 고정한 장소에서 나오고, 피험자는 항상 같은 음역의 음을 듣고 있는 것이다. 울림이 없는 곳의 실험에서는 이러한 경향이 약간 무너지지만, 잔향이 있는 곳에서는 분명한 경향을 볼 수 있다. 이 현상은 음 크기의 항상성에 의한 것이다.

음상의 원근제어는 음의 크기만이 아니라, 직접음과 간접음의 혼합비를 변화시키는 것으로도 어느 정도는 실현할 수 있다. 그러나 이 방법으로는 스피커 보다 앞쪽에 음상이 있는 것으로 만들 수는 없다. 따라서 스피커의 적절한 배치에 의해서 스피커 보다 앞쪽에 음상을 만들 수 있음이 제안되었고 그 방식대로 설계를 한 결과 제안과 동일한 위치에서 음상이 지각됨을 청감실험에서 확인하였다 [19]. 다수의 스피커를 나열시켜 놓고 각 스피커에 미세한 지연을 주어 음파의 초점을 합성하였다. 이 스피커를 이용한 실험에서 음상의 근방에 실제 스피커에 해당하는 시각적인 큐를 제시하는 것으로 안정한 음상을 얻을 수 있다는 것이 확인되었다[20].

7.3 촉각과 체성감각

체성(Somatic)이란 신체를 의미하는 말이다. 우리의 실체를 구성하는 조직, 즉, 피부, 점막, 근육, 힘줄, 골막, 관절낭 등에 존재하는 여러 가지 모양의 수용기의 흥분에 의해 생기는 감각을 체성감각(Somatic Sensation)이라고 총칭한다. 체성감각에는 피부나 피하조직 등 표층에 있는 피부수용기와, 근육, 힘줄 등 신체의 깊은 부분에 있는 심부수용기가 있다. 피부수용기에서는 촉각, 압각, 진동감각, 온도감각, 통각 등을, 심부수용기에서는 위치의 감각, 움직임의 감각, 힘・무게의 감각을 취급하고 있다. 피부수용기에서는 꺼칠꺼칠한 느낌이나 젖은 느낌이라고 하는 고차의 촉감각도 있다.

체성감각의 정의는 위에서 서술한 것과 같지만 때로는 심부수용기에서 수용하는 감각을 말할 때도 많다.

7.3.1 촉각에 의한 3차원 형상의 인식

인간은 손바닥이나 손가락으로 3차원 물체의 형태를 어느 정도는 지각할 수 있다. 의사가 체내의 응어리 유무나 크기를 알기 위해 하는 촉진이나 타진은 촉각에 의해 3차원 형상을 지각하는 실용적인 예이다. 3차원 형상의 지각은 피부감각 수용기로부터의 정보에 기초한 촉지각(Tactile Perception)에 의한 것이 아니고, 근육이나 관절의 운동에 따라서 생기는 감각도 더해진 촉운동지각(Haptic Perception)에 의해 이루어지는 경우가 많다.

촉운동지각에는 시각 양상에서의 안구운동과 닮은 두 개의 특징적 모드가 있다. 하나는 미세운동(MicroMotion)이라고 부르는 촉수용기에서 발생되는 흥분을 지속하기 위한 손가락의 미세한 운동이다. 또 하나는 거대운동(MacroMotion)이라고 부르는 물체의 정보를 얻기 위한 큰 운동이다.

시각장애자가 모양을 지각하기 위해 촉각시각 대체 시스템(Tactile Vision Substitution System: TVSS)이라고 부르는 촉 진동형의 촉각자극 디스플레이가 이용될 때가 있다. 2차원의 촉각자극상에서 2차원 모양을 유추하는 것은 용이하지만 3차원 도형을 유추할 수 있는지 없는지를 알아본 연구가 있다. 정방형의 판을 카메라 앞에 놓으면, TVSS의 진동 디스플레이에 나타나는 모양은 정방형으로 표시된다. 이 물체를 기울여서 놓으면, 카메라에 가까운 변이 길게 투영된다. 이 경우 선천적 시각장애자는 이 경사방향을 바르게 보고할 수 있게 된다. 또 70도로 기울인 체커보드의 진동상을 제시해서 그 기울음을 보고시켰을 때 TVSS를 40시간 사용한 후에는 평균 8.4초의 반응시간에서 82.9 %의 정답율을 나타냈다.

촉각에 의한 길이 지각은 가로 방향과 깊이 방향에서는 다르게 지각된다. T형 도형이나 L형 도형을 수평면에 제시해서, 가로 방향과 세로 방향(이 경우 깊이 방향)의 길이를 만져보면서 추정하도록 하면 가로 방향보다도 깊이 방향 쪽이 길게 지각된다. 이 도형을 수직면에 제시하여 각 선분이 피험자로부터 같은 거리에 놓여있게 하면 가로 방향과 세로 방향의 길이 차이는 지각되지 않는다. 이 현상은 촉각적 착각이라고 부르고, 팔의 운동시간 차이에 의해 생긴다고 생각되고 있다.

가상현실(Virtual Reality : VR) 시스템의 발전에 따라 시각뿐만 아니라 촉각, 특히 촉운동지각에 관련된 디스플레이의 개발이 진행되고 있다[21]. 이 종류의 디스플레이 장치는 단순히 데이터를 출력하는 것뿐만 아니라 물건을 잡는 것과 같은 운동결과로서 촉각 디스플레이를 출력할 필요가 있기 때문에 고속처리가 필수적이며 동시에 시각정보와의 일치도를 고려해야 한다.

7.3.2 시각 정보와 촉각 정보의 통합

시각 정보와 촉각 정보가 서로 다른 경우에 사람들은 어떻게 지각하는 지를 Rock 등이 검토했다. 피험자는 오목렌즈를 통해서 사각의 물체를 보는 것과 동시에 손으로 만지면서 그 물체의 크기를 평가한다. 오목렌즈를 통해서 물체를 보면 실제의 크기보다도 작게 보이지만, 피험자는 이 사실을 모른다. 또, 피험자는 자기 손을 볼 수 없기 때문에 손과의 비교에서 물체의 크기를 평가 할 수는 없다. 피험자는 시각과 촉각에서 모순된 정보를 받은 사실을 모른 채 실험에 참가했으며 피험자들은 시각에 의해서 주어지는 크기 즉 실제보다는 작은 것으로 지각했다.

이 현상을 시각적 포획(시각 정보에 사로잡히는 현상)이라 부르며 시각 정보가 촉각 정보보다 더 우위에 있음을 보여준다. 모양의 지각에 대해서도 마찬가지로 정육면체인 물체를 직육면체로 보여지게 만든 후 정육면체를 손으로 만지도록 하면 직육면체로 지각한다.

촉각으로 패턴을 지각할 때 이와 동시에 시각적 가이드를 받게 되면 패턴 지각이 보다 정확해 진다는 결과가 몇몇 연구에서 보고되었다. Heller는 모르스 부호나 점자를 촉각적으로 인지시키기 위해 시각적인 가이던스로서 그것들의 심벌을 스테인드 글라스로 흐리게 해서 주었다[22]. 피험자는 심벌의 요철 패턴을 볼 수는 없지만 촉지하고 있는 자기 손의 움직임을 볼 수 있다. 그 결과 시각정보를 전혀 받지 못할 때와 비교해 볼 때 촉각에 의한 심벌의 모양 지각이 현저하게 정확해졌는데, 이는 촉운동 패턴의 지각에 있어서 시각이 큰 역할을 한다는 것을 보여준다. 이렇게 시각적 가이드가 있으면 촉지각이 개선된다는 사실은 단순히 두 개의 감각 정보가 중복해서 입력되는 것 때문에 발생되는 것이 아니라 촉지각이 시각에 의해 제어되었기 때문에 발생되는 것이다.

7.3.3 체성감각과 시각 정보의 통합

3차원 공간에서의 신체의 자세 지각은 시각정보, 전정정보 외에 체성감각계로부터의 정보에 영향 받는다. 체성감각이란 피부의 압력감각, 근육활동에 의해 생기는 움직임에 대한 저항감, 부자연적인 자세에 의해 생긴 내장의 압박감, 사지관절 각도의 변화를 아는 감각 등이다. 전정기관은 가속도를 지각하는 기능을 가지고 있지만, 정지한 신체의 기울어짐 지각에는 관여하지 않기 때문에, 신체의 자세 제어등 운동을 동반하는 경우에는 체성감각기능이 중요하게 된다.
체성감각 영역에서 대뇌피질의 특정 부위는 피부나 근육의 감각부위 사이와 대응관계가 있으므로 이를 토대로 [그림 7-11]과 같이 대뇌피질에 신체 지도를 그릴 수 있다[23]. 즉 대뇌피질의 한 점에 전기 자극을 주면 특정신체부위에서 감각이 느껴진다. 대뇌피질의 자극위치를 조금씩 이동하면 감각이 생기는 신체부위도 조금씩 이동한다. 이와 반대로 체표의 특정 부위를 자극하면 이 부위에 반응하는 대뇌피질의 특정 영역에서 유발전위가 생긴다. 즉 대뇌피질 체성감각 영역과 신체부위 사이에 연속적인 대응관계가 있으며, 이를 신체부위의 국재적 재현이라고 부른다. 일반적으로 피질의 신체부위 재현은 신체부위의 실제 넓이에 비례하지 않고 손이나 발 그리고 얼굴에 대응되는 피질 영역은 상대적으로 넓다. 신체부위 재현은 반드시 국재적이지도 않으며 고정된 것도 아니다. 예를 들면, 말초신경의 파손에 의해 어떤 신체부위에서의 입력이 없어지면 그 부위의 재현은 소멸하는 등 재현지도가 변화되기도 한다.

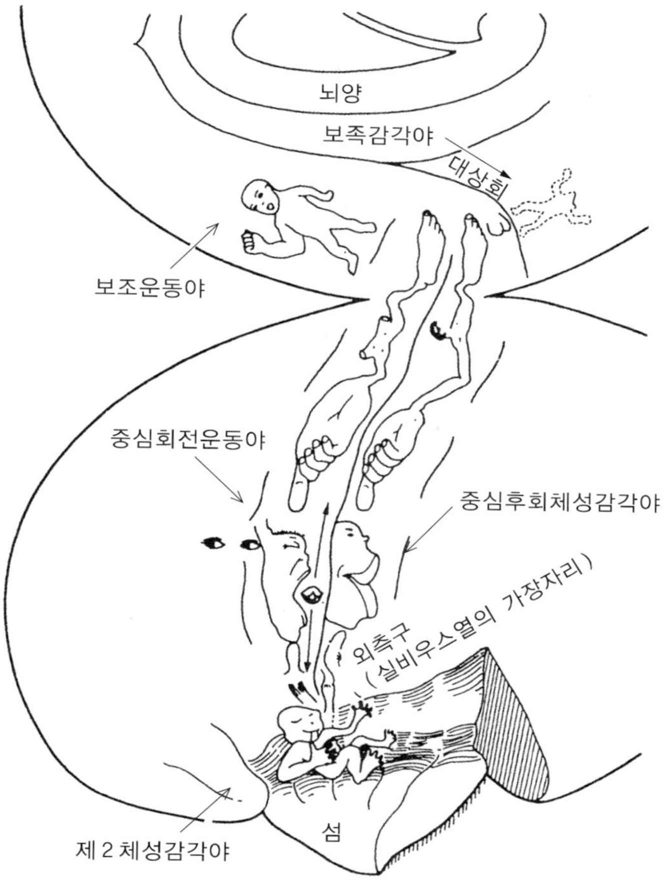

■ **그림 7-11** 체성감각 영역과 운동영역

원숭이의 하두정소엽의 7b 영역(사람 뇌의 연상회(緣上回)에 상당)에는 체성감각과 시각 정보 모두에 반응하는 세포가 존재한다[24]. [그림 7-12]는 그 예이고, 이것은 손으로 가슴을 할퀸다는 동작에 반응하는 세포의 발화 상태를 나타내고 있다. 이 세포를 흥분시키는 자극들의 각 요소들을 살펴보면 우선 원숭이가 눈을 감은 상태에서 가슴을 할퀴면 반응하고 눈을 뜬 상태에서도 할퀴면 반응한다. 또 실험자의 손동작에 의한 시각자극에도 반응한다. 이 세포는 자기의 신체 움직임이나 신체에 닿는 것을 촉각 그리고 시각 자극 모두에 대해 반응하는 것으로 생각된다.

또, 7a 영역에는 시각과 평형감각 모두에 반응하는 세포도 발견되어 있다. 시각적 회전에 반응하는 세포 중에 원숭이의 신체 회전에 따라 반응하는 세포가 발견되고 있다[25]. [그림 7-13]은 그 예이다.

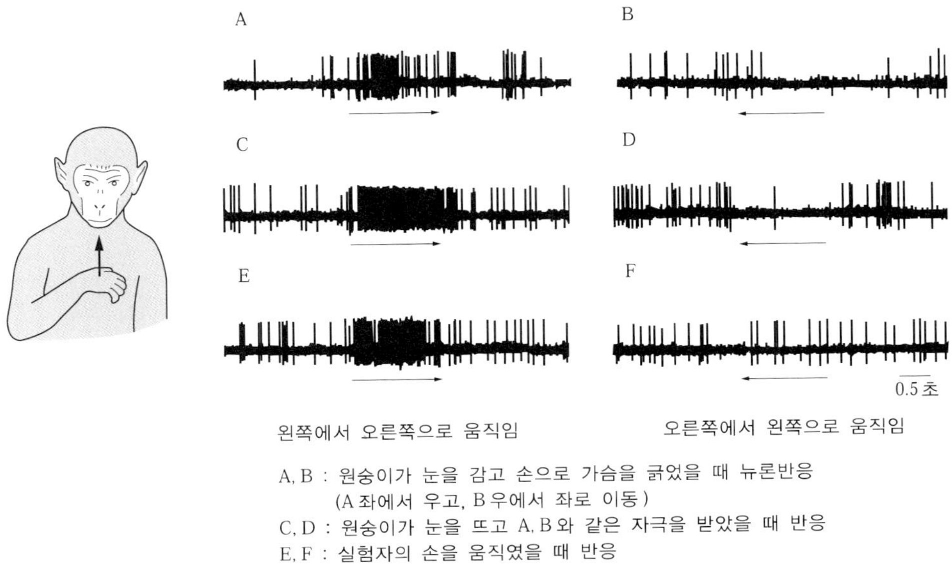

■ **그림 7-12** 체성감각과 시각 모두에 반응하는 PF영역 뉴런

우선 [그림 7-13(a)]와 같이 스크린상에 회전하는 슬릿을 보았을 때 반응하고 있다. [그림 7-13(b)]와 같이 밝은 곳에서 원숭이를 회전시키면 반응한다. 또, [그림 7-13(c)]와 같이 암실에서도 같은 방향의 회전에 반응하고 있다. 따라서, 이 세포는 시각과 평형감각을 통합해서 자기의 신체회전운동을 지각하는 작용을 가지고 있다고 할 수 있다.

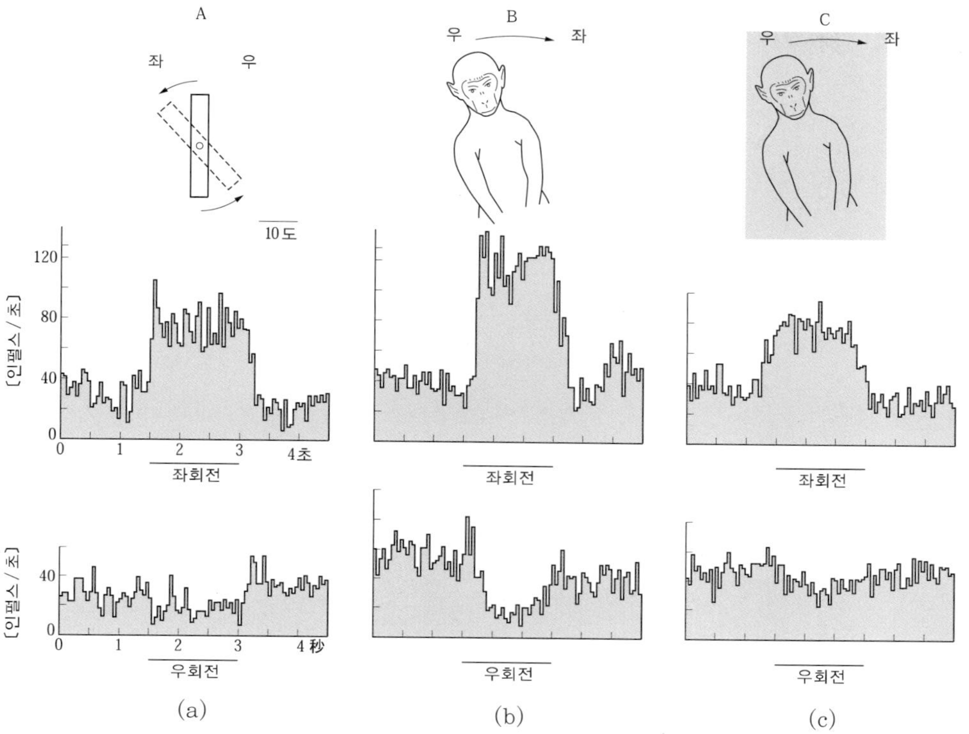

■ **그림 7-13** 시각자극과 전정자극의 모두에 반응하는 회전운동검출 뉴런

7.4 3차원 영상과 행동제어

7.4.1 3차원 영상에 의한 시각유도 자기운동

인간은 외부 환경에 대한 자기의 위치 관계나 자신의 움직임을 시각계, 전정 미로계, 체성감각계에 의해 지각하고 있다. 전정미로계는 내이에 있는 세반고리관내의 임파액의 흐름을 느끼는 것에 의해 머리의 가속도 정보를 얻고 있다. 체성감각계는 피부나 근육에 가해지는 압력 등을 받아들이는 감각계이고, 자기의 자세나 중력의 정보를 얻고 있다. 시각계는 이 3개의 감각계 중에서 가장 중요한 역할을 맡고 있고, 2차원의 망막상으로부터 외부 환경에 대한 3차원 공간을 재구성하고 있다. 외부 환경에 대한 3차원 공간을 지도로서 뇌 안에서 재구성하고 있다는 뇌내 공간지도의 가설이 있다[26]. 이 가설은 각종의 감각 기관에서 얻은 위치 정보를 통합해서 뇌내공간지도를 만들고 이 지도에 따라서 신체 각부의 운동을 하게 된다는 것이다. 그러면, 그 뇌내지도는 무엇을 기준으로 하고 있는 것일까? 즉, 자기의 신체를 기준으로 한 좌표계인지 또는 주위의 공간을 기준으로 한 좌표인지, 어느 쪽이 타당한 것일까? 인간은 자기의 내부에서만 외부 환경을 알 수 있고 자기의 주위로부터 외부 환경에 대한 지도를 제작한다고 생각되기 때문에, 자기의 신체를 기준으로 좌표계를 제작한다고 생각하는 것이 자연스럽고 그쪽이 뇌내지도에 사용되는 정보량을 적게 할 수 있다. 그러나 신체를 기준으로 한 좌표계로 한다면 지도상의 좌표가 운동이 가는 방향으로 고르게 되고나서 구체적으로 운동이 실행 될 때까지 약간의 반응 시간이 필요하고 이 반응 시간 사이에 나타나는 자세의 변화에 대응하기 때문에, 지도를 각각 고쳐 써야 한다. 그렇지 않으면 운동이 부정확하게 되어 버린다. 주위의 공간을 기준으로 한 정지 좌표에 비해서 정보량이 적다고 하지만, 3차원 공간지도의 정보는 방대하고 단시간에 지도를 고쳐 쓰는 것은 어렵다고 한다. 따라서, 오히려 지도는 변경 없이 정지 좌표계에 나타낸다. 그리고 그 중에서 자기 위치와 자세가 각각 어떻게 변화하는지를 기록하는 쪽이 고쳐 쓰는 것보다 정보량이 적게 된다. 뇌내지도의 재구성에는 시각 정보가 가장 크게 기여하고 있다. 3개의 감각계 중 전정계와 체성감각계의 정보가 약한 경우나, 시각 정보가 다른 정보와 모순하고 있는 경우, 시각 정보를 기초로 뇌내지도가 재구성된다. 그렇기 때문에, 실공간의 좌표계와 뇌내지도의 좌표계에 차이가 생길 때가 있다. 이렇게 실제로는 이동하지 않지만, 시각자극에 의해 자기가 움직인 것 같이 느끼는 현상을 시각유도 자기운동감이라고 부른다. 3차원 동영상을 주시했을 때 운동감만이 아니라 실제로 자기운동이 생기는 경우가 있다. 3차원 동영상을 주시하는 피험자의 신체중심의 움직임을 측정하여 시각유도 자기운동을 정량적으로 해석한 연구 결과가 몇 가지 있다[27]~[30].

7.4.2 시차 정보와 크기 정보에 의한 깊이 방향의 운동지각

3차원 표시 시스템에서 제시된 영상의 시차와 크기는 깊이 방향으로의 운동 정보를 제공하기 때문에 중요하다. 영상의 시차와 크기가 시간적으로 변화하는 경우 이 자극은 깊이 방향으로 움직이는 것으로 지각된다. 자연시에서는 시차 정보와 크기정보와의 관계에 모순이 생기는 것은 없지만, 3차원 제시에서는 디스플레이의 크기나 시거리를 특정하는 것이 어려우며, 영상을 촬영할 때의 조건과 제시할 때의 조건이 일치하지 않는 경우가 많다. 따라서 표시된 3차원 영상의 시차 변화와 크기 변화의 관계가 무너지고 시차 변화로부터 기하학적으로 계산될 수 있는 깊이 방향으로의 운동량과 크기 변화에서 계산될 수 있는 깊이 방향으로의 운동량이 일치하지 않는 경우가 생긴다.

Regan 등은 시차 정보와 크기 정보를 독립적으로 변화시킨 영상을 제공한 후 깊이 방향의 운동 지각을 측정했다[31]. 시차의 변화와 크기의 변화가 서로 일치하는 경우와 같이 어느 정보로부터도 동일한 깊이 방향의 운동이 지각될 경우에서는 깊이방향의 운동이 지각되지만, 시차 변화와 크기 변화가 서로 일치하지 않는 경우는 깊이 방향의 운동 지각이 감소하거나 지각되지 않았다. Regan은 이 실험 결과로부터 시차 변화와 크기 변화의 정보는 깊이 방향의 운동지각에 가산적으로 기여하고 있음을 보여주었다.

한편, 수사미는 시차 변화와 깊이 변화를 동일하게 하고 그 진폭을 독립적으로 바꿔 깊이방향 운동감의 양을 측정한 결과, 피험자를 3개의 그룹으로 나눌 수 있었다[32]. 첫 번째 그룹은, 시차 변화에 의한 깊이 방향의 운동은 지각하지만 크기 변화에 의한 깊이 방향의 운동감이 작은 피험자, 두 번째 그룹은 크기 변화에 의한 깊이 운동은 지각하지만 시차 변화에 의한 깊이 운동감이 작은 피험자, 세 번째 그룹은 크기변화와 시차변화 모두에서 깊이 운동을 지각하는 피험자다. 이 결과에서, 크기 변화와 시차변화는 깊이운동지각에 대해서 반드시 가산적으로 기여하고 있는 것은 아니고, 크기 변화 또는 시차 변화 어느 한쪽이 지배적으로 다른 한쪽이 촉진적으로 영향을 미치고 있는 경우가 있다는 것을 시사하고 있다.

Regan이나 수사미의 실험에서는 비교적 작은 단일의 자극을 사용했지만 랜덤 도트 스테레오그램으로 구성된 비교적 큰 면이 깊이 방향으로 운동할 때 깊이 방향의 운동 지각을 측정한 연구가 있다. 이 실험에서는 자극의 시차와 크기를 독립적으로 변화시킨 RDS 영상을 제시했을 때 지각되는 깊이 방향의 운동량과 신체 흔들림을 측정하였다[33]. 응시거리는 1 m이고, 시차변화량 및 크기변화량은 스크린의 전후 15 cm, 즉, 30 cm의 깊이 방향의 운동에 해당되었다. 시차만을 변화시킨 경우, 크기만을 변화시킨 경우, 그리고 시차와 크기 둘 다를 변화시킨 경우 세 조건에서 지각되는 깊이 방향의 운동량을 측정한 결과가 [그림 7-14]에 제시되어 있다. 시차와 크기 둘 다를 변화시킨 경우에서 깊이 방향의 운동량이 가장 큰 것으로 나타난 것은 가장 자연스런 조건으로 시차 정보와 크기 정보가 통합되어 깊이 방향의 운동이 지각됨을 보여준다. 시차만 변화된 조건과 크기만 변화된 조건을 비교해 보면 시차 변화보다도 크기 변화만 주어진 조건에서 깊이 방향의 운동이 더 크게 지각되고 있다. 깊이 방향의 운동 지각에서는 3차원 제시 시스템의 특징인 시차 정보보다도 크기정보 쪽이 보다 크게 기여하고 있는 것이다. 그림 (a)는 깊이 방향의 운동을 하고 있는 영상의 시각(visual angle)이 수직방향 31.4도(V), 수평방향 28.6도(H), 그림 (b)는 58.7도(V), 54.0도(H), 그림 (c)는 70.0도(V), 101.1도(H)일 때 얻어진 결과이다. 시차 변화만 주어진 영상일 경우 깊이 방향의 운동을 하고 있는 영상이 커질수록 깊이 방향의 운동감은 감소한다. 즉, 시각이 커질수록 깊이 방향의 운동 지각에서 시차 정보의 기여도는 작아진다. 이것은 기준이 제시되는 경우 시차 변화에 의한 깊이 방향의 운동이 지각되지만 기준이 제시되지 않으면 깊이 방향의 운동지각은 감소한다는 Regan 등의 실험 결과[34]와 일치한다.

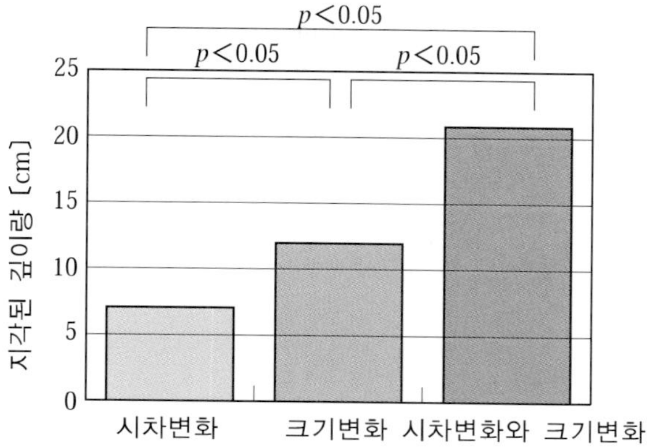

(a) 깊이운동의 부분시야각 :
31.4(V), 28.6(H)의 경우

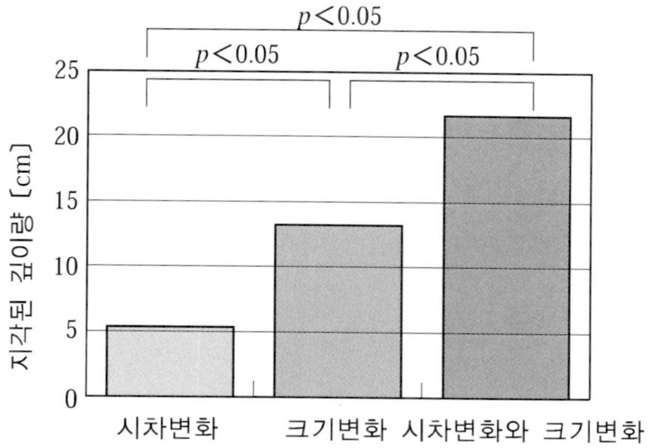

(b) 깊이운동의 부분시야각 :
58.7(V), 54.0(H)의 경우

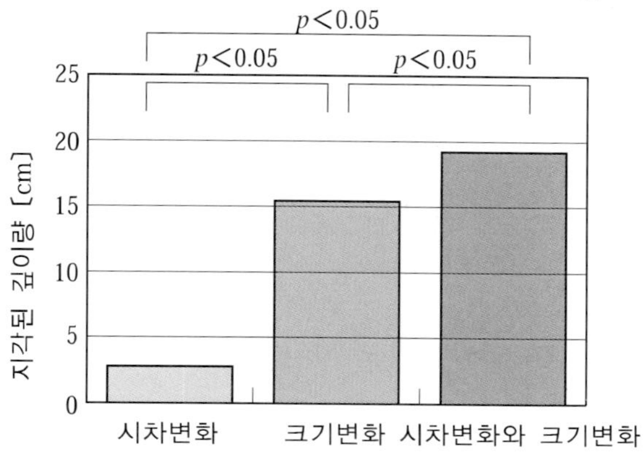

(c) 깊이운동의 부분시야각 :
70.0(V), 101.1(H)의 경우

■ **그림 7-14** 시차 변화와 크기 변화로 나눈 경우에 대한 깊이 방향 운동의 지각율

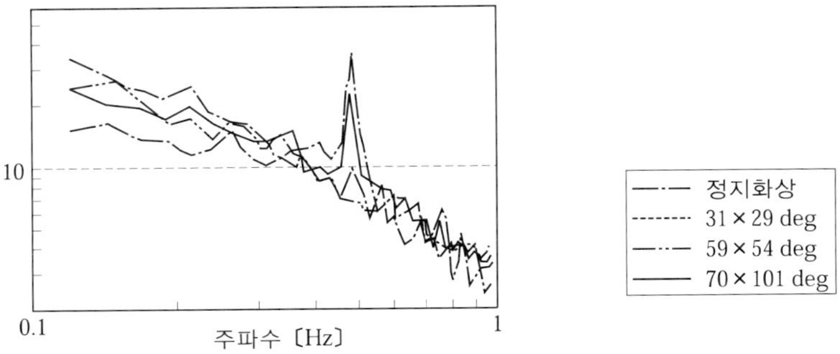

(a) 시차변화

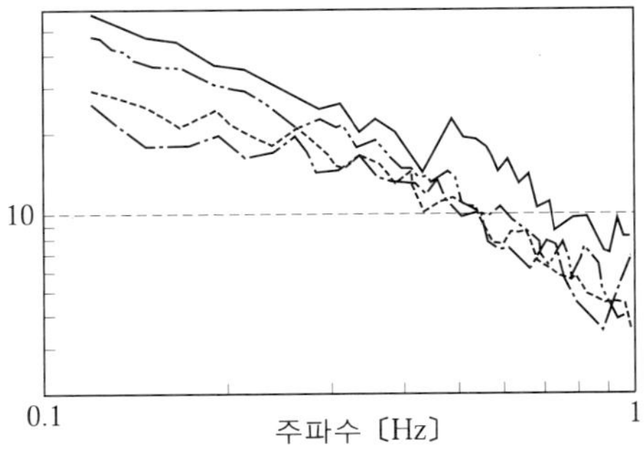

(b) 크기변화

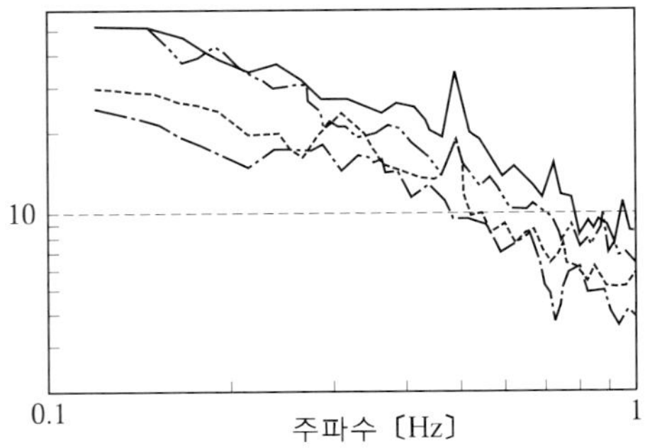

(c) 시차변화와 크기변화

■ **그림 7-15** 시차 변화와 크기 변화에 의한 신체 흔들림의 파워 스펙트럼

다음으로 시차 변화와 크기 변화 어느 쪽이 시각유도 자기운동에 보다 크게 기여하고 있는 것인지를 살펴보자. 이전 실험과 같은 자극을 사용하여 신체의 흔들림을 측정한 결과를 [그림 7-15]에 표시해 놓았다. 그림은 시차 변화만 주어진 자극 영상[그림 7-15(a)], 크기 변화만 주어진 자극영상[그림 7-15(b)], 시차변화와 크기변화 모두가 주어진 자극영상을 주시한 경우[그림 7-15(c)]의 신체 흔들림에 대한 스펙트럼이다. 시차 변화만 주어진 경우와 시차 변화와 크기 변화 모두가 주어진 경우에 0.5 Hz 대역에 피크가 보인다. 이 피크의 주파수는 자극 영상이 깊이 방향의 운동을 하는 주파수와 일치하고 깊이 방향으로 운동하는 시각자극에 의해 유도된 결과로서 나타난 것이다. 즉, 시차 변화에 따른 시각유도는 생기고 있지만, 크기 변화에 따른 시각유도는 생기지 않은 것이다.

인간은 시차 변화와 크기 변화로부터 깊이 방향의 운동을 지각하고 있지만, 그것들의 정보가 통합되는 과정은 복잡하다. 깊이 방향의 운동을 지각할 수 있게 하는 단서인 시차 변화와 크기 변화의 시각 정보가 깊이 방향의 지각과 시각유도 자기운동에 있어서도 반드시 가산적이지 않으며 각 정보의 기여율은 다르다고 할 수 있다.

7.5 인간의 동적 시각기능

인간의 시각 기능은 영상을 수동적으로 투영하는 카메라와는 달리, 적극적인 동적 작용으로 시각 정보를 수용한다. 예를 들면, 최근에는 손 움직임 방지 기능 카메라가 존재하지만 인간의 시각은 대상을 정확하게 잡아서 움직임을 보정하는 고도의 자동제어 기능을 갖추고 있다. 이 자동제어계는 안구운동 뿐만 아니라 머리운동과도 관계하고 있다. 이것들의 운동으로 보다 정확하고, 보다 정밀도가 높으며, 보다 넓은 범위의 시각 정보를 얻는 것이 가능하게 된다.

7.5.1 안구운동과 공간정위감각

인간의 시야는 상당히 넓지만 시세포의 하나인 추상체가 집중적으로 분포되어 있는 곳은 중심와라고 부르는 안구의 중심부이고 해상도는 이 부분에서 가장 높다. 따라서 인간은 적극적으로 안구를 움직이면서 외부 환경을 파악한다.

안구운동은 머리나 신체의 움직임에 관계없이 외부 환경의 상을 망막상에서 안정시키기 위해 발달한 불수의적인 보상성안구운동과 대상의 상을 망막상의 중심와에 오게 하기 위해 발달한 수의적인 수의성 안구운동으로 분류된다. 보상성 안구운동에는 전정동안반사, 전정성 안진 및 시운동성 안진이 있고, 수의성 안구운동에는 도약 안구운동(Saccade), 추적안구운동, 폭주개산운동이 있다. 그 외에 특수한 운동으로서 고시미동이 있다. 보상성 안구운동은, 계통발생적으로는 하등동물에서도 발달하여, 어류에서 포유류에 이르기까지의 많은 고등동물에 공통해서 볼 수 있다. 한편, 수의성 안구운동은 진화한 중심야를 가진 영장류나 일부의 포유류에서 발달한 비교적 새로운 계통이다.

전정동안반사(Vestibulo-Ocular Reflex : VOR)는 공간내의 한 점을 응시해서 머리를 움직였을 때 망막상에 상을 안정하게 하기 위해 안구가 머리운동과는 역방향으로 움직이는 동작을 말한다. 이 안구운동은 전정미로계의 정보에 따라서 생기고 있기 때문에 이러한 이름을 붙였다. 시각의 흐림을 보상하는 이 제어계는 수의적으로 움직이는 추적 안구운동보다도 고속으로 처리된다. 이 사실은 다음과 같은 간단한 실험에서 확인할 수 있다. 손을 좌우로 흔들면서 주시하면 1 Hz 이상의 움직임에서 상이 흐리기 시작한다. 그러나 거꾸로 손을 멈추고 머리를 좌우로 흔들었을 때에는 시력의 저하는 거의 확인되지 않는다.

전정성안진(Vestibular Nystagmus)은 회전의자에 앉든가 해서 어두운 곳에서 머리를 일정방향으로 지속적으로 회전하면, 시각자극이 없어도 안구는 전정동안반사를 위해 머리의 회전방향과 반대방향으로 움직이는 것이다. 안구의 가동범위를 넘으면 안구는 급속도로 원위치로 돌아가는 안구운동을 말하고, 느린 안구운동과 급속한 안구운동이 반복적으로 관찰된다. 전정동안반사에 의한 느린 안구운동을 완서상(Slow Phase)이라고 부르고, 이것과는 반대방향인 급속한 운동을 급속상(Quick Phase)이라고 부르고 있다.

시운동성안진(Optokinetic Nystagmus : OKN)은 일정 방향으로 움직이는 시야를 봤을 때, 시야의 움직임에 추종해서 움직이는 매끄러운 움직임과 추종하기 어려워져서 안구가 원위치에 순간적으로 돌아가는 움직임을 반복하는 안구운동이다. 차창에서 바깥 경치를 보고 있을 때 안구가 좌우로 진동하는 것이 시운동성안진이다. 일정방향으로 이동하는 시자극을 보고 시운동성안진이 발생하면 시자극을 차단해도 안진은 바로 소실하지 않고 조금 지속된다.

순간적인 안구 운동은 사카드 또는 도약안구운동이라고 부르며 아주 빠른 안구운동으로 그 최고속도는 700°/초까지 이를 때도 있다. 사카드의 진폭은 거의 다 15도 이내이고 그 잠재시간은 200～250 m/sec이며, 진폭이 커질수록 잠재시간은 증가한다. 사카드는 수의적으로 생기는 수의성 안구운동이지만, 이것이 한번 일어나면 그 도중에서는 수의적으로 그 운동을 멈추게 할 수는 없다. 사카드는 자극의 망막상이 중심와에서 벗어났을 때, 그 차이(망막상의 오차)를 제로로 하도록 안구를 움직이는 부궤환 제어라고 생각할 수 있다. 망막상의 오차를 일정하게 유지하도록 빛자극을 주면 안구운동은 약 200 msec마다 응답한다. 이것은 안구의 제어가 연속적인 것이 아니라 불연속으로 오차보정을 하는 것을 시사하고 있다.

느리게 움직이는 자극을 응시하는 경우에 생기는 매끄러운 추적성의 안구운동을 추적안구운동(Smooth Pursuit Eye Movement) 또는 활동성 추적운동이라고 부른다. 시야주변부에 이동하는 자극이 나타나면, 우선, 사카드에 의해 해당 자극은 중심와에 잡히게 되고 이어서 추적안구운동에 의해 자극의 상은 중심와에 유지된다. 통상적으로 추적안구운동은 운동 자극이 없으면 일어나지 않고 수의적으로 이것을 일으키려고 해도 작은 사카드의 반복이 된다. 자극을 정지상태에서 일정한 속도로 움직이게 했을 때에 추적안구운동의 잠재 시간은 약 120～150 msec이다. 이러한 지연에 의해 생기는 오차는 50 msec 정도 후에 일어나는 사카드에서 보정되는 경우가 많다. 추적안구운동의 주파수응답은 1 Hz 이상의 자극에 대해 이득의 감소와 위상 늦음의 증대가 보이고 추적기능은 급격하게 저하한다.

전정운동반사나 시운동성안진에 보이는 보상성 안구운동은 머리부나 외부 환경이 움직여도 망막상을 안정시키는 움직임이다. 한편, 수의성 안구운동은 망막에 비치는 외부 환경의 상도 이동한다. 그러나 망막상이 이동해도 인간은 외부 환경이 정지하고 있는 것 같이 느껴진다. 이것은 시각에서 위치의 항상성이라고 부르고 많은 연구를 하고 있다. 그 중에서 가장 잘 알려져 있는 설명은 상쇄설이다. 이 이론을 처음으로 명확하게 한 사람은 Helmholtz라고 생각되고 있다.

상쇄설은 망막상의 위치 변화가 안구운동 정보에 의해 보정된다고 하는 이론이다. 안구운동의 정보가 어떻게 해서 얻어지는가에 따라 중추기원설과 말초기원설의 두 개의 설이 있다. 중추기원설은 안구근육에 대한 지령이 중추에서 발생되는 것과 동시에 안구운동의 크기 정보가 중추에서 지각계로 보내지게 되고 안구운동에 의해 생긴 망막상의 차이가 보정된다고 설명한다.

한편, 말초기원설은 안구운동 정보가 안구근육 신경의 감각수용기로부터 얻어진다고 설명한다. 중추기원설은 안구를 눈꺼풀 위 손가락대고·옆으로 누르면 이중상으로 보이거나, 한쪽 눈만으로 보면서 눈을 손으로 누르면 대상이 움직이는 것으로 보인다는 것에 그 근거를 두고 있다.

또, 눈근육이 마비된 환자가 어떤 방향으로 눈을 움직이려고 하면, 실제로 눈은 움직이지 않는데 바깥 경치가 움직이는 것처럼 보이는 현상도 있다.

한편 말초기원설의 근거로 되고 있는 것은 중추에서 발생하는 안구운동의 정보가 실제로 안구가 움직인 양과 일치한다고는 할 수 없기 때문에 운동을 따를 때에는 힘줄, 근육, 피부 등의 감각정보를 토대로 궤환을 걸면서 제어하고 있는 것에 따르고 있다.

운동시에서 추적안구운동을 따를 경우에는 그 속도와 이동거리가 잘 못 지각되어 버린다. 예를 들면, 움직이는 자극을 눈으로 추적하면 추적하지 않고 한 점을 응시하는 경우보다 움직이는 자극의 속도가 늦게 느껴지게 된다. 이 현상은 어우벨트 · 프라이실의 역설이라고 부르고 있다. 추적한 경우 지각되는 속도는 자극의 크기나 공간 주파수에 따라 변화되지만 추적하지 않는 경우의 약 반 정도가 된다. 또, 추적한 자극의 이동거리는 실제의 이동거리보다 짧게 지각되고, 약 1/3이 된다는 보고도 있다[35]. 이 사실에서, 안구운동의 크기가 실제 안구운동의 크기보다도 약간 적다고 생각된다. 또, 어두운 곳에서 정방형상으로 이동하는 자극을 추적안구운동을 하면 자극의 이동 모양이 상당히 비뚤어진 것으로 지각한다.

추적안구운동에서 자극을 추적하면서 자극의 이동량을 손가락으로 가리킨 경우, 시각적으로 지각되는 이동량보다 정확하게 이동량을 나타낼 수 있다. 피험자는 자극을 추적안구운동으로 추적하고 자극이 없어진 후에 피험자에게는 자기 손이 보이지 않게 한 상태에서 자극의 최후 위치를 손으로 가리키도록 한다. 이 실험 결과에서, 운동 반응에 의한 위치 지각은 자극에 방해되는 일이 없이 자기중심적인 위치에 의해 결정된다고 할 수 있다. 즉, 추적안구운동에 의해 얻을 수 있는 자극의 속도나 이동량에 대한 지각은 부정확하지만, 운동반응에 의한 자기중심적 위치는 정확하다고 생각된다.

추적안구운동으로 추적한 경우에는 자극의 이동량이 실제 보다도 짧게 지각되지만, 사카드의 경우는 어떨까? 추적안구운동의 경우와 사카드의 경우를 비교한 실험 결과가 [그림 7-16]이다[36]. 사카드의 경우가 추적안구운동으로 추적한 경우보다도 오랫동안 지각되고 있는 것으로 나타나고 있다.

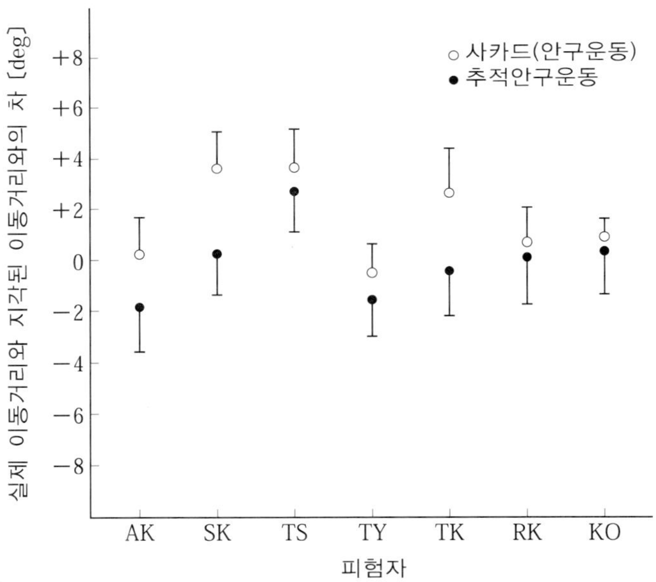

■ **그림 7-16** 추적안구운동과 사카드에서 운동자극의 이동 추적에 대한 판단오차

7.5.2 안구운동과 머리운동의 협조관계

응시하고 있는 점에서 다른 점으로 의식적으로 시점을 옮길 때 안구뿐만 아니라 동시에 머리를 움직일 때가 많다. 이렇게 시점을 옮길 때 안구와 머리의 협조운동이 생긴다.

[그림 7-17(a)]는 머리를 고정한 상태에서 가운데로부터 30° 떨어진 지점에 시표를 제시했을 때의 안구운동(Saccade)을 나타내고 있다. 그림 (b)는 머리의 운동이 자유로운 상태에서 같은 시표를 주시했을 때의 안구운동(그림에서 반응 E), 머리운동(그림에서 반응 H), 외부 환경에 대한 안구위치(그림에서 반응 G이고 E와 H를 더한 것이 된다)를 나타내고 있다. 그림 (b)에 보이는 바와 같이, 머리운동이 자유로운 조건하에서의 응시운동은 안구와 머리가 협조운동을 할 때가 많다. 즉, 우선 빠른 안구운동이 일어나고, 다음에 느린 머리운동이 이어진다. 이때 머리운동에 대응하는 전정성의 안구운동이 생기고 외부 환경에 대한 시선은 일정하게 유지된다. 머리에 대한 시선의 위치는 정중앙에 가까이까지 돌아가고 다음의 응시운동에 대해 치우침이 없는 가동범위를 얻을 수 있다. 이렇게 해서, 수의적인 머리운동에 대해서도 보상성의 전정반사가 작용하고 안구와 머리의 협조관계에 중요한 역할을 하고 있다[37]. 이동하는 목표 자극에 대해서 시선만이 아니고 손가락으로도 자극을 따라가도록 피험자에게 지시한 경우, 안구운동이 먼저 일어나고 이후 머리운동이 생길 때까지의 잠재 시간은 약 200～270 msec이다. 자극까지의 거리가 커지면 그 차이가 조금 길어진다. 머리와 팔을 움직이기까지의 차는 거의 같고 그 시간은 약 300～350 msec이다[38].

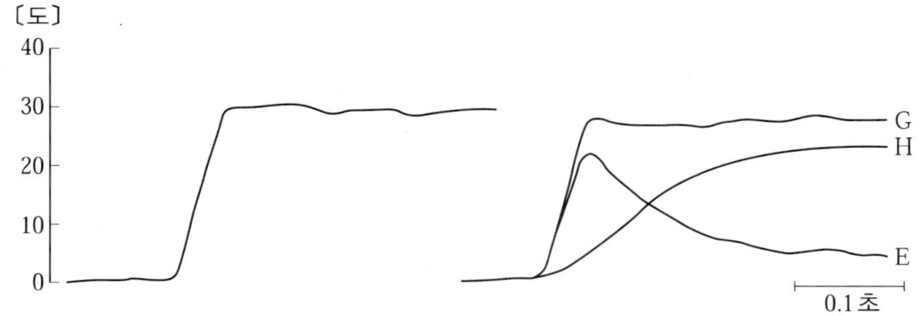

(a) 머리를 고정한 경우 안구운동

(b) 두부를 자유롭게 움직이도록 한 경우의 안구운동(E), 두부운동(H), 자극에 대한 시선방향(G)

■ **그림 7-17** 안구와 머리의 협조운동에 있어서 전정동안반사의 역할

인간이 자연의 외부 환경을 자유롭게 볼 때, 시점을 크게 이동하는 경우는 안구운동보다도 머리를 움직이는 것으로 대응할 때가 많고, 일상생활에서 생기는 사카드는 거의 15도 이내의 진폭인 것이 알려져 있다. 대학의 캠퍼스 안을 걸어 다니는 피험자의 안구운동을 측정한 결과, 913개의 사카드 중, 약 86 %가 15도 이내의 작은 진폭이다[39]. 또, 시선이동에서 안구운동에 대한 머리운동의 기여도를 측정한 결과가 있다. 시선 간격이 1도인 경우 머리 운동의 기여도는 약 10 %이고, 5도에서는 약 62 %, 10도를 넘으면 약 69 %로 거의일정하게 된다[40].
위에서 설명된 기여도 R은 다음 식과 같다.

$$R = H/(H+E) \tag{7 · 1}$$

여기서, H는 머리 운동의 양, E는 안구 운동의 양이다.

Chapter 08

3차원 영상과 감성 정보

8.1 감성 정보란?

「감성」이라는 말이 공학 또는 과학의 분야에서 쓰이게 된 것은 비교적 최근의 일이다. 우선 「인간의 감성에 맞는 상품의 설계와 개발」을 목적으로 1970년에 정서공학이라고 명명 된 분야의 제창이 있었고, 그 후, 1988년 감성공학으로 변경되었다[1]. 일본에서는 1992년에 3년간 문부성과학연구비중점영역연구 프로젝트로서 『감성 정보처리의 정보학 · 심리학적 연구』가 진행되었다[2]. 감성 정보라는 말이 본격적으로 사용되기 시작한 것은 이 프로젝트 연구부터 일 것이다. 이 프로젝트에서 「감성 정보란 무엇인가에 대한 조사검토를 하고 있지만, 아직 그것에 대한 공통 인식을 확립하지는 못했다.」

이렇게 「감성 정보처리」, 「감성공학」, 「감성과학」이라고 부르는 분야는, 인간의 감성특성의 해명과 그것에 따른 인간의 감성에 맞는 시스템 개발이 목적으로써, 일본에서 태어나 성장하기 시작한 새로운 연구개발 분야이다. 현재, 일본에서는 사회의가치관이 물질 중심에서 정신 중심으로 바뀌기 시작했으며, 감성에 대한 관심이 높아지고 있다[3]~[10].

3차원 영상에서 감성 정보에 대해 논의할 때 「감성 정보란 무엇인가?」를 어느 정도 명확하게 정의한 다음 시작해야 한다. 그러나 위에서 말한바와 같이 아직도 「감성 정보」에 대한 정의는 명확하게 확립되어 있지 않다. 또 감성(Sensibility)은 본래 인간의 심리현상을 가리키는 말이지만, 심리학 용어로 명확하게 정의 되어 있지는 않다.

우선 일반용어로써 「감성」은

① 외계의 자극에 반응해서 감각·지각이 생기는 감각기관의 민감도
② 감각에 의해 불러일으키게 되고 그것에 지배되는 체험내용으로, 감각에 따른 감정이나 충동·욕망을 포함
③ 이성·의지에 의해 제어되어야 할 감각적 욕망
④ 사유의 소재가 되는 감각적 의식

이라고 되어 있다. 이들 중 ①과 ②의 정의 2개가 통상 널리 공유되고 있는 의미라고 생각된다. 약간 좁게 잡으면 ①의 「민감도」와 동의어로써 사용되는 경우가 많을 것이다. 한편 「감성」이라는 말이 Human Communication이나 디자인 분야에서 공학적으로 쓰이는 경우는 주로 「정서적 정보를 의미하는 말」로써 취급되고 있다 [1][2].

그런데 영어의 Sensibility 또는 Sensitivity의 번역어로써 「감성」이 쓰이게 되는 경우가 있지만, 인간공학이나 이 장에서 취급하고 있는 감성공학 분야에서 우리들이 「감성」이라는 말로 표현하려고 하는 개념과 영어의 개념과는 상당히 다르다. 따라서 본장에서 말하는 「감성」에 대응하는 적절한 영어 단어는 없다. 그리고 최근에는 「감성」이 국제적으로도 통용하기 시작했다.

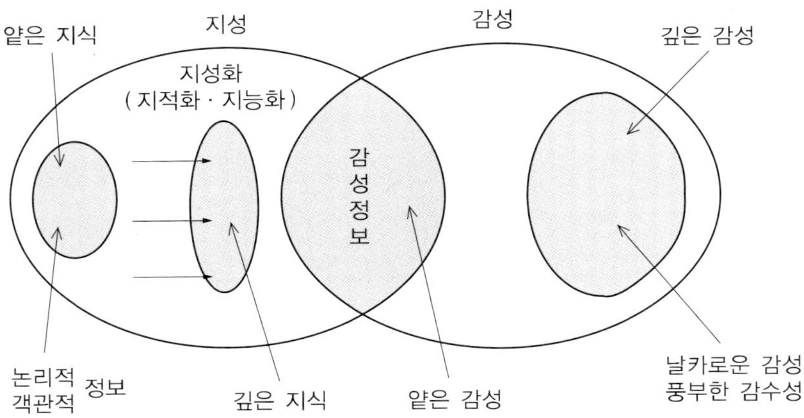

■ **그림 8-1** 감성 정보처리의 연구분야

[그림 8-1]에서와 같이 지성과 감성이 겹치는 영역을 「감성 정보」의 당면한 연구대상으로 하고 있다. 이것은 감성전체 중 「얕은 감성」에 속하며, 「지식중의 정서적 측면」이라고도 할 수 있다. 직감력이나 번쩍임 같은 「날카로운 감성」이나, 자연·

문화 · 종교에 공감하는 「풍부한 감수성」과 같은 「깊은 감성」을 대상으로 하는 연구는 「감성 정보」의 범위 밖에 두고 있다. 그리고 「감성 정보」와 「감성 정보처리」 2가지 개념의 구체적 의미에 대해 정보과학 · 공학의 입장에서 다음과 같은 정의를 시도하였다[11].

▷ 감성 정보 : 인간의 감성에 미치게 하는 정보
▷ 감성 정보처리 : 각종 미디어에서 감성 정보를 공학적으로 도출하고 가공 · 처리하는 것

본장에서는 「감성 정보」의 의미를 당면의 정의에 따라서 이해하기로 한다. 「감성 정보」는 「지식정보」와 비교하여 쓰이게 될 때도 있다. 이 경우, 지식정보는 논리적 · 객관적인 것인데 반해 감성 정보는 정서적 · 주관적인 것으로 받아들이고 있다.

8.2 감성 정보처리와 감성공학

8.2.1 감성 정보처리

감성 정보처리의 필요성이나 그 목표에 대해서는 지식정보처리와 대비하면 이해하기 쉽다. 1970년대 인공지능 분야에서 컴퓨터를 보다 지적으로 하기위한 본질적 문제들 중 하나가 「지식」의 문제인 것이 명확해지고, 지식정보처리의 중요성이 강하게 인식되었다. 그리고

① 각종 지식을 어떤 형식으로 컴퓨터에 표현하는 것이 좋을까? (지식의 표현)
② 여러 가지 문제 상황에 잘 대처하기 위해 지식을 어떻게 사용하는 것이 좋을까? (지식의 이용)
③ 새로운 지식을 어떤 방식으로 기존의 지식에 모순 없이 추가하고 지식 전체를 재구성할 수 있을까? (지식의 획득)

라는 문제(지식정보처리의 3대 과제라고 부른다)의 해결을 목표로 활발한 연구를 해왔다. 예를 들면, 각 분야 전문가의 경험적 지식을 컴퓨터에서 다룰 수 있는 형식으로 표현하는 것과 해당 지식을 효율적으로 사용할 수 있는 구조와 같은 추론방식에 대한 연구가 이루어졌다. 그리고 각종의 전문가 시스템을 개발하는 등 일정한 진전

을 보였지만, 얼마 되지 않아 그 한계를 인식하게 되었다. 그 주요한 이유는 위에서 서술한 바와 같이 지식정보처리의 3대 과제 모두가 상당히 어려운 문제라는 것과 인간이 가지고 있는 「상식」이라고 부르는 방대한 양의 지식을 어떤 방식으로 컴퓨터에 넣어 줄 수 있을지에 대한 방법이 발견되지 않았기 때문이다. 또한, 이전의 논리적 지식처리를 중심으로 한 접근만으로는 불충분하다는 것이 지적되면서 정서적 · 감성적인 정보처리에도 관심을 가지게 되었다. 이것은 인간이 하고 있는 지적정보처리에서 감성이 이루고 있는 역할의 크기를 생각하면 지극히 자연스러운 흐름이라고 생각된다.

요즘, 휴먼 인터페이스의 중요성이 점점 강하게 인식되기 시작했다. 앞으로의 휴먼 인터페이스의 연구개발에서 「감성 정보처리」시점에서의 검토는 필수라고 생각된다. 일반적으로 『감성 정보처리의 정보학 · 심리학적 연구』[11]의 목적 및 목표를 다음과 같이 정하고 있다.

「아름답다」 혹은 「상쾌하다」라는 형용사에서 표현되는 정보의 감성적 측면을 정보과학의 입장에서 탐구한다. 지식의 세계에서 감성의 세계로 메스를 넣고, 지식과학에 대해서 감성과학의 기초를 확립한다. 심리학이나 미학에서의 개별 연구를 정보과학의 이론과 강력한 H/W · S/W를 구사해 새로운 종합 과학을 전개한다. 우선, 대상을 영상 · 음향 미디어정보에 한정하고 감성 정보의 기술 · 표현법을 확립하여, 그것에 기초한 감성 정보의 생성이나 감성 데이터베이스의 실현을 목표로 한다.

현재 감성 정보처리의 일반적 방법론이 확립되어 있지는 않다. 이후, 유효한 일반적 방법론의 확립을 목표로 한 기본연구가 필요하다.

8.2.2 감성 정보의 측정

감성은 감정을 포함한 지각현상이고, 그 수준에 따라서 감각단계, 지각단계, 인지단계 3개의 계층으로 나누어 생각할 수 있다. 지각에는 시감각 · 청감각 · 후감각 · 미감각 · 촉감각의 오감 이외에 온도감각이나 통감각, 압력감각 등도 포함된다. 물론 여러 감각이 혼합된 복합감각도 있다. 감각은 외부환경의 자극에 직접적으로 대응되는 의식체험을 말한다. 예를 들면 시각에서는 빛의 밝기나 색을 알 수 있다거나, 청각에서는 음의 크기나 높이를 알 수 있다고 하는 단계가 이에 해당한다. 한편 지각은 외부환경의 자극(정보)이 감각단계의 처리과정을 거친 다음 정보처리가 진행되고, 배경에서 분리된 것들을 알 수 있는 단계의 의식체험을 의미한다. 예를 들면 텍스쳐나 모양을 알 수 있다거나, 음색을 알 수 있다고 하는 단계가 이 단계이다. 그리고 인지는 지각된 대상의 의미나 대상간의 관계를 우리 머리 속의 기억(지식)을 사용하여 이해하거나, 개념을 구성하거나 하는 보다 고차의 의식 체험을 의미한다.

여기서 주의해야 할 점은 외계에 존재하는 자극대상을 지각・인지하는 기능의 형성과정이 감각기관으로부터 들어오는 자극의 입력뿐만 아니라 자극대상에 작용하는 운동이나 동작에 의해서도 영향을 받는다는 것이다. 예를 들면 깊이 방향의 운동감이나 입체감의 기능이 형성되기 위해서는 발달의 초기단계에서 자발적인 운동이 필요하다는 것이 알려져 있다. 어떤 감성이 감각레벨, 지각레벨, 인지레벨의 어느 계층레벨에 속한 것인지를 이해하는 것은 감성을 논하는 경우에 크게 도움이 된다고 생각된다.

감성 정보를 처리하기 위해서는 우선 감성이라는 심리상태가 무엇인가를 객관적 방법으로 측정하는 것이 필요하다. 그 방법으로써 심리학적 측정법과 물리학적(생리학적) 측정법이 있다[12][13].

심리학적 측정법은 감성에 직접적으로 관련하고 있다고 생각되는「자극대상의 차이에 대한 변별능력」과「자극대상에 대한 평가능력」을 다루고, 그들의 측정을 위해 이전부터 심리학에서 쓰여 왔던 감각・지각측정법을 응용하는 것이다. 변별능력의 측정에는 조정법, 한계법, 항상법, 수량추정법, 신호탐지이론, 반응시간측정, 변별오류 측정 등의 방법이 사용되고 있다. 또, 평가능력의 측정에는 의미 차이법(Semantic Differential Technique : SD 방법), 일반비교법, 다차원척도 구성법 등의 방법이 쓰이고 있다.

물리학적(생리학적) 측정법은 감성에 관여하는 심리활동에 의해 생기는 많은 종류의 생리적인 반응을 병렬적으로 측정하고, 그 측정치들과 감성의 정도를 알아보려는 것이다. 예를 들면, 쾌적감, 스트레스, 안정감, 피로감, 감격, 놀람, 기쁨, 슬픔이라는 심리활동 크기의 정도를 뇌파(EEG), 사상관련전위, 뇌자파(MEG), 피부전기반사(GSR), 근전도(EMG), 피부표면미진동(MV), 안구운동, 동공운동, 깜빡임, 맥박, 호흡, 혈압, 심전도(ECG), 심박, 체온 등의 측정치를 통해 알아보고자 하는 것이다[14].

이러한 생리 측정치 이외에 요즘 실용화되고 있는 기능적 자기공명 영상법(fMRI)이나 양전자방사 단층촬영법(PET) 등의 뇌신경활동의 영상화 기술도, 앞으로의 유력한 측정수단으로써 응용이 기대된다.

이상의 측정법 외에 감성 정보를 언어(형용사군)로 표현하고 그것들의 요인분석을 통해 감성 정보의 의미를 파악하는 방법이 있으며 이것에 대해서는 다음 장에서 설명할 것이다.
감성이라는 심리활동은 많은 요인이 복잡하게 관련되어 있다고 생각되며 그 정도를 정량적으로 평가하는 것은 상당히 어려운 문제이다. 감성과 관련된 특정한 심리활동 상황을 여러 번에 걸쳐 반복해서 측정할 수 있도록 안정적으로 만들어 내는 것은 일반적으로 매우 곤란하다. 따라서 실험에 있어서는 각종의 조건 및 요인을 잘 검토하고 확실한 실험 계획을 세울 필요가 있다.

8.2.3 감성공학

감성공학을 제창, 실천하고 있는 한 연구자는 「감성공학이란 인간의 감성이나 이미지를 물리적인 디자인 요소로 번역해서 감성에 맞는 상품을 설계하는 기술이다」라고 정의하고 있다[1]. 그리고 인간이 가진 애매한 감성이나 이미지를 구체적으로 파악하는 방법론으로 이전 절에서 말한 생리학적 측정 방법으로는 감성을 잘 파악할 수 없기 때문에 「언어」로 심리적 평가를 표현하는 방법을 사용하고 있다[15].
감성공학의 방법은 여러 가지 생각되고 있지만 여기에서는 나가마치에 의해 개발된 방법의 개념을 소개한다[1].
감성공학적 방법에 의한 상품개발의 수순 개념은 [그림 8-2]와 같다.

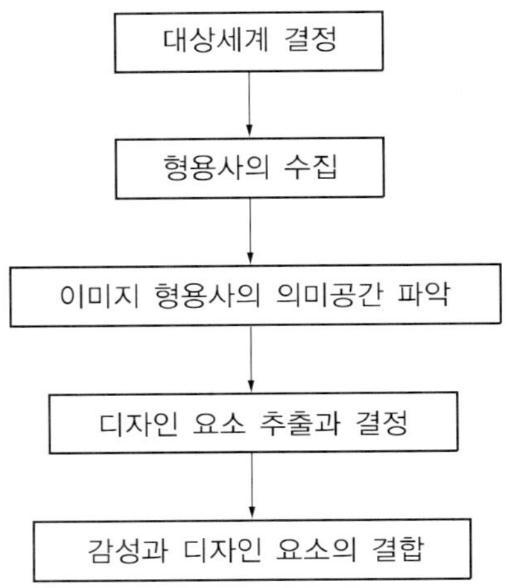

■ **그림 8-2** 감성공학적 방법에 의한 상품개발 순서

(1) 대상 세계의 결정

개발하고 싶은 상품에 대한 대상 세계를 명확하게 한다. 예를 들면 「TV」라고 하는 경우 리모콘 조작을 포함한 TV 전체인지 아니면 외관 디자인뿐인지를 가능한 한 결정하여 대상 세계를 명확하게 정해둔다.

(2) 형용사의 수집

감성에 가장 많이 관련하는 언어의 종류는 형용사이기 때문에, 대상 세계에 대한 감성을 표현하는 형용사(이미지 형용사라고 부른다)를 가능한 많이 수집한다. 나가마치등은 통상 600개에서 800개의 이미지 형용사를 모으고 있다. 형용사들은 「친해지기 쉽다 - 친해지기 어렵다」, 「화려함 - 수수함」 등과 같이 한 쌍이 되도록 정리한다. 그 후에 의미가 중복되는 것은 제외해서 정리한다. 이와 같이 하여 수집된 형용사를 일반 형용사라고 부른다.

(3) 이미지 형용사의 의미공간 파악

수집한 일반적 형용사 간에 5단계 또는 7단계 평가의 SD 척도를 준다. 다음에 평가대상의 실물(실물을 보여주는 것이 불가능에 가까운 경우에는 실물의 슬라이드)을 보여주면서 피험자가 SD 척도에 평가하도록 한다. 슬라이드를 이용해도 실물을 사용하는 경우와 감성에는 큰 차이가 없는 것이 실험에서 증명되어 있다. 평가의 결과에 대한 주성분을 분석 한 다음 동일 요인 축에서 상관계수가 높은 형용사를 제거한다.

결론적으로 최후에 남은 형용사는 대상 세계에 대한 감성을 표현할 수 있는 중요한 이미지 형용사(기본형용사라고 부른다)이다.

(4) 디자인 요소의 추출과 결정

지금까지의 수순으로 대상 세계의 감성을 표현하는 중요한 요인을 구할 수 있었다. 다음 단계는 목표 대상의 구체적인 디자인 요소를 구하는 것이다. 먼저 피험자에게 각종 디자인 요소를 포함한 그림(슬라이드)을 제시하고 기본 형용사군을 사용해서 평가하게 한다. 그리고 그 평가 결과를 요인 분석을 통해 감성적으로 서로 독립성 높은 디자인 요소를 구한다.

(5) 감성과 디자인 요소와의 결합

최후의 단계는 감성과 디자인 요소와의 대응관계를 구하는 것이다. 이를 위한 하나의 방법으로써 하야시에 의해 제안된 수량화 이론 중에서 I 방법을 활용한다.
우선 위에서 구해진 디자인 요소를 포함한 슬라이드를 작성한다. 다음에 모든 디자인 요소를 포함하고 있는 많은 종류의 슬라이드를 작성한다. 이 슬라이드들을 평가자에게 제시해서 기본형용사로 평가시킨다. 목적에 따라 평가자를 전문가로 하거나 사용자로 해야 한다. 평가결과를 수량화 이론 I 방법을 통해 분석함으로써 평가자의 감성(이미지)에 적합한 디자인을 구할 수 있다.
이상의 수순을 정리해서 주택이나 의복 디자인 등을 지원하기 위해 희망하는 감성(이미지)을 입력하면 구체적인 디자인을 출력하여 표시해 주는 컴퓨터화된 감성공학 전문가 시스템이 개발되어 있다.

8.3 시각과 감성

인간은 일반적으로 오감을 통해 외계에서 물리적인 자극을 받아들이고 있다. 시각계에서 자극의 전달경로를 살펴 보면 빛 자극이 안구에 들어가고 그 빛은 망막의 시세포로 전달된다. 그리고 시세포에서 빛이 화학적 과정을 걸쳐 전기신호로 변환된다. 즉 시각계의 감각 세포인 시세포의 기능은 빛 정보를 전기 신호로 변환시키고 그것을 시각계의 신호회로망에 입력하는 것이다. 뇌의 신호회로망 내에 전달된 전기신호는 도중에 전기화학적 과정이 존재 하지만 기본적으로는 전기적으로 처리되고, 여러 가지 영역에서의 뇌시경세포 집단의 동적인 발화 패턴을 만들어 낸다. 눈 이외의 다른 감각기관이 받은 자극도 최종적으로는 뇌세포 회로망에서 동적인 발화 패턴으로 변환된다. 외부환경의 각종 자극이 뇌신경 회로망에서 이와 같은 방식의 표상 자극으로 인해 일으키게 되는 정서 · 정신운동이라고 하는 주관적인 감정도 동적인 발화 패턴이라고 생각할 수 있다.
그러나 이러한 뇌신경 회로망의 동적인 발화 패턴과 감성의 대응관계를 명확하게 하는 것은 가능해도, 그것이 어떻게 주관적인 감각 · 감정을 생겨나게 하는 것인가에 대한 질문과 그 메카니즘은 큰 수수께끼로 남아 있다. 이것이 소위 감각질

(Qualia)의 문제이다. 뜨겁다, 차다, 아프다, 빨갛다, 파랗다, 아름답다, 기쁘다, 슬프다, 무섭다 등으로 느끼는 그 감각은 어떻게 생기고 그것을 느끼는 주체는 무엇일까? 이 문제는 일반적으로 「의식」이 어떻게 생기는가 하는 문제이며, 이 문제는 현재까지도 전혀 설명되지 못하고 있다. 감각의 세계는 물리세계와는 다른 차원이라고 생각해야 할 것인지도 모른다.

감각질은 감성의 본질에 관련되는 문제지만 여기에서는 외계에서의 어떤 시각자극이 어떤 감정을 생기게 하는지 그 대응 관계만을 문제로 삼고 그것을 이용하는 것을 생각하기로 한다.

8.3.1 색의 지각과 감성

색의 지각이 감성에 큰 영향을 미치고 있는 것은 일상적으로 자주 경험하는 것이다. 감성에 직접 관계한다고 생각되는 색의 지각현상들은 다음과 같다.

▷ 따뜻한 색과 차가운 색

적, 주황(오렌지), 황 같은 붉은색 계통의 색은 심리적으로 따뜻함이나 더위를 느끼게 한다. 또 청, 녹청, 청녹 같은 청색 계통의 색은 심리적으로 추위나 차가운 느낌을 준다. 이것들은 각각 따뜻한 색 과 차가운 색이라고 부르고 있다.

▷ 진출색과 후퇴색

같은 크기인 2개의 대상을 동일한 거리에 놓고 관찰하면 그 대상의 색이 적색일 때 가장 가깝게 청색일 때가 가장 멀리 지각된다. 이 사실로 적계열의 색은 진출색, 청계열의 색은 후퇴색이라고 부를 때가 있다.

일반적으로 적계열의 색에서는 따뜻하다, 덥다, 자극적, 흥분적이다 라는 느낌을 받고, 청계열의 색에서는 시원하다, 춥다, 상쾌하다, 우미함하다 라는 느낌을 받는다.

밝은 색은 확대되어 가까이에 보이고, 어두운 색은 작고 멀리에 있는 것으로 보이는 경향이 있다. 또 밝은 색은 가까워지고 다가오는 것처럼 보이고, 어두운 색은 멀리 후퇴해 가는 것처럼 보인다.

▷ 색의 경중감

밝은 색은 가볍고 어두운 색은 무겁게 느낀다. 이 감각은 경험에서 온다고 생각되고 있다.

8.3.2 모양의 지각과 감성

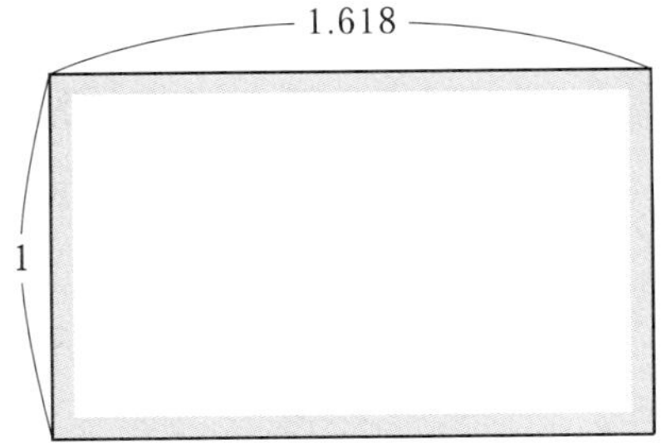

■ 그림 8-3 황금비

우리의 시각계는 외부로부터의 시각정보들을 합쳐 통합하는 기능이 있다. 이 과정을 통해 「모양」이 지각된다. 「통합」이 발생하는 과정을 설명하는 형태주의(Gestalt)의 법칙이 알려져 있다. 개개의 Gestalt 법칙을 개괄한 것으로써 의미 충만성(Pregnants)의 법칙이 있다. 이 법칙은 「시야에 주어진 패턴은 그 때 주어진 조건 내에서 전체적으로 가장 단순하고, 가장 질서 있는, 가장 좋은 모양으로 합치려고 하는 경향이 있다」라는 것이다. 이 법칙에서 「단순하고 질서 있는 좋은 모양」으로 합치려고 하는 원리는 「감성」에 기인하고 있는 것으로 생각된다.

「단순하고 질서 있는 모양」을 예를 들면 정방형이나 정삼각형, 원형이라는 도형을 생각하면 비교적 용이하게 형상화 할 수 있다. 그러나 「좋은 모양」이란 어떤 모양을 말하는 것일까? 또 모양에 아름다움을 느낄 때의 「아름다운 모양」이란 어떤 모양일 것일까? 모양이 가진 「대칭성」이 좋은 모양이나 아름다운 모양이라고 느끼는 주요인의 하나라고 생각되지만 그것만으로는 잘 설명할 수 없다. 예를 들면 신사나 사원, 궁전, 정원, 도시의 빌딩들의 인공물이나 자연의 동식물의 모양은 상당히 대칭성이 풍부하다. 이러한 것들의 모양을 볼 때 대칭성이 풍부하면 할수록 아름답게 느끼는가 하냐면 반드시 그렇지는 않다. 아름다운 감각은 오히려 크기와 배치의 비대칭성에서도 온다고 생각된다. 일반적으로 대칭성이 어느 정도 무너질 때 보다 아름답다고 느끼는 것 같다. 거대한 형상을 볼 때 가장 안정하고 아름답게 느끼는 모양은 종・횡 길이의 비율이 1 : 1인 정방형이 아니고 1 : 1.618의 장방형인 것이 옛날부터 알려져 있다. 이 비율을 [그림 8-3]에서와 같이 황금비라고 부른다.

황금비는 옛날부터 미술이나 건축, 장인의 세계에서 많이 사용되어 왔다. 회화에서는 레오나르도 다 빈치, 램브란트, 세잔느 등이 황금비를 기본으로 한 구도법을 썼다고 한다. 건조물에서는 파르테논 신전, 피라밋, 중세 서구 기독교회의 사원, 등은 황금비를 기본으로 건조됐다고 한다.

황금비 외에 시각적 감성에 관계하는 비율로서 1 : $\sqrt{2}$가 있다. 법륭사 오층탑의 5층과 1층 지붕 폭의 비나, 2층과 1층의 크기 비가 1 : $\sqrt{2}$가 되어 있다고 한다. 또 이 비율은 용지 크기의 규격이 되고 있는 A판이나 B판의 종횡비가 되고 있다.

8.3.3 운동시와 감성

물건의 움직임을 보고 「약동감」이나 「스피드감」이라는 감각을 받을 때가 있다. 또 인간의 동작에 「아름다움」, 「민첩함」, 「우아함」, 「우스꽝스러움」들을 느낄 때가 있다. 이것들은 모두 움직임의 감성적 지각이다.

구체적으로 스포츠, 무용, 악극, 연극, 발레, 댄스 등에 움직임의 감성을 볼 수 있다. 스포츠의 신체조에서 신체 동작의 우아함, 스키 점프 경기에서 비행의 아름다움, 피겨 스케이팅 동작의 우아함, 싱크로나이즈에서 표현의 아름다움 등은 틀림없이 감성 그 자체이다. 스포츠 경기는 움직임에 의한 표현의 아름다움 그 자체를 경기하는 것이지만 그렇지 않아도 모든 스포츠에서는 훌륭한 플레이를 보면 감동한다. 이것은 감성에 직접 호소하는 것이 있기 때문이다.

내면적 · 상징적 연기를 특징으로 하는 전통 연극들은 감상하기 위해 어느 정도의 지식을 필요로 하지만 그 연기로부터 독특한 감성을 받는다.

8.3.4 입체시와 감성

평면영상과 입체 영상을 비교하면 분명히 입체 영상에서 받는 인상이 보다 자연스럽고 감성의 정도도 강한 것을 알 수 있다. 이것은 실제 대상과 시각계의 지각, 인지의 결과가 합치된다는 측면에서 당연한 것이다. 따라서 영화나 TV도 입체로 표현하는 것이 바람직하다. 그러나 두 가지 모두 입체 디스플레이 방식이 널리 보급되지는 않았는데 가장 중요한 이유는 특수한 안경을 필요로 한다는 것일 것이다. 우리가 느끼는 입체감은 주로 양안시차 정보에 의해 얻게 된다. 그 이유로 이전부터 특수한 안경을 쓰지 않아도 양안시차 정보를 눈에 잘 전달해 주는 방법에 대해서 여러 가지 검토를 해 왔지만, 아직 여러 가지 해결해야 할 과제가 남아 있다. 입체감을 얻기 위해 시각계가 사용하는 정보로는 양안시차 외에 운동시차, 음영, 질감 등도 있다. 따라서 양안 시차 이외에 이러한 정보들을 포함시켜 어떻게 하면 시각계를 잘 속여 보다 입체적으로 보여 줄 수 있는가 하는 방향의 연구도 중요하다고 생각된다.

다음은 입체시의 감성에 관련한 2, 3가지의 구체적인 예를 보여준다.

마라톤이나 육상 TV중계를 보고 있을 때 선수를 옆에서 촬영한 것과 달리고 있는 방향의 전방에서 촬영한 것에서 각 선수간의 거리감이 전혀 다르게 느껴진다. 이것은 TV 화면으로 달려오는 선수를 정면에서 보는 경우 양안시차 정보가 없을 뿐만 아니라 운동시차 정보도 없기 때문에, 깊이 방향의 운동감을 거의 얻을 수 없기 때문이다.

다음 2가지 예는 시야의 넓이와 입체감・거리감과의 관련성을 보여준다.

반구형의 돔 안쪽을 스크린으로 투사하는 영화는 입체감도 있고, 상당히 높은 깊이감을 얻을 수 있다. 이것은 넓은 시야에서의 정보에 의해 관찰자 신체의 좌표축이 흐트러지게 되기 때문에 발생한다고 생각되고 있다.

네덜란드의 헤이그에 파노라마・Mesdag라는 파노라마 회화관이 있다. 높이 14 m, 둘레 120 m 원통형의 안쪽에 1881년 당시의 어촌 Scheveningen의 연속적인 풍경이 바다에서 육지까지 360° 파노라마상으로 세밀하게 그려져 있고, 중앙부의 정자에서 감상하게 되어 있다. 중앙부분에서 그림까지는 진짜 모래로 모의해안이 만들어져 있다. 관찰자의 주변에 있는 실제의 모래땅과 회화의 백사장이 훌륭하게 연속적으로 융합되어 그 경계를 식별할 수 없다. 입체감, 거리감 모두 지극히 자연스럽고 실제로 현지에 서 있는 것 같아서 감동하게 된다.

8.4 3차원 영상에서의 감성 정보

「감성 정보」가 본격적으로 연구되기 시작한 것이 1993년 이후이기 때문에 입체시를 감성의 측면에서 다루고 있는 문헌은 적다[16]~[18]. 입체 영상이 통상의 평면 영상에 비해 인간의 감성이나 정서에 작용하는 정도가 강한 것은 입체 영화나 입체 TV를 봤을 때의 감동에서 쉽게 이해할 수 있다. 입체 영상과 감성과의 관계를 규명하는 것은 3D TV의 개발을 위한 중요 연구 과제중 하나라고 생각된다.
연구해야 할 과제로서는 아래와 같은 것을 생각할 수 있다.

(1) 입체 영상의 심리요인[16][17]과 이에 대한 감성 특성과의 관계 규명

① 입체감
② 깊이 방향의 운동감
③ 실제감
④ 박력감
⑤ 일체감
⑥ 피로감
⑦ 자연스러움
⑧ 호감

또한, 입체 영상을 볼 때 생기는 특유한 왜곡에는 다음의 2가지가 있다.

⑨ 두께(카드 보드 효과 - 무대장치)
⑩ 크기(미니어처 효과 - 모형정원)

이러한 심리요인에 대해서 감성적 측면으로부터 그 특성을 규명 하는 것과 동시에 감성을 생기게 하는 물리적 요인(감성특징)을 명확하게 하는 것이 필요하다.
그리고 연구를 진행하기 위해서는 「입체시」에 특정적인 것은 아니지만, 아래에 나타나 있는 것과 같이 일반적으로 검토해야할 과제가 있다[11].

(2) 감성 · 감성 정보의 모델링

▷ 인간이 가진 감성이란 무엇인가?

감성과 지성의 상호관계, 감성의 레벨, 뇌과학이나 논리학에서 본 감성의 기능과 의의, 의사소통에서 감성의 역할 등이다.

▷ 인간이 지각 · 인지하는 감성 정보의 측정 · 분석

감성특징(인간에게 감성적 반응을 생기게 하는 물리적 특징을 말함)의 정량적 측정 · 분석방법, 감성의 수량화, 개별 미디어에 대한 감성특성의 분석, 멀티미디어에 대한 공감각 특성의 분석, 신체운동 · 동작과 감성특성과의 상호 작용 분석 등이다.

▷ 감성의 정보처리 모델

각종의 물리 미디어에 대한 감성적 반응의 방법을 시뮬레이션하는 정보처리 모델을 구축한다. 모델의 구축법으로써 합성에 의한 분석(Analysis-by-Synthesis)을 사용할 수 있다.

▷ 감성과 감성 정보와의 관계

감성 정보에 대한 정의에 대해서도 이전의 정의 이외에 뇌과학의 입장에서는,

감성반응 : 뇌에서의 쾌감 반응
감성 정보 : 뇌에서 쾌감 반응을 일으키는 정보

라고 생각하는 방법도 있다. 또, 지성이나 논리적 사고와의 대비에 의해 감성과 감성 정보처리를 정의하는 것도 생각되고 있다.

(3) 감성 정보의 기억 · 표현 : 이 과제는 다음 3개로 크게 나눌 수 있다.

▷ 인식 결과에 의한 표현

물리 미디어가 가진 특징을 지각 · 인지과정에 의해 변환해서 얻은 인지공간에서의 특징을 토대로 구성한 기억 · 표현이다.

▷ 의미 요소에 의한 표현

언어 미디어에서 감성 정보는 주로 형용사와 형용동사에 의해 표현된다(감성어 또는 감성표현어라고 부른다). 그들의 의미를 보다 기본적인 의미 요소에 의해 기억하는 것으로 감성 정보를 표현 · 기억한다.

▷ 미디어 표현

물리 미디어가 가진 특징을 토대로 한 기억·표현이다.

(4) 감성 정보 처리 알고리즘 : 지금까지 다음과 같은 기존 알고리즘 적용이 검토되고 있다.

▷ 다변량분석법

감성어와 물리적 특징 사이의 관계를 구한다.

▷ 신경회로망

감성어와 물리적 특징 사이의 비선형적 관계를 학습에 의해 구한다.

▷ 미디어 생성 알고리즘

다양한 고정밀 미디어 생성 알고리즘을 사용하는 합성에 의한 분석 방법으로써 감성을 해명함과 동시에, 감성 정보에서 미디어 생성을 실현한다.

▷ 제약충족 알고리즘

감정정보를 대수적 제약 기억으로 표현한다. 이 경우, 일반적으로 불완전 정보가 된다. 이 불완전 정보를 받은 사람이 해석할 때, 완전화 할 수 있게 정보를 보충한다. 정보의 보충법으로 다양한 인상이 생긴다고 생각한다.

▷ 확률적 알고리즘

감성 정보는 본질적으로 애매성, 대의성, 주관성이라는 특성을 가지기 때문에 확률적처리 방법이 적당하다고 생각된다.

이상 감성 정보의 시점에서 「입체시」의 연구과제에 대해서 말했지만 감성 정보처리의 연구는 시작된지 얼마 안되었고 여기서 말한 이외에도 여러 가지 과제나 접근방법이 있다고 생각된다. 최근에는 물질적인 것보다 마음이나 정신적인 것을 중요시 하게 되었다. 이러한 상태에서 「입체시」에 관련한 이후의 연구개발에는 감성면에서의 검토가 필수적이라고 생각된다.

Chapter 09

3차원 영상 디스플레이와 인간 요인

가정의 TV도 큰 화면에 정밀한 영상을 재현하여 고임장감을 체험할 수 있는 디스플레이 기술 개발이 계속되고 있다. 다른 분야에서도 새로운 정보 미디어로의 전개를 가정해 [그림 9-1]에 나타내는 것 같은 3차원 공간에서의 자유로운 정보 교환을 할 수 있는 시스템 개발이 적극적으로 진행되고 있다. 그 결과 평면에 3차원 공간을 재현한 디스플레이 개발이 큰 과제가 되기 시작했다.

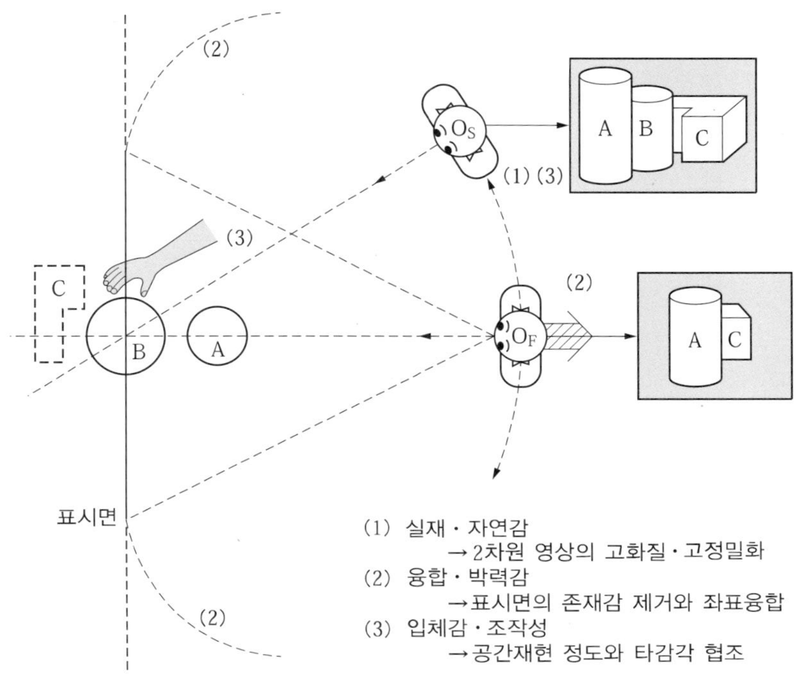

■ **그림 9-1** 디스플레이에서 느끼게 되는 공간 재현 효과

큰 화면이나 공중에 영상을 비추어 입체 공간에서의 운동감을 느끼게 하거나, 양안에서 본 영상으로 원근감 있는 입체를 재현하거나, 자유로운 위치에서의 관찰이 가능한 디스플레이를 사용하여 3차원 공간을 재현하려는 시도들이 나타나고 있다[1][2].

그러나 여러 가지 시도에도 불구하고 이상적으로 3차원 공간을 재현하는 기술은 아직 확립되어 있지 않다. 여기에서는 자연에 가까운 상태에서 눈에 부드러운 공간을 재현할 수 있는 방식을 찾아내기 위해 [그림 9-2]에서와 같이 공간을 관찰·작업하는 인간의 입체시 기능을 살펴보고 그 검사법에 대해 설명한다. 또 현재 가장 많이 이용되고 있는 2안식 입체 디스플레이 방식의 문제점과 그것에 따른 시각부담을 정리한다.

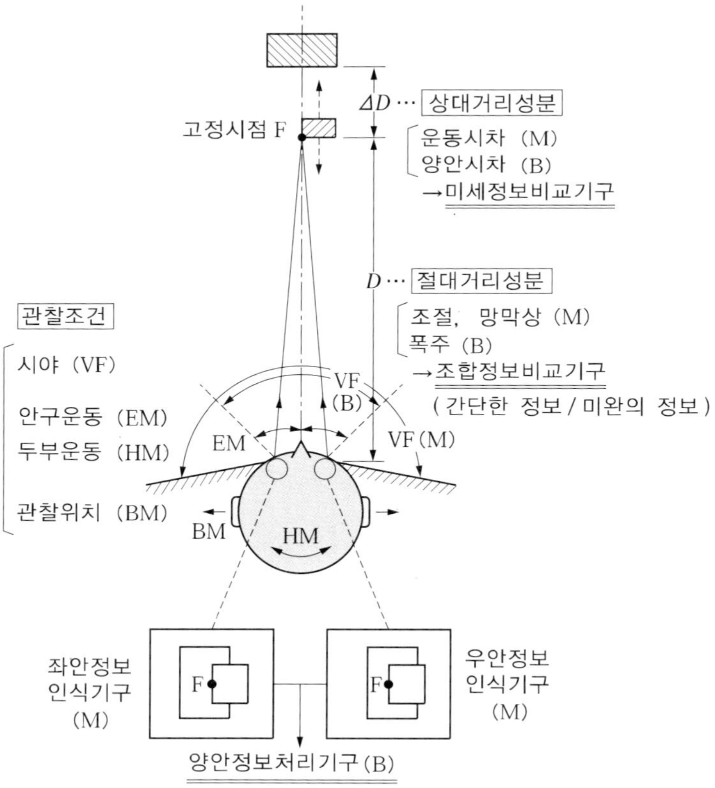

■ **그림 9-2** 3차원 공간인식 요인과 시각 정보처리 기구
(절대거리 D, 상대거리 ΔD를 식별하는 요인으로 단안 M, 양안 B 정보 그리고 관찰 조건에 의한 처리기능이 관여하고 있다.)

9.1 작업 공간에서의 공간 지각

인간은 손을 뻗으면 닿는 정도의 가까운 거리에선 밀리미터(mm) 단위까지 매우 정밀한 위치를 지각할 수 있지만, 수백 미터(m) 떨어진 건물의 경우 수 미터(m) 이내로 그 거리를 예상하는 것조차 어려워진다. 그러나 손으로 만지거나 그 건물까지 걸어가면 거리 감각이 상당히 정확해 진다.

이렇게, 대상 물체까지의 거리(절대거리)나 그 전후 물체와의 거리차(상대거리)를 지각하는 능력은 대상 물체로의 작용 정도에 따라서 증가하고, 일상의 생활 환경에서는 이러한 능력이 효과적으로 작용하도록 여러 가지 감각에서 정보를 교묘히 사용하고 있다.

<표 9-1>에 나타내듯이 인간이 작업하는 상황에 맞는 공간정보를 제공함으로 보다 자연스러운 공간재현이 가능하게 된다[3].

■ **표 9-1** 3차원 공간재현 방식과 공간 지각 요인과의 관계

방식 (요인)		작업공간: 앉아서 수작업 (A) / 회화 · 보행이동 (A) / 보행이동 (A) + 고정관찰 (P)
	거리[m]	0 1 2 5 10 20 50 100
3차원영상	(a) 다안식	
	(b) 공간상	
	(c) 파면재생	
	[3] (양안시차)	
	[4] (운동시차)	
	[1] (조절)	
	[2] (폭주)	
입체영상	(a) 뷰어	
	(b) 안경	
	(c) 스크린	
	[3] (양안시차)	
깊이운동영상	(a) 대화면	
	(b) 공중상	
	[6] (망막상)	
	[5] (시야)	
	[1] (조절)	
공간재현요건		• 거리변별정밀도 중시(시야) • 시기능발란스 : 조절 · 폭주 · 시차 • 위치이동안정 (운동시차) / • 절대거리안정표시 • 공간적 넓이감, 몰입감 → 자세유도효과 • 넓은 관찰 시야각(탐색동작으로의 제약경감)

[주] 표시방식 { —— 효과표시범위, ------ 표시가능범위, # 표시사이즈한계 } 공간지각요인 { —— 유효작동범위, ------ 보간작동범위 }

9.1.1 근거리 수작업 공간(1.5 m 이내)에서의 공간 지각

가까이에 있는 물체를 손에 들고 조작하거나 일대일의 대화거리 공간에서는 다음에 설명하는 생체기능과 시기능이 무의식적으로 작동해서 대상 물체까지의 절대거리 성분을 안정한 상태로 지각할 수 있다. 그 결과 절대거리를 정확히 분별할 수 있기 때문에 조절과 폭주의 시기능이 균형 있게 작용하고, 관찰 위치에 관해서도 자유로운 상태로 공간을 관찰 이용할 수 있는 상태가 필요하게 된다.

초점 조절 ………… [1]

조작하려고 하는 물체를 바라보면 자동적으로 초점을 조절해서 선명한 망막상을 만든다. 그 대상 물체까지의 절대거리와 안구결상계의 특성에 의하여 해당 대상보다 앞이나 뒤에 있는 대상은 흐리게 지각되므로 대상 물체로 부터의 상대위치를 알 수 있다.
안구의 초점 조절을 위해 눈 근육에 전달되는 명령과 망막상에 만들어진 상의 흐림상태로부터 물체까지의 절대거리를 판단할 수 있지만, 자동적으로 작동하기 때문에 의식적인 거리 인식에는 약하게 관여한다. 다만 대상의 영상이 흐린 상태로는 조절기구가 불안정한 작동상태가 되고 장시간 관찰로는 시기능에 부하가 걸린다.
핀트조절에 의한 거리지각 효과는 안구의 초점거리를 약 17 mm, 조리개에 상당하는 동공을 통상 3～4 mm로 하고, 해상도를 통상의 시력값(시력 1.0의 식별시각 1분은 망막상에서 약 5 ㎛)으로 하면, 대상 물체까지의 절대거리가 약 10 m까지는 유효하게 작용한다. 실제로 흐림 검출 능력은 일반적인 시력보다도 낮기(약 15 ㎛) 때문에 2～3 m 이상 멀어지면 상의 선명함 정도에 의한 거리지각은 급격하게 저하된다.

폭주개산 운동 ………… [2]

초점 조절과 동시에 대상을 응시할 때 양안에서 발생하는 내・외를 향하는 안구운동(폭주 개산 운동)은 물체까지의 절대거리에 따라 변화된다. 그 변화율에 따라서 물체간의 상대거리도 판별할 수 있다. 양안의 망막중심부(중심와)에서 물체를 포착했을 때 양안의 동공간 거리와 양안의 시선들이 만든 각(폭주각)으로부터 삼각 측량의 원리에 따라 물체까지의 절대거리를 판단할 수 있다. 삼각 측량에서는 관측점간 거리인 기준 길이와 예상 각의 크기가 대상간의 거리와 관련 있다. 사람의 경우, 이 기준 길이에 해당하는 양안의 동공간 거리는 평균 63～65 mm, 폭주각은 시각으로 약 15분이며 약 4 m 이내의 중간정도 거리에서는 효과적으로 동작한다.

일상생활에서 양안 시선의 교차 위치와 초점이 맞는 공간적 거리는 거의 일치하지만, 생체기구 특유의 여유로써 약간의 허용 범위가 존재한다. 이 허용 범위가 [그림 9-3]에서와 같이 2안식 입체 디스플레이를 가능하게 하는 이유이며, 부하가 적은 입체 공간 재현의 기본조건이 된다.

물체간의 상대거리를 식별하는 능력은 절대거리를 검출하는 기능의 변동 상태에 의해서도 식별할 수 있지만 다음 기능에서 보다 정확히 검출된다.

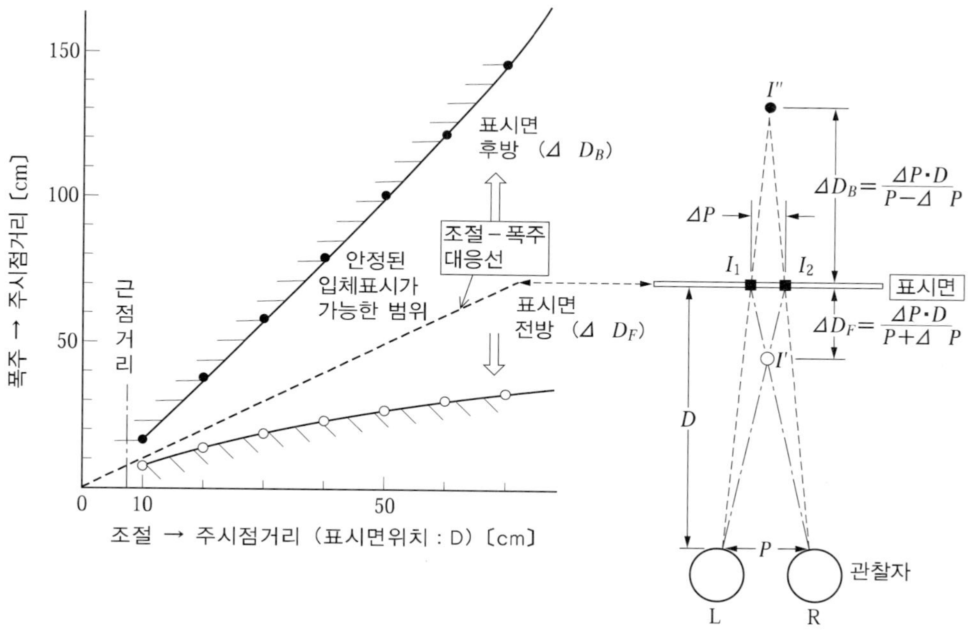

[표시면(조절-폭주대응선)의 전방(ΔP_F, ○)과 후방(ΔD_B, ●)으로 이중상이 발생하지 않는 범위] P : 양안 동공간 거리, ΔP : 양안시차량, D : 관찰거리

■ **그림 9-3** 조절-폭주의 대응 허용범위

양안시차 ············[3]

폭주와 초점 조절에 의해 양안의 중심와에 물체의 선명한 상이 만들어지면, 그 물체를 기준으로 그 전후에 있는 물체의 좌측과 우측의 망막상은 서로 다른 위치에 맺히게 된다. 양안의 망막 위치에서의 이러한 차이를 양안시차라고 하고, 대상 물체에서의 전후 거리 차에 의해 차이의 정도와 차이 방향이 변화된다.

이 양안시차를 검출하는 기구는 응시위치를 찾아내는 세포와 깊이 차이의 정도에 따라 변화되는 세포로 구성되는데, 그 능력은 시각 약 10초의 근소한 차이도 탐지해 낼 수 있다[5][6]. 이 정도의 양안시차는 선분차이를 알아차리는 버어니어(Vernier)시력에 해당하는 정확도로서 수 미터(m) 떨어진 곳에서는 센티미터(cm) 단위로, 수십미터(m) 떨어진 곳에서는 미터(m) 단위로 그 전후 위치를 구별할 수 있다.

다만, 물체간의 전후 거리가 멀어지고 양안시차량이 커지면 시각중추에서는 단일 물체로 처리하지 못해 이중상으로 보이게 된다. 양안에서 단일상으로 처리될 수 있는 양안시차 범위를 융합 영역이라고 한다. 정지 물체를 자극으로 한 실험에서 융합 영역은 응시점 부근에서 시각으로 약 15~20분의 각도를 갖는 좁은 원형 형태의 범위로 나타나며, 응시점에서 멀어진 망막주변부에서는 수평으로 시각 약 150분, 수직으로 시각 약 60분 타원 형태의 범위로 넓어진다.

일상생활에서 자연스러운 이중상을 보는 일이 적은 것은 응시하지 않는 대상의 경우 망막의 주변부에 영상이 투사되며, 이 영역에서는 융합 영역이 넓어지기 때문이다. 이것 이외에도 어떤 물체를 응시하면 다른 대상에 주의를 주지 않게 되고, 특정 대상에 주의를 주면 두 눈은 해당 대상을 응시하게 되어 응시점이 이동하게 되기 때문에 융합 영역에 의한 제한이 필요 없어지기 때문이다.

9.1.2 회화 · 보행 이동공간(5m 주변까지)에서의 공간 지각

관찰 위치를 변화시켜가면서 대상 물체를 다루거나 여러 사람이 얘기할 수 있는 공간에서는 앞에서 기술한 [1]~[3]의 요인 이외에 다음과 같은 정보가 공간 상태를 파악하기 위해 중요한 역할을 하게 된다.

운동시차 ············[4]

관찰 위치가 이동함에 따라 공간에 배치된 물체들 간의 위치 관계가 변화하는 것을 운동시차라고 한다. 특정 방향에서 획득된 정보뿐만 아니라 여러 방향에서 얻어진 공간 정보에 의해 관찰자는 제약이 적은 자연스러운 상태의 공간 지각을 할 수 있다.

이와 같이 시간변화에 따른 영상의 변화를 검출하는 운동시차에서의 이동거리와 시선변화는 양안시차에서의 기준길이와 폭주에 해당된다. 또 물체 영상의 이동속도로부터 절대거리를, 물체들의 상대적인 위치 변화로부터는 상대거리를 지각할 수 있다.

수작업을 하는 근거리 공간에서도 숨어있는 부분을 들여다보는 동작에 의해 운동 시차는 효과적으로 발생되며, 보행 이동시에 나타나는 거리 지각 능력의 저하를 보충하는 의미에서 이동시차는 중요하다. 그것이 효과적으로 작용하는 범위도 수백미터(m)까지 넓어진다.

일상생활에서도 관찰자가 이동함에 따라 이에 대응되는 정보를 제공함으로써 물체의 미세한 요철감이나 물체 상호의 위치 관계가 자연스럽게 느껴지는 공간을 재현할 수 있다.

이 요인을 2안식 입체 디스플레이에 추가하여 <2안식 + 운동시차(눈운동 추적형)>나 <2안식 + 표시면 위치이동>, <다방향 관찰(다안식)> 방식에 의해 영상을 제시할 때 제약감이 적은 공간 재현 상태를 기대할 수 있다[7].

9.1.3 관찰공간(5m 이상)에서의 공간 지각

대상 물체까지의 거리가 멀면 직접 그 물체에 미치게 하는 동작보다도 그 물체가 존재하는 공간과의 융합감이 중요한 조건이 된다. 많은 사람을 대상으로 한 큰 공간을 재현하기 위해서는 표시 장치의 존재를 느끼게 하지 않는 상태를 만들어 내고 공간적인 확장감의 재현이 필요하게 된다.

이를 위해서는 [그림 9-4]에서와 같이 [4]의 요인에 추가적으로 인간이 볼 수 있는 범위나 망막에 만들어진 상의 모습이 고려되어야 한다.

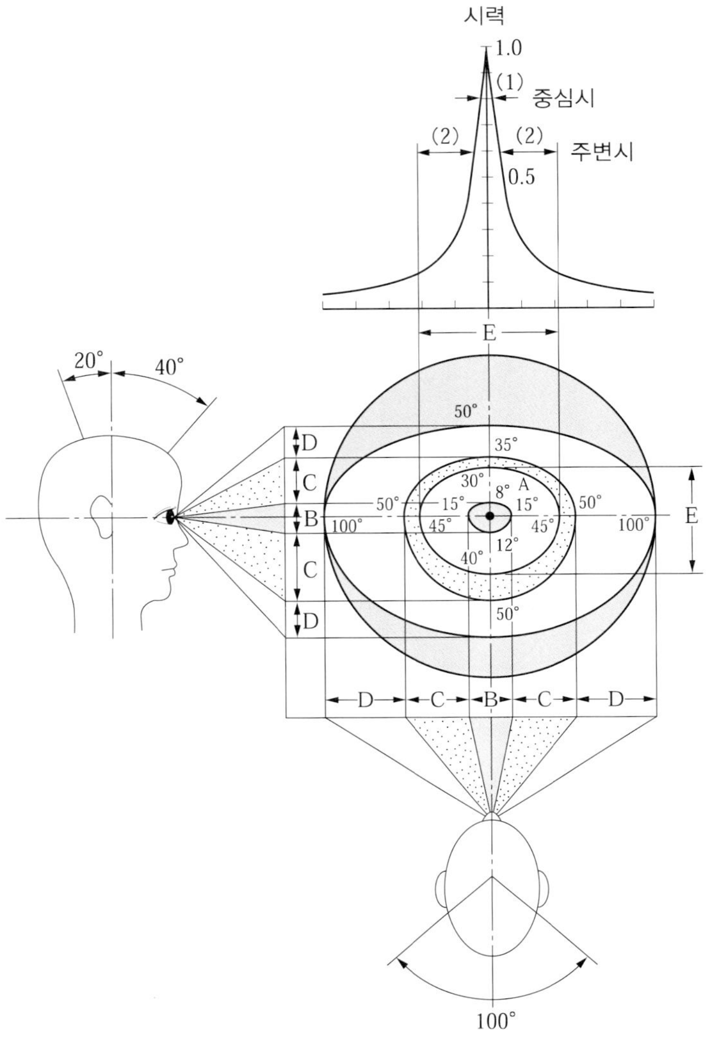

• 중심시 : 시기능이 우세한 변별시야(A)와 그 주변 정보를 시선의 순간이동으로 수용할 수 있는 유효시야(B)로 고밀도 정보를 동시처리 할 수 있는 범위
• 주변시 : 안정적으로 정보탐색이 가능한 안정주시야(E) 까지를 말하지만 주관적인 좌표계로의 영향을 보이는 유도시야(C)나 공간적 넓이감을 생성해내는 보조시야(D)를 포함하는 경우도 있다.

■ **그림 9-4** 시력과 정보탐색기능에서 본 시야 특성

시야 …………[5]

인간의 시야는 초점거리가 짧은 광학계와 구면상의 망막으로 구성되어 있기 때문에 상당히 넓은 카메라의 화각(시야, 수평 약 220°, 수직 약 130°의 타원상의 범위)에 해당된다. 다만 고성능의 정보를 처리하는 부분은 망막중심부(망막의 중심 일부)에 한정되어 있기 때문에 자세한 정보를 받아들이기 위해서는 시야나 머리 자세를 빈번하게 움직여야 한다. 그 결과 눈이 깜박이는 동안 정밀한 정보를 인식할 수 있는 범위는 수평 약 30° 수직 약 20°이고, VDT(Visual Display Terminal) 작업 등에서의 디스플레이 배치는 이 범위를 유효하게 이용하는 것이 요구된다.

한편 정보처리능력이 그다지 좋지 않은 망막주변부의 정보는 안정된 공간좌표계를 유지하기 위해 중요한 역할을 하며, 큰 화면 영상의 임장감(수평 50~80°, 수직 30~60°의 범위로의 제시가 효과적)이나 안구와 머리운동으로 안정한 정보탐색을 할 수 있는 범위(수평 약 90°, 수직 약 70°)의 측면에서 자연스러운 공간재현에 필요한 관찰화각을 찾아내고 있다[1].

또한 그 이상의 망막주변부는 좁은 중심시에서 얻은 정밀한 정보를 연결해서 넓은 공간위치정보를 형성하는 작용도 가지고 있다.

화면 크기에 의해 시야가 제한되면 정보융합이나 변별도 영향 받을 수 있으며 양안정보의 대응위치 결정 양안시차의 추출이나 재현공간 범위도 화면 크기에 의해 제약받는다. 특히, 좁은 화면에서는 실제공간의 일부를 잘라낸 것 같이 되고, 자유롭게 정보를 탐색할 수 없어 부자연스러움을 느끼게 된다.

이상에서 말한 주요한 5가지 요인 이외에, 망막에 만들어지는 물체상에서 원거리의 공간 상태를 효과적으로 지각할 수 있게 하는 정보 성분도 있고 대상 물체와 그 배경이 되는 공간을 효과적으로 재현할 때 사용되고 있는 요인도 있다[8]~[11].

망막에서의 영상특성 …………[6]

(a) 선형 조망

이미 알고 있는 물체상 크기나 규칙적으로 배열되어 있는 물체에 의해 발생되는 깊이감

(b) **대기 조망**

상의 대비나 색(전진색-후퇴색)에 의한 원근감

(c) **요철감**

조명으로 발생하는 음영의 분포 상태에서 느끼게 되는 요철감

지금까지 말한 공간 지각요인 중「양안에 의한 정보수용과 처리상태를 나타내는 요인인 [2]폭주와 [3]양안시차로부터 공간에 배치된 대상의 전후 방향에 대한 거리 성분을 식별할 수 있는 시각기능」을 입체시라고 한다[4][12]. 이 기능에 따른 2안식 입체 디스플레이 방식은, 기준면에서 튀어나오고 들어가 있는 공간을 재현하는 기술로 사용되고 있긴 하지만, 다른 요인과 일치하지 않는 면들이 있기 때문에 재현되는 공간상태에는 부자연스러움이 남아있다.

9.2 2안식 입체디스플레이 방식의 문제점과 시각부담

양안에서 관찰 정보를 포함한 평면영상 2장으로 기준 표면의 전후 방향에 공간을 재현하는 방식을 2안식이라고 부르지만, 양안시차 만으로는 기준이 되는 공간위치(응시 표면)에서의 상대거리 밖에 재현할 수 없다. 더구나 절대거리를 나타내는 초점 위치(응시 표면)와 폭주위치(응시물체 등)에 공간적 차이가 있고 관찰 위치를 바꿔도 같은 영상밖에 관찰할 수 없기 때문에 재현되는 공간에 위화감이 생긴다. 그 결과 다른 공간 지각요인 중 초점 조절의 자유도, 운동시차와 시야로 퍼지는 정보를 부가하지 않고, 관찰자 개인의 시기능의 정합성을 충분히 검토하지 않은 상태로는 입체 효과를 극단적으로 강조한 입체 영상을 장시간 관찰하는 경우 상당한 안정피로를 느끼게 된다[13]~[17].

또 입체 영상 방식의 위화감 요인으로써 미니어처 효과(입체 표시된 물체가 미너어처처럼 작게 느껴진다), 카드보드 효과(물체가 평평한 판자처럼 느껴지는 효과), 무대장치 효과(화면 앞으로 튀어나와서 보이는 물체가 화면 크기 때문에 잘려지게 되면 그 물체가 튀어나온 정도가 실제 화면 위치에 있는 것 같이 보인다)라고 부르는 현상이 있다. 이들 현상은 입체 영상의 임장감을 저하시키면서 작업효율의 저하를 일으키게 된다.

이들 현상 가운데 미니어처 효과는 실제공간을 관찰・촬영하는 조건(카메라간 거리, 촬영배율 등)과 입체 영상을 표시・관찰하는 조건(눈간 거리(미간), 표시배율 등)이 불일치한 것이 주원인이라고 생각된다. Set Scene 효과는 같은 원인이 관여하고 있는 면도 있지만, 화질이나 다방향에서의 관찰 조건에 의한 개선이 가능하고, 촬영・표시의 변형(일그러짐) 보정조건 이외에도 검토할 요인이 남아 있다. 화면절단 왜곡에 관해서는 인간 시야의 한계부분이 불명확하기 때문에 실제공간에서는 체험하지 않지만 창문 너머로 밖을 보는 경우를 가정해서 영상을 표시면의 앞에 설정하는 것으로 이러한 왜곡은 어느 정도 해결할 수 있다. 다만, 입체공간의 지각왜곡을 완전하게 회피하는 것은 어렵고 촬영・표시의 조작설정을 통해 감소시키는 연구가 앞으로도 필요하다.

이러한 문제점을 가진 방식이긴 하지만 양안방식은 영상 분리제시법이나 관찰 조건에서의 간편함 때문에 여러 가지 방식이 제안・실용화되고 있다. 양안 입체 디스플레이 방식중 기본적인 3가지 방식에 대해서 이후 해결해야 할 문제점을 알아본다.

9.2.1 안경 방식

안경 렌즈 부분에 빛에 대한 특성차를 갖게 하고, 2장의 평명 영상을 좌우 눈이 따로 따로 관찰 할 수 있게 한 방식으로써 다음과 같은 특성차가 사용되고 있다.

(1) 색

적색과 청색의 필터와 같이 투과광에 공통 파장대역이 없는 2색을 필터로 사용한다. 다만 밝은 백색 부분이 좌우안에서는 다른 색으로 보이고, 대비가 큰 부분들은 왼쪽 눈과 오른쪽 눈에서 보이는 영상이 번갈아 보이는 양안 경쟁이 발생한다. 이러한 문제들 이외에 원색 표시가 어렵기 때문에 특수 협대역 필터 개발에 의해 색을 재현해야 하는 해결책이 필요하다.

(2) 편광

편광 렌즈를 이용해 좌우안으로 편광 방향을 직교 상태로 하면 좌우안용 평면 영상을 분리해서 관찰할 수 있다. 편광 렌즈는 빛 투과율이 낮아 영상은 어두워지지만 원색 표시가 가능하고 양안으로의 영상차가 적어 안정된 입체를 관찰을 할 수 있다. 다만 스크린이나 장치 부분에서 편광 특성에 주의할 필요가 있다.

(3) 교차제시(셔터)

안경에 장착한 셔터의 개폐를 좌우안에 교차로 하고 순차적으로 영상을 관찰한다. 기계적 셔터로는 실용화가 어려웠지만 액정 등의 경량 셔터가 개발되어 실용화에 이르고 있다. 다만 한쪽 눈의 화면 바뀜 주파수는 깜박임을 안 느끼게 되는 주파수 60 Hz 이상으로 할 필요가 있고 눈의 부하를 고려하면 75～90 Hz 이상이 바람직하며 보다 고속의 셔터와 영상 절환 주파수가 요구된다.

상기의 입체방식과는 표시 · 촬영조건이 다르지만 자극의 강도에 따라서 지각시간이 변화되는 특성을 이용한 풀퓨리히 효과에 의한 입체 디스플레이 방식이 있다. 차를 타고 찍은 영상이나 가로 방향으로 이동하는 스포츠 등을 이 방식으로 관찰하면 1대의 카메라 영상에서도 입체를 체험할 수 있으며, 다방향에서 전달되는 정보가 공간 지각에 상당히 중요하다는 것을 알 수 있다.

9.2.2 표시면 방식

방향성 있는 특수한 표시면을 이용해 특정 위치에서 관찰하면, 양안으로 입체 영상을 분리해서 관찰할 수 있고 관찰자는 안경 같은 장비가 불필요하게 된다. 다음과 같은 광학특성을 가진 표시면이 사용되고 있다.

(1) 패럴랙스 배리어(Parallax Barrier) 방식

표시면 앞에 세로줄 격자마스크를 설치해서 관찰하면, 좌우안으로 보이는 영상부분이 세로줄 방향의 스트라이프 상으로 분할된다. 그 분할된 영역에 양안용의 영상을 분할 제시하면 입체를 관찰을 할 수 있다. 마스크에 의해 화질(밝기, 해상도)이 저하되며 안정한 입체를 관찰할 수 있는 위치가 제한적이라는 단점 때문에 관찰위치를 바꾸면 이동에 의해 상이 변화되는 장난감에 사용되고 있지만, 선명도를 개선하거나 렌즈의 적절한 조작을 통해 매우 정밀한 광고나 CG영상의 입체화 등에 실용화되고 있다. 또한 2차원 영상과 3차원 영상을 동시에 시청할 수 있는 장점이 있다.

(2) 렌티큘러(Lenticular) 렌즈판 방식

원통형의 렌즈를 배열한 렌즈판을 스크린 전면에 설치하고, (1)의 패럴랙스배리어 방식과 같이 세로선 상에 좌우안용 영상을 분할해서 제시하면, 입체 관찰을 할 수 있다. (1)의 방식보다도 밝고 정밀한 정보를 제시할 수 있으며 입체 인쇄나 사진으로는 이미 실용화되어 있고 입체 TV에서도 고정밀 TV로 실용화가 진행되고 있다.

(3) Fly Eye Lens판 방식(IP : Integral Photography 방식)

곤충의 복안과 같은 미세한 렌즈를 2차원적으로 배열하고 각 렌즈 위치에서 영상 정보를 렌즈마다 제시하면, 수평 방향의 시차뿐만 아니라 수직 방향의 입체상도 관찰 할 수 있다. 바늘구멍 마스크를 사용한 방식도 제안되어 있지만, (1)과 마찬가지로 화질 면에서 개선이 필요하다.

스크린을 구성하는 미세결상소자로서 위의 방식 이외에 홀로그램이나 미세반사거울 소자를 이용하는 방식도 검토되고 있기는 하다. 그러나 관찰 위치나 화질면에서 (2)의 렌티큘러 렌즈판 방식의 입체 영상이 많이 이용되고 있는 것이 현실이다. 안경방식과 비교해서 관찰자에게 부하가 적은 표시면 방식의 입체 디스플레이가 되기 위해서는 보다 미세하고 빛 방향성을 관찰 환경에 따라 제어할 수 있는 스크린의 개발이 필요하다.

9.2.3 뷰어 방식

양안으로 별개의 어두운 상자를 들여다보는 고정형에서 양안기능(양안간 거리, 폭주각 등)을 조정할 수 있는 장치까지 여러 가지 형태가 만들어지고 있다. 최근에는 관찰자의 머리에 장착할 수 있는 Head Mount Device(HMD)에 의해 관찰자의 움직임을 감지한 영상이 좌우안으로 독립해서 제시될 수 있게 개선되고 있다[18]. 안경방식에 비하면 중량면에서 무겁고, 표시면 방식보다 장착감이 귀찮다는 것이 문제가 되지만 관찰자의 시기능에 적합한 조정기계나 재현공간으로의 융합감이 우수하여 특수용도로 그 사용이 확대될 것이 기대된다[2][19].

9.3 입체시 기능의 검사법

기존의 2안식 입체 표시에는 여러 가지 문제점이 남아있지만, 입체 영상을 사용하는 관찰자의 시기능과의 합치성도 자세하게 검토할 필요가 있다.

이하에서는 입체관찰에 필요한 시기능의 검사법에 관해서 설명하도록 한다.

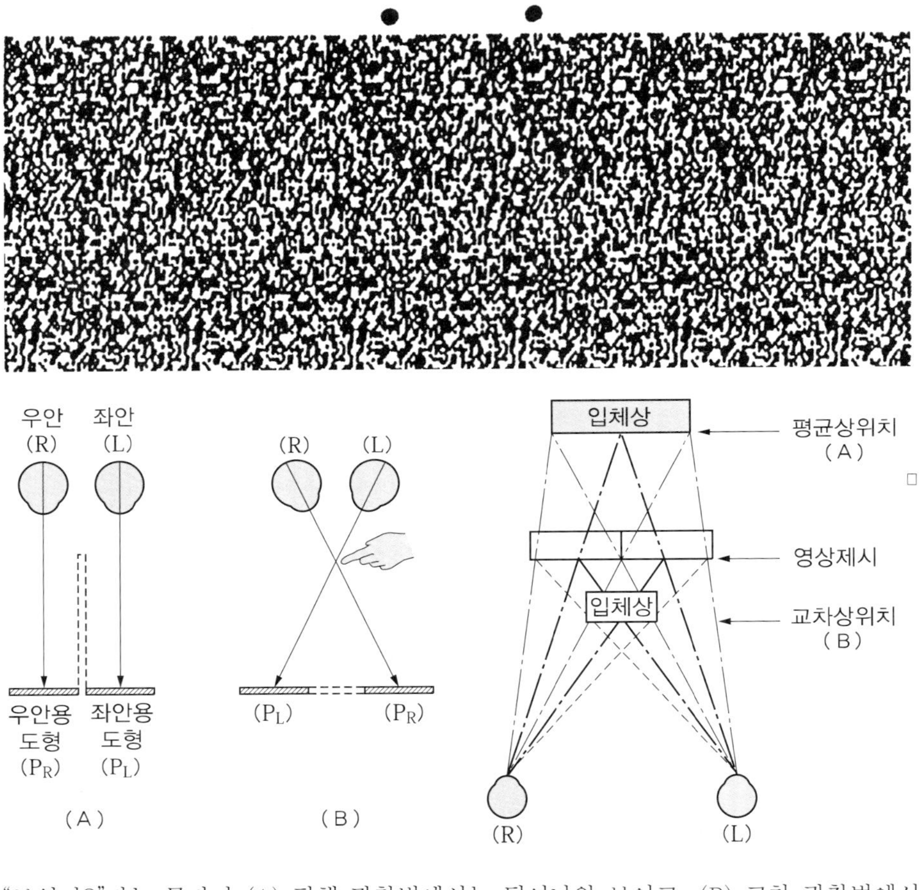

• "보였니?"라는 문자가 (A) 평행 관찰법에서는 튀어나와 보이고, (B) 교차 관찰법에서는 안으로 들어가 보인다.
• 그림 위의 검은색 점은 양안유도용 고정시점이고, 입체시 상태에서는 3개 보인다.

■ **그림 9-5** 랜덤 도트 오토 스테레오그램의 관찰법

9.3.1 입체시의 관찰 조건

[그림 9-5]에서와 같은 랜덤 도트에서 양안시차 정보를 뒤섞여 들어가게 하고 좌우 안으로 대응영역을 나안으로 찾아내어 입체를 경험하게 하는 오토 스테레오그램을 체험하면 많은 사람들은 입체시의 기묘함에 놀라움을 느낀다. 그러나 이러한 나안 입체시를 쉽게 경험할 수 없는 사람도 있으며, 안정한 입체시에 요구되는 시기능이란 어떤 것인가를 이해하는 것이 필요하다[20].

(1) 나안입체시 – 폭주 운동에 의한 양안대응 위치의 제어기구

나안으로 기구를 사용하지 않고 양안 입체정보를 관찰하기 위해, 관찰자의 두 눈 위치를 일반적인 상황과 다르게 하여 보는 다음과 같은 방법이 있다. 두 방법 모두 폭주기능에 무리한 제어동작을 강요하기 때문에 단시간의 관찰로는 문제없지만 일반적인 입체관찰로서 추천 할 수는 없다.

▷ 교차법

눈을 가늘게 해 보면서 자극이 제시된 위치보다도 가까운 곳에 폭주위치를 설정하도록 시선을 교차시킨다.

▷ 평행법

멀리 보는 것처럼 해서 제시면으로 폭주를 발생시키지 않는 이완상태로 양안 정보를 융합시킨다.

이러한 입체 관찰을 도와주기 위해 양안의 안위를 유지할 수 있도록 하는 시선 고정점([그림 9-5]의 검은 점)이 제시되고 있지만 그 고정점의 모양에 따라 관찰시의 안정 정도에서 차이가 있다. 단순한 원형보다도 길이 성분을 포함한 고정 도형이 안정된 입체관찰을 할 수 있도록 한다는 것은 양안의 융합시에 양안시차 성분이 관여하고 있다는 것을 알 수 있다.

(2) 양안 융합이 가능한 양안도형차의 한계(양안 경쟁현상)

양안입체 표시 영상은 기구 등을 이용하여 자연스러운 눈 위치로 관찰할 수 있다고 해도 양안 입체시가 안정하게 되기 위해서는 두 눈에 제시되는 영상정보에서 큰 차이가 나지 않도록 할 필요가 있다. 예를 들면, Positive와 Negative의 입체도형을 각 눈에 따로 제시하면 입체로는 보이지만 도형이 빛나는 것 같이 보이게 된다. 또 한쪽 눈에 세로봉을 다른 쪽 눈에 가로봉을 제시하면 양안에는 교차 부분만이 세로봉이나 가로봉이 바뀌어지면서 불안정한 십자도형으로 보이거나 이 부분 전체가 세로봉이나 가로봉 밖에 보이지 않는 경우가 발생하는 불안정한 상태가 된다. 이러한 현상을 양안 경쟁 현상이라고 부르고 융합한 상태에서 발생하는 경우와 융합을 방해하는 상태에서 생기는 경우가 있다. 전자는 실제의 관찰 조건에서도 발생하고, 후자는 방해 빛 등에 의해 발생하지만 모두 양안입체제시에서 불안정한 상태를 발생시키는 요인(한쪽 눈만으로는 보이고 다른 쪽 눈으로는 차폐되고 있는 부분이나, 광택에 의한 빛남이 좌우안에서 다른 경우 등)이 되고 있다.

여기에서는 양안에 제시된 영상이 얼마만큼 차이가 있으면 양안 경쟁이 발생되는지 조사한 결과를 정리해 놓았다[1][13].

① **선예도(흐림량, 시력)**

물체의 질감을 재현하는 것 같은 세밀한 정보를 포함한 경우는 흐림량이 10 % 이내 흐릿한 형태 같은 거칠한 정보만인 경우는 30 %까지 영향이 나타나지 않는다. 관찰자의 시력이 0.6 이하가 되면 입체시 기능이 저하하기 시작한다.

② **크기(확대 · 축소)**

입체시가 발생되는 크기 차는 최대 7.5 %이지만, 시기능의 부담이 발생하지 않는 범위라면 3 % 이내인 것이 요구된다.

③ **명암차**

도형전체의 밝기의 차가 70 % 이상이 되면 양안 경쟁과 같이 부자연스럽게 보이지만 눈에 부담이 가지 않는 상태는 30 % 이내의 차로 할 필요가 있다.

④ **색차**

입체시가 발생할 수 있는 색차는 사용색의 주파장에 따라 달라지지만 황록에서 주황색의 범위에서는 평균 15～20 nm의 색차이까지는 허용될 수 있다. 색필터 방식에 사용되고 있는 색(적-녹, 청)의 조합에서는 상당히 불안정하게 보인다.

⑤ **회전각**

단순입체도형을 융합시키는 경우는 2～4.5도 범위의 회전에서 불안정하게 보이지만 한 번 융합한 경우에는 6～10도까지 기울여도 입체시는 성립한다. 그러나 안정한 입체 상태를 유지하기 위해서는 2도 이내로 해야 한다.

⑥ **상하차이**

0.5도 정도의 차이에서도 입체시의 성립이 어려워진다는 보고도 있고 회전각보다도 영향이 크다. 다만, 일상생활에서 이러한 상하 차이를 그다지 느끼지 않는 것은 머리를 기울여 보정하기 때문이라고 생각된다.

⑦ **시간차이**

교차제시방식으로 경험되어 있듯이 깜빡임을 느끼는 20 Hz 정도 저주파수의 전환 제시에서도 입체시는 경험된다. 다만, 좌우안으로 바뀌 제시하는 사이에 무제시(암흑) 시간이 50 m/sec 이상 있으면 급격하게 입체시 능력이 저하된다.

9.3.2 입체시 기능의 검사법

양안 제시 조건에 의해 입체시 기능이 충분히 작용하지 않는 경우도 있지만, 관찰자의 입체시 기능에 관해 자세하게 검사하여 보다 보기 좋은 입체를 표시할 수 있는 조건을 결정하는 것이 필요하다[21].
관찰자의 동공간 거리 조절이나 양안시력 교정등이 가능한 양안관찰 장치를 이용해서 폭주나 조절, 영상제시 조건 등을 변화 시켜가면서 다음과 같은 검사를 실시하고 안정된 입체시가 보이는 관찰자의 조건을 찾아내야 할 것이다.

(1) 우위안

조준 맞춤에 사용하는 눈이 우위안이다. 두 눈을 뜬 채 전방의 물체를 손가락으로 가리키는 경우, 종이에 뚫은 구멍이나 손가락으로 맞든 원을 통해서 전방의 물체를 보는 경우에 어느 쪽 눈이 물체와 일치하고 있는지를 이용해 간단하게 조사할 수 있다.

(2) 안위(眼位)

한쪽 눈을 차폐한 후 멀리 있는 물체를 보고 있는 상태에서 갑자기 차폐를 제거했을 때에 발생되는 시선이동에서 안위를 추정하는 커버테스트법이 있다. 시선이동이 생기지 않은 경우는 문제가 없지만 시선이 이동하는 방향에 따라 내・외 사위라고 부르는데 외사위의 경우에는 근거리작업에서 안정피로를 더 많이 느낀다.

(3) 동공간 거리

입체도형을 제시하는 장치를 설계할 경우, 폭주에 의한 안구운동도 포함해서 관찰자의 좌우안 위치와 제시 광학축이 정합하도록 구성한다. 이 구성은 상의 한 구석이 찍히지 않거가 밝기변동이 없는 보기 좋은 디스플레이 장치가 된다.

(4) 동시시

좌우안으로 다른 도형, 예를 들면, 사자와 우리를 제시해서 우리 속에 사자가 용이하게 들어가 보이는 상태를 만들 수 있는지를 알아본다.

(5) 융합(단일시)

도형 속에 일부 떨어져 있는 한 부분이 있고, 양안으로 보았을때 보전되어서 안정한 상태로 보이는지를 알아본다.

(6) 시차 검출

시차량이 다른 입체도형에 대해 가까이 있는 순서대로 앞에서부터 대답하게 한다. 이상과 같은 입체시 기능을 관찰자마다 검사해 각 사람에게 적합한 정보제시조건을 찾아내고 보다 안정한 눈에 부드러운 입체 디스플레이의 개발이 기대된다[22]. 많은 사람들을 위한 관찰용 입체 디스플레이에서 관찰자 개인의 입체시 기능에 적합한 제시조건으로 정보를 제시하는 것은 꽤 어렵지만, 개인용의 입체 디스플레이 시스템에서는 지금 이상으로 개인의 시기능을 검사해서 보다 눈에 부드러운 안정한 입체제시조건을 찾아내는 것이 필요하다. 특히, 정보처리・가공을 적극적으로 하는 수작업공간에서는 개인의 시기능을 자세하게 알아보고 안경을 교정하는 것과 같이, 그 사람에게 적합한 입체 디스플레이가 요구될 것이다. 여러 가지 시기능 검사를 비롯하여 작업동작과의 정합도 검토해 자연스럽고 무리 없는 입체 디스플레이 조건을 찾아내는 것이 중요하다.

Chapter 10

3차원 영상 디스플레이 기술

액정으로 대표되는 고성능・고기능 표시 디바이스의 등장과 디지털 신호처리 기술 및 인간의 입체시 구조 등에 관한 연구의 발전에 따라 입체 영상을 동영상으로 표시할 수 있는 다양한 3차원 영상 디스플레이가 구현되기 시작하였다.
최근에는 안경이 필요 없는 입체 디스플레이나 액정 안경을 쓰고 보는 가정용 입체 TV가 시판되는 등 응용이 활발해지고 있다. 이러한 3차원 영상 디스플레이는 종래의 디스플레이에 비해서 임장감이 우수하기 때문에 컴퓨터가 융합된 디지털 멀티미디어 시대의 등장에 따라 TV나 정보통신 분야를 비롯하여 오락, 교육, 의료, 가상현실(Virtual Reality) 등 여러 가지 분야에 큰 효과를 줄 수 있는 가능성을 가지고 있다.
여기에서는 3차원 영상 디스플레이 기술의 대표적인 방식에 대해서 소개한다.

10.1 3차원 영상 디스플레이 기술의 종류

우리는 일상생활에서 주변의 여러 가지 정경을 깊이감, 입체감을 가지고 바라볼 수 있다. 물건을 입체적으로 지각하기 위해 인간은 여러 가지 단서를 사용하고 있는 것이 알려져 있다. 깊이감 지각의 요인으로는 눈의 폭주나 양안시차등 주로 양안의 정보를 단서로 사용하는 경우와 눈의 핀트조절, 운동 시차 등 단안 정보만을 단서로 사용하는 경우가 있다. 인간의 깊이감 지각 요인을 교묘하게 이용해서 영상에 깊이감을 주려고 하는 기술을 3차원 영상 디스플레이 기술이라고 부르고, 지금까지 수 많은 방식이 제시되고 있다. 대표적인 표시 방식을 [그림 10-1]에 나타냈다. 이것들을 입체시의 측면에서 바라보면 입체 영상 표시방식과 3차원영상 표시방식 2가지로 분류할 수 있다.

[그림 10-1]에서, 입체 영상 표시방식이란, 양안시차가 있는 2장의 평면 영상을 양안에 따로따로 보여주고 입체시하는 표시기술로 사진, 영화, TV영상 등에서 표시면의 전후에 깊이감이 있는 공간을 재현하는 방법이다. 오래전부터 여러 가지 방식이 제안되고 있지만 양안으로 들여다보고 입체시하는 형태의 요지경식, 적청안경이나 편광안경 등을 사용하는 필터 안경식, 입체 영상을 안경 없이 볼 수 있는 방식 등이 있다. 최근에는 요지경 식으로 분류되는 헤드 마운트 디스플레이(HMD)라는 입체 표시기술도 주목받고 있다.

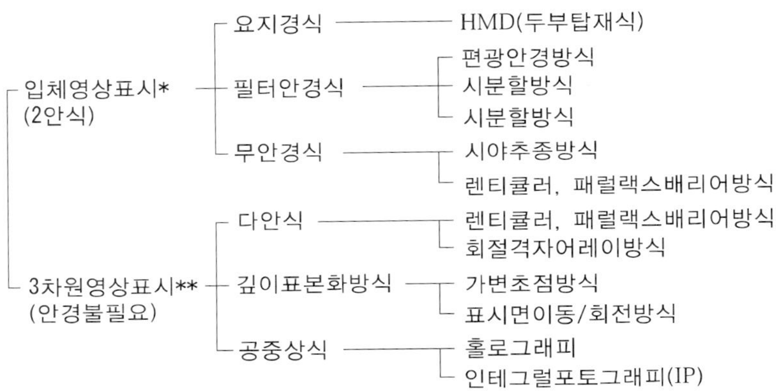

* 관찰자의 보는 위치에 따라 다른 시점의 영상을 볼 수 없음
** 관찰자의 보는 위치에 따라 다른 시점의 영상을 볼 수 있음

■ **그림 10-1** 3차원 영상 표시 방식

입체 영상 표시방식의 경우에는 입체 카메라로 한 방향에서 촬영한 2장의 영상을 이용해 입체시하기 때문에 입체 영상의 시점은 한 방향으로 한정된다. 이와 달리 3차원영상 표시방식은 카메라로 물체를 다 방향에서 촬영한 영상을 표시할 수 있는 특징이 있다. 따라서 관찰자가 보는 위치를 이동하면 그 이동에 대응한 다른 시점에서의 입체 영상을 볼 수 있기 때문에 2안식 입체 영상 표시방식에 비해서 보다 자연스럽다. 일반적으로, 3차원영상 표시방식은 특별한 안경을 쓰지 않아도 입체시 할 수 있는 표시기술을 의미하는 것이고 대표적인 방식으로서는 다안식, 깊이표본화 방식, 공중상표시 방식 등이 제안되고 있다.

어떤 종류의 평면 영상을 볼 경우에 깊이감을 지각할 때가 있다. 이러한 평면 영상은 깊이감을 느낄 수 있는 영상이라고 부른다. 예를 들면, 선원근법으로 그려진 회화나 관찰자를 포용하는 것처럼 거대한 전천주형 돔 스크린이나 시네라마 영상 등이 그 좋은 예이다. 이것은 스크린을 대화면화 하는 것으로 눈의 핀트조절 기능을 약하게 하고 화면의 테두리나 표시면의 존재를 느끼지 않게 하는 방법으로 깊이감을 유도하고 있다.

10.2 입체 영상 디스플레이 방식

10.2.1 헤드 마운트 디스플레이(HMD)

요지경식으로써 옛날부터 입체경(Stereoscope)이 알려져 있지만, 최근에는 가상현실의 영상체험 기술에 쓰이고 있는 HMD가 주목받고 있다. HMD는 머리 부분에 탑재하는 형태의 시각정보 표시장치이고 헬멧이나 고글에 소형의 액정 디스플레이를 장착하고 양안 앞에 배치한 소형 디스플레이 화면을 광학계에 의해 확대하면 전방 수 미터(m) 앞에 대화면 스크린이 있는 것 같은 시각효과를 얻을 수 있다. 관찰자는 HMD에 의해 영상공간에 몰입한 것 같은 착각과 높은 임장감을 얻을 수 있다.

HMD는 ① 소형경량 ② 광시야 · 대화면 영상을 표시 ③ 입체 영상의 표시가 가능 ④ 시스루(see through) 기능에 의해 표시영상을 외계와 겹쳐 놓을 수 있다(superimpose)는 등의 특징이 있다. 최근에는 가상현실 용도의 시각 디스플레이, 어뮤즈먼트 시설에서의 게임기나 휴대용 정보단말, 가정에서 손쉽게 대화면 영상을 즐기는 용도 등 다방면으로 응용되고 있다.

HMD는 그 용도에 따라서 여러 가지 형태가 있고 현재도 연구가 계속되고 있지만 설계상의 과제는 소형 · 경량화, 해상도 향상, 시야각의 확대 등이다. 최근에 소형 액정 디스플레이를 채용해서 중량 100 g 정도로 경량화를 한 HMD가 10만엔 이하로 시판되고 있다. 해상도는 SVGA 클래스의 HMD와 같이 표시영상의 화질도 개선이 진행되고 있다.

고해상도 HMD의 한 예로서 n-Vision사의 Data Visor라고 부르는 HMD를 [그림 10-2]에 나타냈다. 이것은 CRT를 사용한 1280×960 화소의 HMD이고, 고해상도의 칼라 영상표시를 실현하기 위해서는 모노CRT의 스캔속도를 일반제품의 3배인 180 Hz로하고, 브라운관 면에 장착한 RGB의 액정 셔터를 동기시켜서 바꾸는 것으로, 시분할적으로 제시된 영상이 눈의 잔상현상으로 완전칼라의 입체 영상으로 보이는 것이다.

한편, 시야각의 확대에 대해서는 경량 또는 광화각의 접안렌즈계의 개발이 과제이다. 관찰자가 영상공간속으로 몰입한 것 같은 착각과 충분한 임장감을 얻기 위해서는 적어도 90도 가까운 시야각이 필요하다고 한다. 미국의 LEEP Systems사 제품의 HMD는 액정표시부를 어안(魚眼) 렌즈를 닮은 특수한 광학계로 확대해서 광시야각 90도 이상을 실현하고 있다.

그러나 무리하게 시야각을 넓히려고 하면 렌즈수차의 보정이나 복잡한 광학계가 필요하게 되고 애써 표시장치를 소형 · 경량화해도 전체의 중량이 커지는 등 HMD의 광학계에서 양호한 성능을 얻는 다는 것은 상당히 어렵다. 또, HMD는 다른 일반적인 시각 디스플레이보다도 생체에 과대한 부담을 줄 가능성이 있는 것도 지적되고 있다.

이러한 HMD가 생체에 미치게 하는 시각부담이나 심리적 · 생리적 영향 등에 대해서는 아직 메카니즘이 해명되어 있지 않다. 이후, 사용자의 안전성이나 쾌적성 등의 배려에서 HMD의 생체에 대한 영향 평가법을 확립하고, 안전하고 쓰기 좋은 가이드라인을 제정할 필요가 있다.

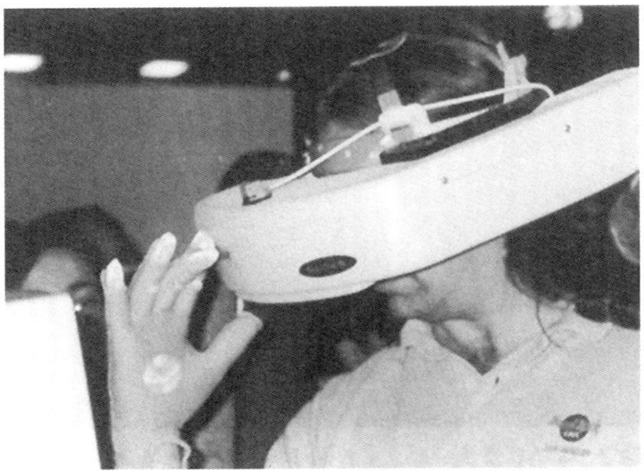

■ **그림 10-2** 고해상도 HMD(Data Visor)

10.2.2 농도차 방식(지각 시간차 방식)

농도차 방식이란? 시각의 풀프리히(Pulfrich) 효과라고 부르는 현상을 이용한 표시 방식이다.

풀프리히 효과는 눈앞을 좌우로 왕복 운동하는 물체를 한쪽 눈에만 광량을 줄이는 필터(ND필터)를 붙여서 양안으로 관찰하면 이 물체가 수평운동이 아니라 타원상의 궤도를 그려서 깊이감 있는 운동으로 지각되는 현상이다. 이 현상은 빛을 약하게 한 한쪽 눈에서의 신호가 약하게 대뇌로 전달되어 시간차가 생기기 때문이라고 생각되고 좌우 안에서 대뇌로 신호가 전달될 때의 지각 시간차에 대응해서 깊이감도 변화한다.

이 현상은 옛날부터 알려져 있었지만 최근, 광량을 줄이는 필터(ND필터)를 사용하는 대신 TV영상 메모리를 사용해서 통상의 평면영상에 지연시간차를 만든 영상을 2장 만들고, 이것을 좌우 영상으로써 양안에 제시하여 깊이감을 내는 것 같은 영상처리기술[1]이 개발되었다. 이 방법의 원리는 움직임이 있는 TV영상에서 화면내의 세분화된 영역의 움직임 벡터를 실시간으로 검출하고, 움직임의 크기나 방향등의 정보로 부터 좌우의 눈에 주는 영상의 지연시간과 지연방향을 결정하는 것이다.

이러한, 지각시간차를 사용한 입체시방식은 수평방향의 움직임 정보에서 깊이감을 만들어 내기 위해 정지한 영상에는 효과가 없는 것 외에 영상내의 움직임의 방향이나 속도에 의해 깊이감이 부자연스럽게 보이는 경우가 있다. 반면, 카메라를 가로방향으로 이동 촬영한 영상이나 컴퓨터 그래픽스(CG) 영상에서는 깊이 효과를 내기가 쉽다.

10.2.3 편광안경 방식

[그림 10-3]에서와 같이 편광안경 방식은 빛의 진동방향이 서로 직교하는 것과 같은 편광 필터를 통해서 양안시차가 있는 영상을 스크린에 표시하고, 이것과 같은 편광특성의 필터안경을 사용해 영상을 분리하여 양안 입체시하는 것이다.

오래전부터 입체영화나 만국박람회등의 이벤트에서 널리 사용되었고, 대화면의 입체 영상의 응용 예로써 캐나다의 IMAX사가 오사카 만국박람회(산토리관)에서 전시한 IMAX 3D(19.5m×26.9 m 스크린)가 있다.

최근 입체 하이비전이 가진 우수한 임장감과 고화질의 특징을 살린 편광안경식의 입체 하이비전 시스템이 실용화되고 각 방면으로 응용이 진전되고 있다.

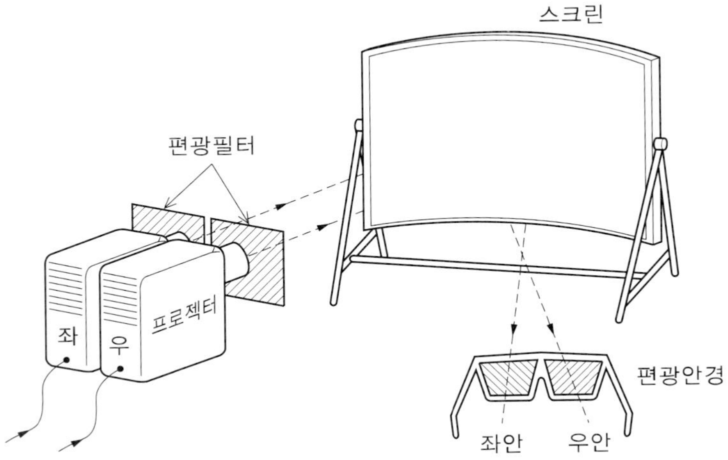

■ **그림 10-3** 편광필터식 투사형 입체 디스플레이

편광안경 방식의 장점으로는 ① 색재현성이 좋다 ② 해상도가 높다 ③ 풀-칼라의 동영상표시가 가능하다 ④ 동시에 다수의 관찰자에게 보여줄 수 있다 ⑤ 실재감이 높다 ⑥ 실현이 용이하다 등이 있다.

한편, 단점으로는 ① 투과율이 낮은 편광필터(통상 40 % 전후)를 사용하기 때문에 영상이 어두워진다 ② 관찰자가 안경을 쓸 필요가 있다 ③ 영상합성용 하프미러(Half-Mirror)나 스크린에는 반사에 의한 편광의 흩어짐이 없는 특수 스크린이 필요하게 된다는 점이 있다.

일반적으로 편광 풀-칼라 방식으로 입체시하는 안경에는 빛의 진동방향이 서로 직교한 직선편광 필터가 사용되지만, 진동방향이 우회전 및 좌회전으로 된 원편광 필터를 사용하는 경우도 있다. 원편광 필터는 직선편광 필터와 1/4파장 판을 겹쳐서 구현할 수 있다. 원편광 필터를 사용한 방식은 직선편광 필터와 비교하여 관찰자가 얼굴을 크게 좌우로 기울여도 입체시 할 수 있다는 이점이 있는 반면, 가시광의 모든 파장범위에 걸쳐 양호한 원편광 특성을 얻기 힘들기 때문에 좌우 영상간에 간섭(cross talk)이 발생할 때가 있다.

10.2.4 시분할 셔터 방식

좌우의 영상을 시간적으로 교차하며 고속으로 바꿔서 양안에 제시하고, 이것과 동기시켜 개폐하는 셔터안경을 사용해 입체시하는 방식을 시분할 셔터 방식이라고 한다. 초기에는 기계식셔터가 사용되었지만 [그림 10-4]에서와 같이 현재는 액정셔터가 주류이다. 이 방식을 텔레비전에 응용한 방식을 시분할 입체 텔레비젼이라고 부른다.

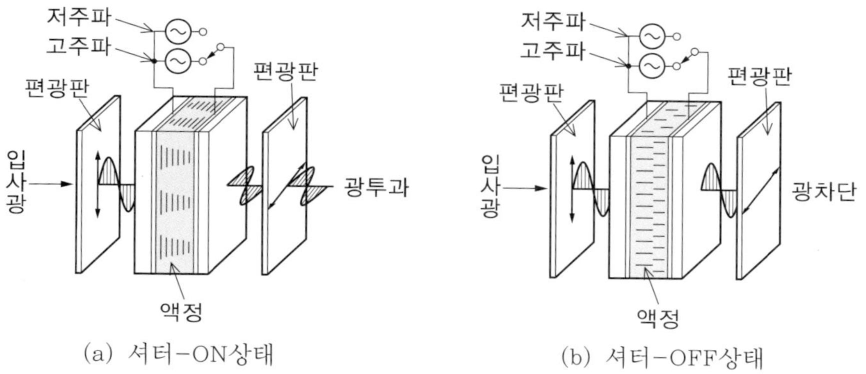

■ **그림 10-4** 액정셔터의 기본원리

시분할 입체 텔레비젼에서는 1대의 디스플레이 상에 텔레비전의 필드 주기마다 좌우 영상을 교차로 표시하고, 이것과 동기 한 액정셔터를 개폐해서 입체시하는 방식이다. 일반적인 경우 필드주기(1/60초)마다 좌우 영상을 바꾸는 방식이기 때문에 30 Hz의 플리커(flicker)에 의한 시각방해나 수직해상도의 저하등 문제가 있었다. [그림 10-5]에서와 같이 최근에는 현행 텔레비전에 2장의 주사속도(통상, 수평 31.5 kHz, 수직 120 Hz)로 좌우 영상을 표시하고 이것과 동기해서 1/120초의 필드주기로 교차하며 개폐 동작하는 고속 액정셔터 안경을 써서 입체시하는 플리커가 없는 시분할 입체TV 방식이 일반적이다[2]. 또, 고속 액정셔터 패널을 입체 영상 디스플레이 장치의 표시면에 장착하고 관찰자 측에서 경량의 원편광 셔터를 써서 보는 방식도 있다.

시분할 입체 텔레비전 방식은 ① 1대의 디스플레이로 입체 영상 표시가 가능하다 ② 고화질 풀-칼라 표시가 가능하다 ③ 현행 TV방식과 양립성이 높다 ④ 저비용으로 용이하게 시스템을 실현할 수 있다 ⑤ 다수가 동시에 관찰할 수 있다 등의 특징이 있다.

이와 같이 실현성 높은 방식이기 때문에 각 방면으로 응용되고 있다. 대규모 시스템의 예로는 EXPO'90에서 캐나다의 IMAX사가 천주 칼라 입체 영상 투사방식(IMAX SOLIDO)을 전시공개한 것 외에 최근에는 삼성전자와 LG전자의 3D Ready PDP TV, 3D LED TV와 같은 가정용 입체TV도 시판되고 있다.

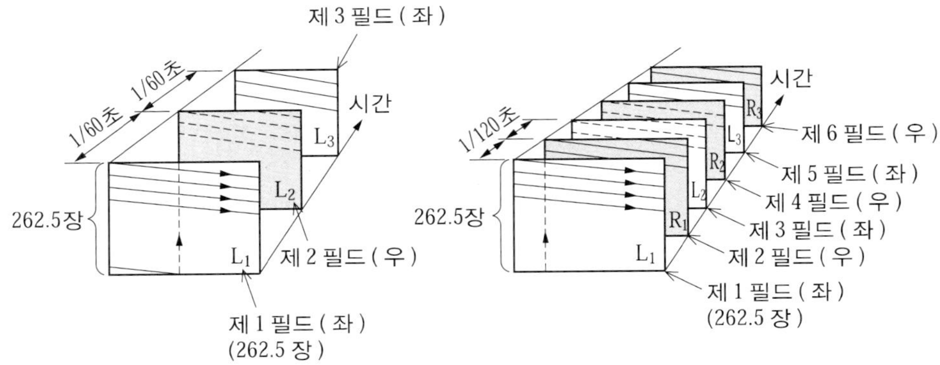

(a) 일반적인 방식 (60Hz, 2:1 인터레이스)

(b) 배속스캔방식 (120Hz, 4:1 인터레이스)

■ **그림 10-5** 플리커가 없는(flickerless) 시분할 입체 텔레비전 방식의 원리

10.3 3차원 영상 디스플레이 방식

특별한 안경을 쓰지 않아도 입체 영상을 볼 수 있는 3차원 영상 디스플레이 방식도 많이 제안되고 있다.

대표적인 표시방식으로는 ① 다안식 ② 깊이표본화식(단층면재생) ③ 공중상식(홀로그래피) 등이 있다. 다안식에는 렌티귤러(lenticular)식, 배리어(barrier)식, 회절격자 배열식 등이 있고 깊이표본화식으로는 가변초점식, 표시면 이동/회전식이 있다. 또, 공중상식에는 홀로그래피(holography), 인테그럴 포토그래피(Integral Photography) 등이 있다.

이와 같은 3차원 영상 디스플레이 방식은 안경이 필요 없고 칼라영상 표시가 가능하지만 고화질화, 대화면화, 실시간 동영상 표시, 입체시의 관찰 범위 등 아직 많은 과제가 있다.

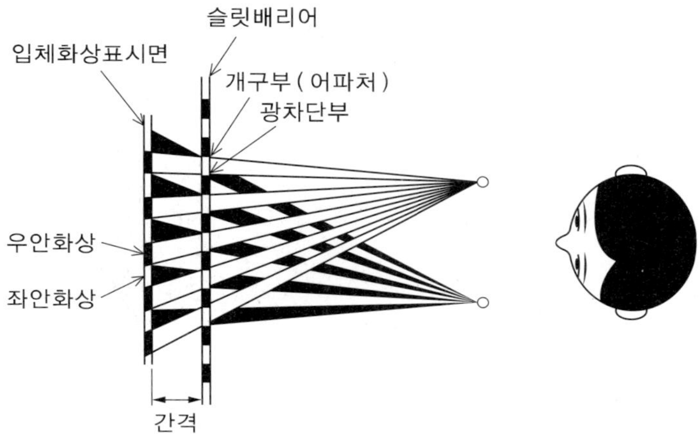

■ **그림 10-6** 패럴랙스 스테레오그램(parallax stereogram)의 원리

10.3.1 다안식

(1) 패럴랙스 배리어(parallax barrier) 방식

[그림 10-6]에 나타내듯이 슬릿 배리어(slit barrier)라고 부르는 가느다란 슬릿상의 개구부 뒤쪽에 적당한 간격으로 좌우 영상을 줄줄이(stripe) 교차로 배치하고 특정한 시점에서 이 개구부를 통해서 보는 방식으로 입체 영상을 안경 없이 관찰 할 수 있는 방식이다. 이 방식을 패럴랙스 배리어 방식이라고 부르고, 이전에는 배리어가 눈에 거슬린다든가 입체 영상의 밝기가 떨어진다는 등의 이유로 보급되지 않았다.

(2) 렌티큘러(lenticular) 방식

렌티큘러 방식의 원리는 [그림 10-7]에 나타내듯이 반원통형 형상을 한 렌티큘러 스크린이라고 부르는 아크릴 렌즈의 초점면에 다방향에서 카메라로 촬영한 영상을 줄무늬 형태로 배치하고, 이 렌즈판을 통해서 최적의 위치에서 관찰하면 렌즈판의 지향성으로 인해 각 방향에서 촬영된 줄무늬 영상은 분리되어서 눈에 들어가 나안으로 입체시할 수 있는 구조이다. 이 경우, 관찰자가 시점을 가로방향으로 이동하면 그것에 대응한 방향에서의 입체화상을 볼 수 있다. 렌티큘러 방식의 3차원 영상 디스플레이에서 렌티큘러 렌즈판과 표시 화소와의 사이에서 간섭 줄무늬(무아레)가 생기지 않도록 렌즈판의 광학설계와 위치 맞춤이 중요하다.

렌티큘러 방식은 대화면 풀-칼라의 입체 동영상을 안경없이 볼 수 있는 방식으로써 비교적 실현이 용이하기 때문에 최근, 렌티큘러방식 입체TV의 연구개발을 많이 하고 있다. 예를 들면, 직시형의 평면패널 디스플레이(flat panel display)의 표면에 렌티큘러판을 배치한 3D 디스플레이가 시판되고 있다[5][6]. 또, 임장감이 있는 3차원 TV 영상을 표시하는 방법으로 DLP 및 액정 프로젝터를 사용한 후면투사형의 3D TV 디스플레이가 연구되고 있다[7]~[9]. 이들 투사형 렌티큘러 방식에는 2안식에서 다안식까지 다양한 시스템이 발표되고 있고, 이미 입체 영상 극장이나 게임 등의 분야에서 실용화되고 있다.

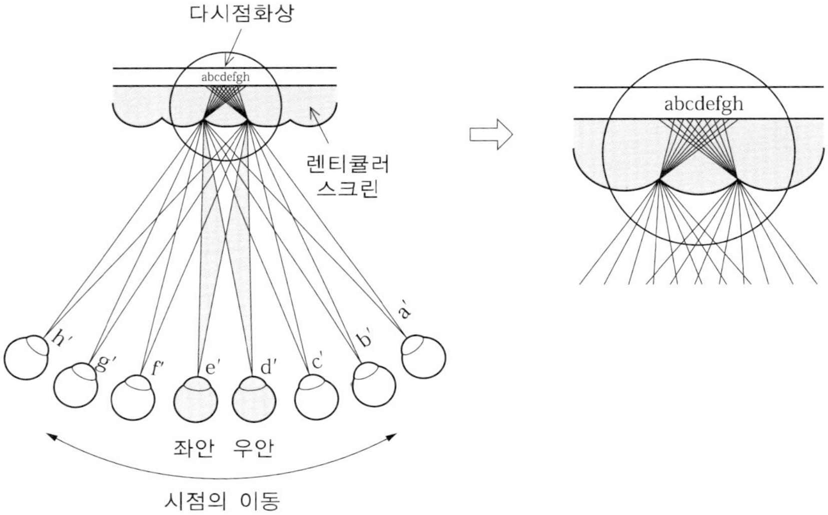

■ **그림 10-7** 다안식 렌티큘러 방식의 원리(8안식)

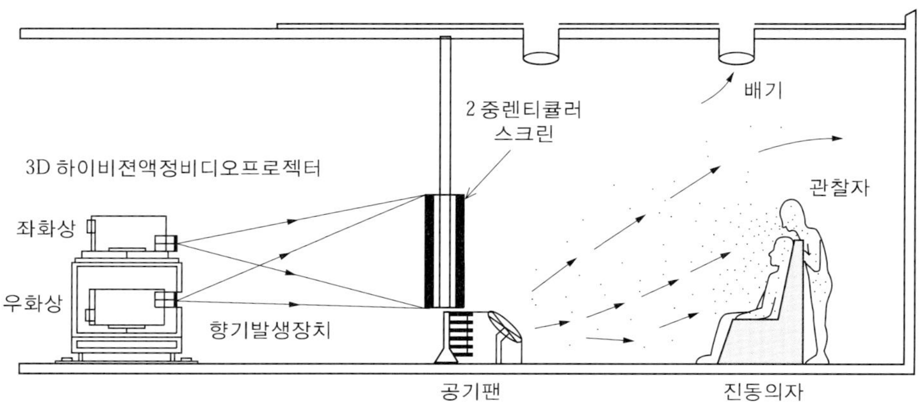

■ **그림 10-8** 고임장감 무안경 입체 하이비젼 시스템의 구성

최근 제작된 렌티큘러 방식의 예로서는 하이비젼의 고화질 입체 영상과 입체 음향 기술이 어우러진 무안경 입체 하이비젼 시스템(2안식)이 있다[10]. 이 시스템은 입체 하이비젼 영상을 2대의 하이비젼 액정 비디오 프로젝터로 70인치 더블 렌티큘러 스크린에 후면투사하고, 스크린의 주위에 배치한 170개의 소형 스피커로 음상의 재생 위치를 원근방향으로 제어할 수 있는 시스템이다. 그리고 [그림 10-8]에서와 같이 입체 하이비젼 영상과 입체 음향에 추가적인 기능으로 후각이나 바람, 진동 등 인간의 감각을 상대적으로 자극하는 것으로 우수한 임장감과 실제감을 얻으려고 하는 고임장감 무안경 입체 하이비젼 시스템도 발표되었다[11].

(3) 회절격자 배열 방식

시차영상을 액정면에 디스플레이하고, 이들을 장소가 정해진 입체시 영역으로 편향시키면 그 위치에서 양안시차를 이용해 입체를 감상할 수 있다[12][13]. 시차영상을 원하는 위치에 편향시키는 방법으로 회절격자를 사용한다. 즉, 광파면의 형태를 변환할 수 있는 회절광학소자 배열을 사용해 액정 패널의 각 화소에 붙인 다음 다른 방향으로 빛을 회절시키는 것이다. 액정면에 미세한 회절격자(grating)를 붙이고 액정의 각 셀에 대한 광 투과율을 제어하여 대응하는 회절격자에서의 회절광 강도를 변조할 수 있다. 따라서, 디스플레이면 전체에서 특정 방향에서만 관찰이 가능한 영상을 동시에 복수로 표시할 수 있기 때문에 여러 방향에서 촬영한 시차영상을 표시하면 만경없이 입체 영상을 감상할 수 있다.

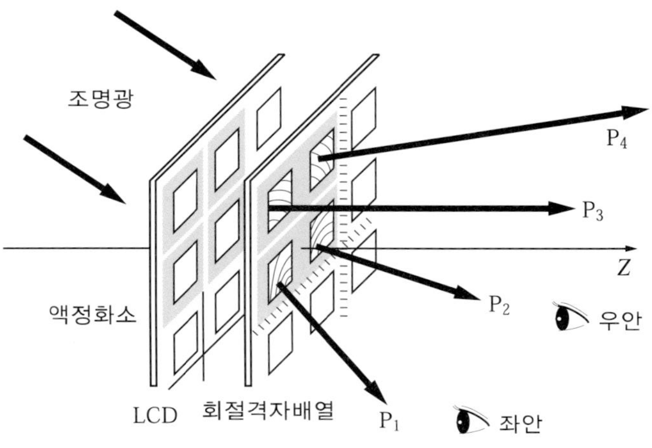

■ 그림 10-9 회전격자 배열을 사용한 다안식 입체 표시의 원리

[그림 10-9]에 4시점인 경우의 회절격자 배열에 의한 광의 편향모양을 나타냈다. 그림 중에 P_1, …, P_4는 관찰자 눈의 위치에 대응한다. 이 유닛(unit)을 상하좌우로 늘어놓고 회절격자 배열을 구성해 액정면에 설치한다. 이 방식의 과제는 액정 디스플레이의 고 해상도화와 대면적의 격자면 제작 등이다.

(4) 시분할 다중식 3D 디스플레이 방식

패럴랙스 배리어 방식이나 렌티큘러 방식에서는 디스플레이면 상에 시차가 있는 영상을 공간적으로 다중화 하여 표시하고 있다. 따라서, 다안식의 3차원 디스플레이에서는 시점수가 증가할수록 해상도가 우수한 고밀도의 디스플레이 장치가 필요하게 된다.

그러나 고밀도의 디스플레이가 실현되었다고 하더라도 디스플레이의 전면에 배치되는 패럴랙스 배리어나 렌티큘러 렌즈판 등은 공간 주파수 특성에서 제한이 있고 다중화 할 수 있는 시점수에도 한계가 있다.

이와 같은 단점을 극복하는 방법으로써 시차영상을 공간적으로 다중표시 하는 것이 아니라 시간적으로 다중화 하는 방식이 제안되고 있다. 이 방식은 다시점의 시차영상을 표시하는 액정 디스플레이와 그 백라이트와의 사이에 프레넬 렌즈(Fresnel lens)를 놓고 백라이트를 슬릿상의 광원으로 만들어 가로방향으로 이동시키면서 이것과 연동시켜서 액정 패널 상에 시차영상을 표시하는 방법이다.

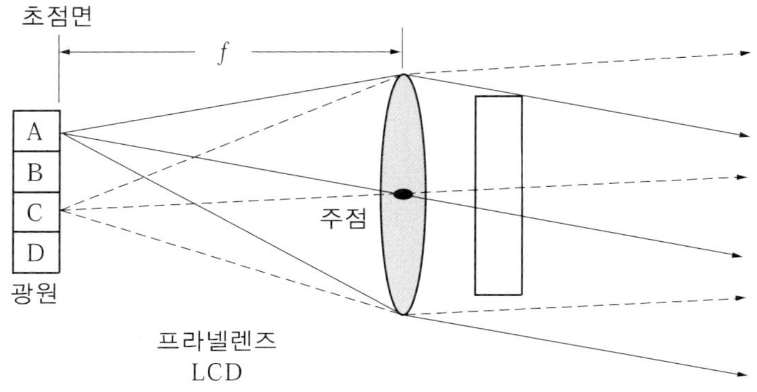

■ **그림 10-10** 시분할 다중식 3차원 디스플레이의 원리

[그림 10-10]에 Travis[14]가 고안한 평행광 방식의 원리를 나타내었다. 초기의 평행광 방식에는 크로스 토크(간섭)의 발생이나 대형 디스플레이 표시가 곤란하다는 문제점이 있었지만 최근, 이와같은 문제점을 개선하는 방법이 제안되었다[15].

(5) 집속화(集束化) 광원열에 의한 다안입체 디스플레이 방식

양안시차의 원리에 근거한 입체 표시 방식에서는 양안시차에서 정해지는 폭주각과 표시상의 초점위치가 다르기 때문에 관찰자에게는 생리적으로 부자연스럽다는 문제점이 있다. 이 문제를 해결하는 접근방법으로써 단안의 눈동자 안에 복수의 시차상이 입사할 수 있는 정도로 시차의 각을 좁게 만드는 조건으로 다안상을 표시하는 방법이 있다.

이 방법에 의하면 단안내에 생기는 시차에 의해 폭주각에 대응하는 위치로 초점을 조절할 수 있는 가능성이 있다. 이러한 디스플레이를 실현하기 위한 방법으로 다수의 광원을 사용한 주사형의 다안입체 디스플레이 방식이 제안되었다[16]. 이 방식에서는 시차의 각도를 상당히 작게(0.57°) 하였으며, 양안으로 관찰이 가능한 정도에 해당하는 입체시역(시차수 32 이상)의 시차 영상을 다안 디스플레이 하였다. [그림 10-11]처럼 반도체 레이저 등의 작은 다수의 광원을 세밀한 광속으로 만들어 방사상으로 배치한 공간광변조기(집속화광원열)를 사용한다.

이것을 사용하여 다안의 화소를 고속으로 점방식 스캔(raster scan)하면서 개개의 광원 강도를 변조하는 방법으로 다안식의 입체 디스플레이를 구성하는 장치가 소개 되었다.

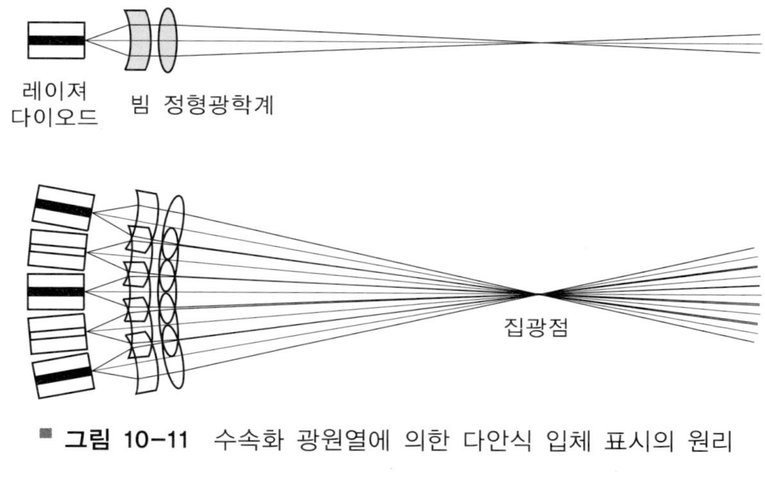

■ **그림 10-11** 수속화 광원열에 의한 다안식 입체 표시의 원리

10.3.2 깊이 표본화(단층면 재생) 방식

[그림 10-12]에서와 같이 볼륨(volume)있는 입체상을 표시하는 방법이 있다. 물체 각각의 위치에서 2차원 절단면 영상(1, 2, 3, …, 10의 단층상)을 결상계의 이동에 동기시켜 고속으로 표시하고 눈의 잔상작용을 사용해서 체적 형태의 영상을 볼 수 있도록 하는 것이다.

단층면이 일정한 간격으로 흩어져 있기 때문에 깊이 표본화 방식이라고 부른다. 구체적인 방법으로는 가변초점미러에 의한 방법, 다중노출광 단층 홀로그램에 의한 방법, 표시면 이동식 및 회전 스크린식에 의한 것 등이 있다.

[그림 10-13]은 회전 스크린식의 예를 나타낸 것인데 디스플레이하는 비디오 신호로 휘도 변조된 레이저광을 회전하는 반투명의 축에 붙인 날개 상부에서 조사하고, 회전하는 나선계의 스크린에 동기시켜서 스캔하는 방법이다. 이 방식은 날개가 움직이는 원통형의 공간 내에서 360도 어느 방향에서도 3차원 영상을 볼 수 있다.

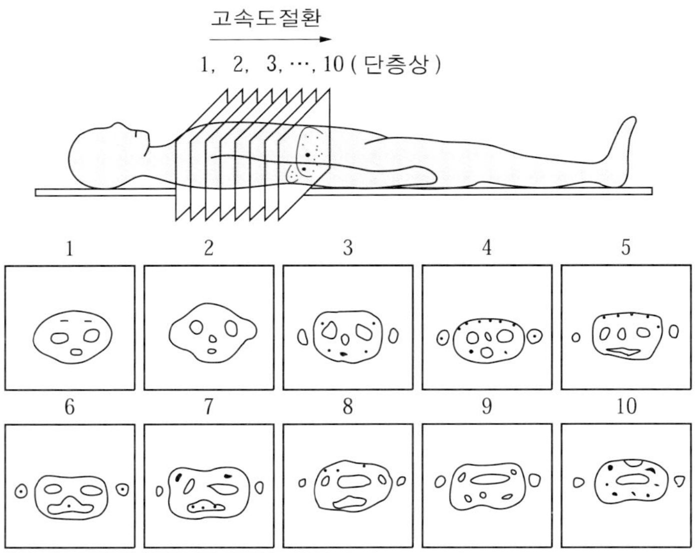

■ **그림 10-12** 깊이 표본화 방식의 설명

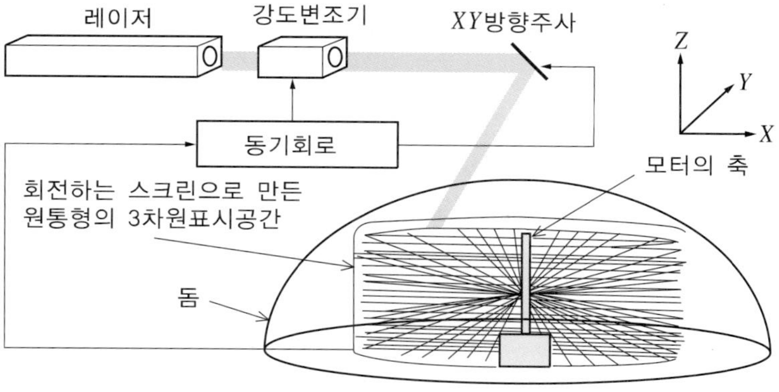

■ **그림 10-13** TI사의 회전 스크린식 3차원 동영상 디스플레이

10.3.3 공중상 방식

(1) 홀로그래피(Holography)

빛의 파면을 재생하는 공중 상 디스플레이 방식으로는 홀로그래피가 대표적이다. 1962년에 레이저를 광원으로 하는 실용적인 홀로그래피가 제안된 이래 지금에 이르기까지 홀로그래피를 3차원 영상 디스플레이에 응용하려고 하는 노력이 계속되어 왔다. 레이저광 재생 홀로그래피, 백색광 재생 홀로그래피, 컴퓨터 합성 홀로그래피 등 많은 방법이 개발되었다.

최근의 동향으로 실시간에 전자적으로 홀로그램을 대치할 수 있는 전자동영상 홀로그래피 기술이 주목되고 있고, 미래의 홀로그래피 TV를 구현하기 위한 연구가 활발해지고 있다. 전자동영상 홀로그래피를 실현하기 위해서는 전자적으로 구동・변조할 수 있는 홀로그래피가 반드시 필요하다. 3차원 영상 디스플레이를 위한 광파면 변조 장치로써 ① 초음파광변조기를 쓰는 방법과 ② 액정 패널을 쓰는 방법에 대해서 연구가 진행되었다.

MIT의 Benton 그룹은 1차원의 광변조 소자인 초음파광변조기(AOM)를 이용해서 홀로그래피에 의한 입체동영상 디스플레이에 성공했다[17]. 이 연구가 계기가 되어서 일본, 한국 등에서도 전자동영상 홀로그래피 기술의 연구가 진행되고 있다. [그림 10-14]는 일본의 통신・방송기구에서의 시스템 구성 예를 나타냈다[18]. AOM을 사용한 MIT방식의 원리는 고속의 컴퓨터를 써서 간단한 물체를 움직였을 때의 간섭 줄무늬를 계산하고 이것을 비디오 신호로 하여 AOM을 구동한다. 이

AOM에 레이저광을 조사하는 방법으로 빛을 회절시켜 수평방향의 영상신호를 만들고 수직방향에 대해서는 갈바노 미러를 구동시키면서 주사해서 영상을 디스플레이한다. 초음파가 AOM 내를 진행할 때 광파면이 가로방향으로 이동하는 것을 방지하기 위해 폴리곤 미러를 일정속도로 역방향 회전시키고 있다. 다음, 축소렌즈로 영상의 시역을 확대함으로써 3차원 영상을 볼 수 있다. MIT방식은 수직방향으로는 시차정보가 없으며 실시간의 표시를 위해 성능 좋은 슈퍼컴퓨터의 계산 속도에 의존하였다.

한편, 액정 패널을 공간광변조기로 이용하는 전자동영상 홀로그래피 방식은 사진기술에 의한 홀로그램의 기록방법과 기본적으로 같다[19]. 즉, 레이저광을 집속렌즈를 이용하여 평행광으로 만든 후 하프미러를 이용하여 빛을 2개로 나누고 한쪽은 물체광으로 피사체를 조명한다.

다른 한쪽은 참조광으로 직접 CCD 카메라에 비추면 CCD 소자상에 간섭 줄무늬가 형성된다. 이 간섭 줄무늬를 CCD 카메라에서 비디오 신호로 변환한 후 액정 패널에 공급하고, 이것에 평행 레이저광을 비춰서 1차의 회절광을 발생시키는 방법으로 실시간 동영상 홀로그래피를 실현한다. 이 방법에서는 광학적인 홀로그램의 간섭 줄무늬를 기록하기 위해서 초고해상도 액정 장치가 필요하게 된다.

그 외 홀로그램의 일종인 키노폼에 의한 칼라 입체동영상 디스플레이의 연구도 이루어지고 있다.

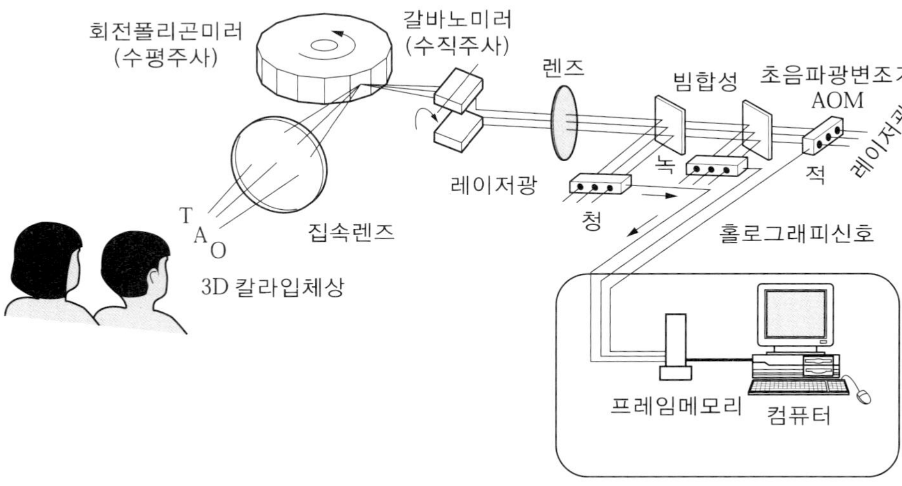

■ **그림 10-14** AOM에 의한 동화상 홀로그래피

(2) 인테그럴 포토그래피(Integral Photography) 방식

다수의 핀홀 판 또는 마이크로 렌즈 판으로 구성되는 인테그럴 포토그래피 방식은 안경을 필요로 하지 않는 디스플레이 방식이다. 다안식의 패럴랙스 배리어 방식이나 렌티큘러 방식처럼 시점이동에 대해 플리핑(flipping)이라고 부르는 시점간의 영상 흩어짐이 발생하지 않고 연속한 입체시를 얻을 수 있다는 특징이 있다[20][21]. 립만(Lippmann)이 제안한 사진기술에 의한 IP방식의 원리는 촬영할 때 사진필름의 앞에 다수의 핀홀 또는 볼록렌즈로 된 마이크로 렌즈를 놓고 필름 상에 볼록렌즈 수에 상응한 다수의 작은 요소영상을 결상시킨다. 재생시에는 현상한 이 필름을 촬영시의 필름 위치에 놓고, 후면에서 확산광으로 조명한다. 이때, 필름을 통과한 빛은 촬영시와 같은 경로를 통해 원래의 물체의 위치로 입체상이 재현된다. 그러나 사진기술에 의한 IP방식에서는 깊이 심도가 큰 경우 영상이 흐리고 TV와 같은 동영상 디스플레이는 구현할 수가 없었다[22].

최근, 사진필름 대신 확산판으로 구성된 반투명 스크린을 놓은 다음 스크린에 영상을 결상시키고, 그것을 후방에 설치한 TV 카메라로 촬영하는 방식(간접촬영방식)이 발표되었다[23].

또, [그림 10-15]처럼 확산판을 쓰지 않고 마이크로 렌즈판에 의한 실제 영상들을 직접 TV카메라로 촬영하는 방식(직접촬영방식)도 제안되었다[24].

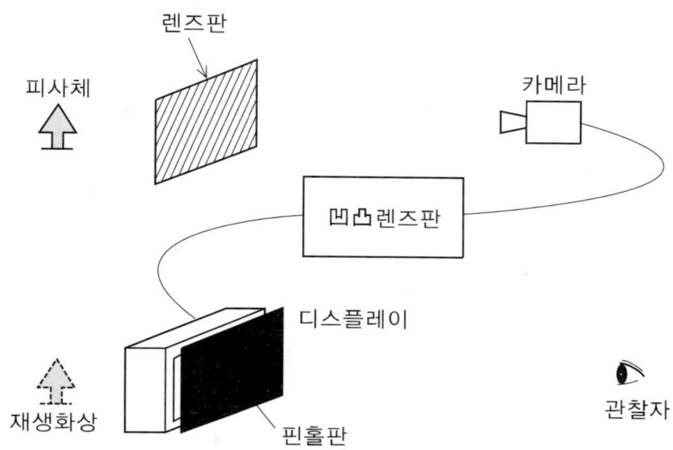

■ **그림 10-15** 직접촬영방식 동영상 디스플레이 원리

IP방식은 나안으로 입체 영상을 여러 가지 시점에서 관찰할 수 있으며 누워서도 볼 수 있다는 등 관찰범위가 넓다는 특징이 있다.

3차원 영상 디스플레이는 이전의 2차원 영상 디스플레이에 비해서 영상에서 받는 임장감, 실제감, 박력감 등의 심리효과 면에서 매우 우수하다. 2차원 영상에 깊이 방향의 차원을 더한 3차원 영상 디스플레이는 지금까지와는 달리 새로운 영상표현을 가능하게 하는 매력 있는 디스플레이이다.

그러나 현재의 3차원 영상 디스플레이에는 아직 해결해야 할 많은 기술과제가 남아 있고 보다 자연스럽고 보기 좋은, 시각적 부담감이 작은 디스플레이의 실현을 향하여 연구개발이 계속되고 있다.

<표 10-1>에 각종 3차원 영상 디스플레이 기술의 특징을 나타냈다. 3차원 영상 디스플레이는 폭 넓은 응용의 가능성을 가지고 있고 앞으로의 발전이 크게 기대된다.

표 10-1 3차원 영상 디스플레이 방식의 특징

표시방식	안경	칼라	대화면	시역	돌아 들어 가는 효과	화질
HMD 방식	필요	가능	○	넓음	있음	△
애너글리프 방식	필요	불능	○	넓음	없음	×
편광안경 방식	필요	가능	○	넓음	없음	◎
시분할 방식	필요	가능	○	넓음	없음	◎
백라이트분할식(시야추종방식)	불필요	가능	○	넓음	없음	○
패럴랙스 배리어 방식	불필요	가능	○	좁음	조금	○
다안 렌티큘러 방식	불필요	가능	○	넓음	조금	○
인테그럴 포토그래피(IP) 방식	불필요	가능	△	넓음	있음	△
홀로그래피 방식	불필요	가능	×	좁음	조금	△
회절격자 어레이 방식	불필요	가능	△	좁음	조금	△

찾아보기

3차원 영상과 인간과학

2010년 7월 15일 초판 1쇄 발행

역　자 • 이승현 · 감기택 · 이형철
발행자 • 최 봉 조
발행처 • 진샘미디어
주　소 • 서울시 은평구 역촌동 58-9
부호아파트 102동 상가 5호
전　화 • 02)353-4421 / FAX 02)353-4431
Home-page • www.jinsaem.co.kr

신고번호 • 제311-2005-000025호
ISBN 978-89-92887-14-4

정가 17,000원